Hans Norbert Janowski · Theodor Leuenberger (Hrsg.)

Globale Akteure der Entwicklung

AF151723

Hans Norbert Janowski
Theodor Leuenberger (Hrsg.)

Globale Akteure der Entwicklung

Die neuen Szenarien

Mit Beiträgen von

Beat Kappeler, Theodor Leuenberger, Erhard Eppler,
Lothar Brock, June Arunga, Karl-Albrecht Immel,
Fritz Erich Anhelm, Klaus Wilkens, Warner Conring,
Günter Linnenbrink, Konrad von Bonin, Reinhard Hermle,
Klaus Seitz, Hans Norbert Janowski, Klaus Lefringhausen,
Cornelia Füllkrug-Weitzel, Katharina Kummer Peiry,
Manfred Kulessa

VS VERLAG FÜR SOZIALWISSENSCHAFTEN

Bibliografische Information Der Deutschen Nationalbibliothek
Die Deutsche Nationalbibliothek verzeichnet diese Publikation in der
Deutschen Nationalbibliografie; detaillierte bibliografische Daten sind im Internet über
<http://dnb.d-nb.de> abrufbar.

Der Druck dieses Buches wurde vom Evangelischen Entwicklungsdienst gefördert.

1. Auflage 2008

Alle Rechte vorbehalten
© VS Verlag für Sozialwissenschaften | GWV Fachverlage GmbH, Wiesbaden 2008

Lektorat: Frank Engelhardt

Der VS Verlag für Sozialwissenschaften ist ein Unternehmen von Springer Science+Business Media.
www.vs-verlag.de

Das Werk einschließlich aller seiner Teile ist urheberrechtlich geschützt. Jede
Verwertung außerhalb der engen Grenzen des Urheberrechtsgesetzes ist
ohne Zustimmung des Verlags unzulässig und strafbar. Das gilt insbesondere
für Vervielfältigungen, Übersetzungen, Mikroverfilmungen und die Einspei-
cherung und Verarbeitung in elektronischen Systemen.

Die Wiedergabe von Gebrauchsnamen, Handelsnamen, Warenbezeichnungen usw. in diesem
Werk berechtigt auch ohne besondere Kennzeichnung nicht zu der Annahme, dass solche
Namen im Sinne der Warenzeichen- und Markenschutz-Gesetzgebung als frei zu betrachten
wären und daher von jedermann benutzt werden dürften.

Umschlaggestaltung: KünkelLopka Medienentwicklung, Heidelberg
Satz: »Bausatz-Böhm« Frank Böhm, Siegen
Druck und buchbinderische Verarbeitung: Krips b.v., Meppel
Gedruckt auf säurefreiem und chlorfrei gebleichtem Papier
Printed in the Netherlands

ISBN 978-3-531-15820-4

Inhaltsverzeichnis

II   Ökumenische Perspektiven

III   Kirchliche Perspektiven

IV   Zivilgesellschaftliche Perspektiven

Globale Akteure der Entwicklung – Die neuen Szenarien

Vorwort

Anders leben, damit andere überleben können – die alte Maxime hat eine radikalere Bedeutung angenommen: anders denken, handeln und leben … In diesem Lichte zeigt sie, in welchem Maß sich die Konstellation der Verhältnisse zwischen Nord und Süd, „Erster" und „Dritter Welt" verändert hat. Mit dem Ende der Kolonialzeit hatte nach dem Zweiten Weltkrieg unter den Bedingungen der Blockhegemonien ein langsamer Prozess der Transformation eingesetzt: Unter der Ägide politischer und wirtschaftlicher Blöcke veränderte sich das Gesicht der Abhängigkeitsstrukturen der „drei Welten" voneinander. Im Nord-Süd-Verhältnis wurde der Kolonialismus von einem Prozess der wirtschaftlichen und gesellschaftlichen Entwicklung abgelöst – dies freilich unter den Vorgaben eines Ordnungsrahmens, der von den fortgeschrittenen Industriegesellschaften bestimmt wurde. Mit dem Ende der Herrschaftsblöcke verschwand auch die „Dritte Welt", und die entstehende polyzentrische Konstellation gab den Weg für einen zweiten Schub der Globalisierung frei.

Parallel zu den westlichen Machtzentren und ihren Akteuren treten asiatische und mittelöstliche Akteure auf. Sie sind Konkurrenten und Partner zugleich. Man spricht deshalb von einem „Multiactorgame" mit einer Vielzahl von Mitspielern (China, Indien, Japan, Brasilien etc.). Unsere Fähigkeit, Probleme der Weltgesellschaft und Weltwirtschaft zu lösen, hängt daher nicht nur von der Selbstorganisation ab, sondern auch von dem Willen zur Vernetzung und Kooperation. Es gilt, das Vernetzungspotential der vielfältigen relevanten Akteure auszuschöpfen. Eine strategische Entwicklungskonzeption und -politik kann nur erfolgreich sein, wenn man globale Netzwerke überschauen, knüpfen und zweckentsprechend gebrauchen kann.

Im Zuge der Globalisierung von Wirtschaft, Handel und Finanzströmen, von Kommunikation und Migration, aber auch von Umweltzerstörung und Klimawandel und nicht zuletzt von Armut, Pandemien und organisiertem Verbrechen hat sich ein Paradigmenwechsel vollzogen. Dabei greifen mehrere Prozesse ineinander und ergänzen sich: Die rasante Evolution der Informations- und Kommunikationstech-

niken hat sich als Motor der Entgrenzung erwiesen und den Globalisierungsprozess beschleunigt. Entwicklung ist selbst zu einem globalen Vorgang geworden; er
betrifft nicht mehr nur die nachkolonialen, „unterentwickelten" Länder und Wirtschaften des Südens, denen der Norden mit Krediten, Handelserleichterungen,
Haushaltsubventionen, Projekten und Programmen Hilfe zur Selbsthilfe leistet,
sondern die Gräben zwischen Arm und Reich, Ausbildung und Prekariat, Klimaschutz und Umweltzerstörung, freier Entfaltung und Gewalt durchziehen die Gesellschaften im Norden wie im Osten und Süden.

Zugleich deckt der Begriff Entwicklung eine große Bandbreite von Themen
ab, die weltweit an Bedeutung gewinnen: Die Reichweite des Verständnisses von
Entwicklung umfasst nicht mehr nur Armutsbekämpfung und wirtschaftliches
Wachstum, sondern hat sich ausgeweitet auf politische, ökologische, kulturelle und
gesellschaftliche Felder. Entwicklung betrifft die Teilnahme am Weltmarkt ebenso
wie eine weltweit wirksame Strukturpolitik.

Kurz: Entwicklung bedeutet, Amartya Sen zufolge, nichts anderes als eine Ausweitung von Freiheiten – und dies die „Abwesenheit von Hindernissen" und das
Vorhandensein von Fähigkeiten, Kenntnissen und Einfluss. Freiheiten erweitern wir,
wenn wir „capabilities" aufbauen. Capability steht für: Befähigungen, Infrastruktur
und Anrechte auf Zugang zu Ausbildung, zu Ressourcen und zur Infrastruktur.[1]

Diese Form von möglicher Entwicklung ist ein Balanceakt zwischen Scheitern
und Gelingen. Die Möglichkeiten von Nicht-Entwicklung und Rückentwicklung
sind immer auch einzubeziehen – sowohl mit Blick auf den Lebenszusammenhang
als auch in gesellschaftlich-politökonomischen Kontexten.

Der Entwicklungsoptimismus der sechziger und siebziger Jahre besaß eine ver-
kürzte Perspektive: Man rechnete zu wenig mit den beharrenden Strukturen von
langer Dauer[2]. Zu allen Entwicklungsabläufen gehören Kehrtwendungen, Ver-
schlechterungen, Rückbildungen, was wir soziologisch parallel zu den Strukturie-
rungen als Destrukturierungen bezeichnen. Antimodernisierungen gehören ebenso
dazu. Dies betrifft nicht nur die postkolonialen, „unterentwickelten" Länder und
Wirtschaften des Südens, es betrifft auch die Gesellschaften und Ökonomien des
Nordens.

Das Ineinandergreifen von ökonomischen, ökologischen , sozialen und sicherheitspolitischen Aufgaben hat dazu geführt, dass „Nachhaltigkeit" im Sinne der
Brundtland-Kommission zum zentralen Kriterium des Entwicklungsprozesses geworden ist. Nachhaltigkeit meint, dass die Akteure der Entwicklung Wege finden

---

1   Vgl. A. Sen: Development and Freedom. 1999; auch: Hartmut Ihne/Jürgen Wilhelm (Hg.): Ein-
     führung in die Entwicklungspolitik. Hamburg 2006, S. 341
2   Vgl. Fernand Braudel: Sozialgeschichte des 15.-18. Jahrhunderts. München 1986

und Vorsorge dafür treffen, im größeren Einklang mit der Natur zu leben und verantwortliche Maßnahmen für die Sicherung gerechter Lebenschancen der zukünftigen Generationen ergreifen.

Im Zuge der Globalisierung werden die Nationalstaaten als politische und wirtschaftliche Akteure schwächer im Vergleich zu weltweit agierenden und rasch miteinander kommunizierenden Konzernen – bis hin zum Zerfall von Herrschaftsstrukturen in nicht wenigen Ländern, die nach dem Ende des Kolonialismus und der Blöcke selbständig wurden. Viele von diesen Staaten waren und sind nicht in der Lage, tragfähige politische und administrative Institutionen aufzubauen. Die bürgerkriegsgefährdeten „Schattenstaaten" können auch von den weiter ausgebauten Institutionen und Regimen des UN-Systems kaum stabilisiert werden.

Einige der internationalen Institutionen wie die Weltbank, der Weltwährungsfonds werden seit geraumer Zeit einer massiven Kritik, nicht nur aus dem Süden, unterzogen und eines Neokolonialismus ihrer Methoden bezichtigt; in diesem Licht wird die Entwicklungspolitik von manchen, besonders von neoliberale Kritikern gar als gescheitert bezeichnet.

Dennoch bedarf eine weltweit wirksame Handels-, Umwelt- und Klimaschutzpolitik, eine Sicherheits- und Sozialpolitik eines umsichtigen Ausbaus der internationalen Institutionen, Regelwerke und rechtlichen Sanktionen. Zugleich aber erhält auch die subnationale, regionale und lokale Ebene eine zunehmende Relevanz und politisch-gesellschaftliches Gewicht. Soziale Gerechtigkeit weltweit hat ohne Partizipation der lokalen Akteure und Betroffenen keine Chance. Auf dieser Ebene kommt die Zivilgesellschaft ins Spiel, die so genannten Nichtregierungsorganisationen (NRO), Hilfswerke, Stiftungen, Bürgerinitiativen und lokale Agenda 21-Gruppen – auch die Kirchen und eine Reihe von Kreditinstituten sowie Unternehmen gehören dazu. Viele dieser Initiativen, Stiftungen und Hilfswerke haben sich das Instrumentarium der Informations- und Kommunikationsgesellschaft zunutze gemacht, ihre Aktivitäten international und interkontinental vernetzt und sind dadurch zu ebenso effektiven wie flexiblen Akteuren geworden.

Die Kirchen spielen als entwicklungspolitisch aktive Institutionen in diesem Ensemble eine besondere Rolle. Da sie weltweit verbreitet und präsent sind, haben sie den Vorteil, weder mit landesfremden Aktionsteams noch in enger Zusammenarbeit mit den Regierungen hier wie im Süden agieren zu müssen. Sie arbeiten mit kirchlichen und anderen Partnern ihres Vertrauens im jeweiligen Land zusammen – auf Augenhöhe, also in Verantwortung auf Gegenseitigkeit. Diese Partnerschaft und Vernetzung verschafft ihnen eine weitgehende Unabhängigkeit von politischen und wirtschaftlichen Interessen und, trotz der geringeren Reichweite ihrer Projekt- und Programmarbeit, eine größere Kreativität und Bewegungsfreiheit.

Mit ihrer basisnahen Arbeit haben die zivilgesellschaftlichen Akteure in der Krise der internationalen, von der zweiten Globalisierung ausgelösten Umbruchsituation ein Spielfeld betreten, dessen neue kommunikativen Instrumente und basisnahen Strukturen sie zu einem effektiven und phantasievollen Faktor der Zukunftsverantwortung machen.

Das hier allzu grob skizzierte Panorama der Entwicklung in einem veränderten Koordinatensystem wird von den Autorinnen und Autoren dieses Bandes auf verschiedenen Feldern der Entwicklungspolitik untersucht und konkret dargestellt: unter politischer, ethischer und wirtschaftlicher Perspektive sowie aus europäischer als auch afrikanischer Sicht von Beat Kappeler, Theodor Leuenberger, Erhard Eppler, Lothar Brock und June Arunga. Karl-Albrecht Immel zeichnet aktuelle Daten und Fakten zur Einen Welt auf. Unter kirchlich-ökumenischem Blickwinkel wird die Problemlage von Fritz Erich Anhelm, Klaus Wilkens, Warner Conring, Günter Linnenbrink und Konrad von Bonin beleuchtet. Die Lernerfahrungen und Trends in zivilgesellschaftlichen Initiativen und Hilfswerken werden von Klaus Seitz, Reinhard Hermle, Hans Norbert Janowski, Klaus Lefringhausen, Cornelia Füllkrug-Weitzel, Katharina Kummer Peiry und Manfred Kulessa dargestellt. Dabei wird deutlich, wie es unter dem Vorzeichen und in der Krise der Globalisierung mit der Entwicklungspolitik weiter gehen kann.

Hans Norbert Janowski   Theodor Leuenberger

Teil I

Entwicklungspolitik heute –
die veränderte Lage
Politische und wirtschaftliche Perspektiven

Beat Kappeler

Die zweite Globalisierung
Weltwirtschaft und Weltgesellschaft – Fakten und Trends

Summary

Wir leben in einer Weltwirtschaft, was nicht mehr überrascht, wir leben aber auch in einer Weltgesellschaft, die sich langsam aber sicher formiert. Daran zweifeln manche noch. Und doch – die Globalisierung stattet sich mit Institutionen[1] aus.

Die Globalisierung in wirtschaftlicher Sicht wird in der öffentlichen Diskussion oft als eine übermächtige, aber auch unheimliche Entwicklung angesehen. Doch sie rührt aus fünf klar benennbaren Faktoren her, wovon nur einer einem willentlichen Akt der Ländergemeinschaft, also der Politik, entspringt. Die anderen vier Faktoren ergeben sich aus der Technik oder aus vielfachen lokalen und nationalen Bemühungen. International abgesprochen ist die Handelsliberalisierung. Dies erfolgt weltweit durch die Welthandelsorganisation WTO, regional durch Freihandelszonen oder Zollunionen wie die NAFTA, EFTA, EU. Auf diesen offenen Märkten wirken sich nun die anderen Faktoren multiplikativ aus, nämlich die Transportverbilligung, etwa durch Container und Flugverkehr, die Integration von Milliarden von Weltbürgern in Informationsnetzen über Festnetze und Mobiltelephonie, sodann die freien Kapital- und Geldmärkte, und die neuen Industrieländer mit gegen drei Milliarden williger und oft gut ausgebildeter Arbeiter. Diese fünf Faktoren brachten schon die „erste Globalisierung" vor 1914 herbei, nämlich Freihandel unter dem Cobden-Chevalier-Vertrag zwischen England und Frankreich, die Schiffskanäle und die Eisenbahn, die Telephonie, den Goldstandard und die damals neuen Industrieländer USA und Japan.

Oft unbemerkt von der aufgeregten öffentlichen Diskussion hat sich aber auch die Weltgesellschaft etabliert durch „shared values" im Völkerrecht und die vielfachen, darauf abgestützten Verträge, von technischen Normierungen in Verkehr, Kommunikation bis zu den bereits wirksamen Umwelt-Abkommen. Im Wirtschafts-

---

1 „Institutionen" sind hier im breiten Sinne gemeint – nicht nur Organisationen, Verträge, sondern auch informelleres Zusammenspiel, „Sozialkapital".

recht setzten sich gemeinsame Regeln für Aktiengesellschaften, Börsen sowie Öffentlichkeit von derer Daten und gegen Kartelle durch. Die Freizügigkeit der Personen nimmt rasch zu, in der EU, aber auch weltweit im Werben um Fachleute. Dadurch gleichen sich die meisten Facetten der Kultur- und Lebenswelt an, die Medien und der zunehmend freie Zugang zu Wissenschaftswerken schaffen ein gemeinsames Wissen mehrerer Milliarden Menschen. Dass ein Kampf der Kulturen stattfinde, ist eine Außenseiter-Meinung von ewiggestrigen „Abendländern" einerseits und Fundamentalisten andererseits.

Wie werden sich Weltwirtschaft und Weltgesellschaft entwickeln? Dies sei unter den Aspekten des Inputs, des Outputs, der Institutionen und der Haltungen gezeigt.

Der Input ins Wachstum

Auf fünf, zehn Jahre hinaus wird die Weltwirtschaft deutlich weiter wachsen, über allfällige, vorübergehende Konjunktur- und Finanzschwierigkeiten hinaus. Viele denken allerdings, dass Demographie, Dollarkurs, Rohstoffknappheit, Chinas Probleme oder Kriege an den Rändern der geordneten Staatenwelt die goldenen Jahre ausbremsen könnten. Die Chancen auf eine weitere, gedeihliche und rasche Wirtschaftsentwicklung der Welt stehen jedoch gut.

Die Demographie, also die Geburtenschwäche Europas, Russlands und Japans wird das Bruttoinlandprodukt dieser Regionen in seinem Wachstum bremsen, sodass der Weltmarktanteil Europas und Japans stark sinken wird. Dagegen könnte sich die Pro-Kopf-Produktivität der aktiven Bevölkerung durch Ausbildung und Kapitalintensität durchaus entwickeln, die Entlöhnung desgleichen, weil die Jungen knapp sein werden. Offen sind die Belastungen der Jungen dieser Länder je nachdem, wie Arbeitsmarkt- und Rentenreformen gelingen. Doch fallen diese Veränderungsraten des Bruttoinlandprodukts (BIP) als kleine Jahresverschiebungen im Weltganzen nur unmerklich auf.

Ein „positives Risiko" für die Weltwirtschaft bleiben eine aktivierte Bevölkerung Afrikas und die Migration der Chinesen. Wenn die afrikanischen Staaten, angestoßen vom Rohstoffboom, produktive Strategien entwickeln und die „Governance" dazu entwickeln, tritt mit den nächsten Jahrzehnten fast eine Milliarde zusätzlicher Hände in die Weltproduktion ein. Wenn China seine Emigration fördert und auch hierzu einsetzt, sind ungeahnte Entwicklungen wirtschaftlicher und politischer Art denkbar: Wachstum, aber auch Spannungen in den bereits heute beschickten Emigrationsländern der Chinesen (Sibirien, Osteuropa, Afrika die pazifischen Anrainerstaaten, mit bereits 750.000 chinesischen Expatriates 2007) sind wahrscheinlich, im Extremfall mit allfälliger Intervention Chinas zur Sicherheit seiner Emigranten.

Die inneren Probleme Chinas werden oft als mittelfristig existenzbedrohend angesehen. Bis zum Beweis dessen darf man aber angesichts der bisher besonnenen, wenn auch harten Führung und ihrer notfalls raschen Reaktion (Rückruf von Produkten, Umweltfragen im Jahre 2007) annehmen, dass diese Probleme in Wachstum lösbar sind.

Die Rohstoffknappheit und -teuerung erschien schon nach der raschen weltwirtschaftlichen Expansion des damaligen Westens 1972 als würgendes Problem, führte zu Inflation, aber auch zu rationellerer Verarbeitung und zur Entwicklung neuer Fundstellen. Wenn auch die Theorie vom „peak oil", also von einer erreichten Spitze der Förderung flüssigen Öls, kaum falsch ist, sind doch Erdgas, Ölsand, rationellere Ölgewinnung und rationellere Verwendung wahrscheinlich. Besonders die rasch wachsenden neuen Industrieländer haben ein großes Sparpotential pro Einheit des BIP, sodass die Entkoppelung der Weltwachstumsraten und des Rohstoffverbrauchs denkbar ist. Die jetzt erwiesene Rivalität der Ackerbasis der Welt zwischen Energie- und Nahrungsproduktion wird zuerst Teuerung, dann Intensivierung und Ausdehnung der Flächen bringen. Auch hierin besitzt Afrika noch große Spielräume als Nährmutter der Welt für Kalorien aller Art.

Den hohen Kosten für Rohstoffe stehen die ebenso hohen Erlöse der Lieferländer gegenüber, die zu großen Teilen wieder als Investitionsgüter- oder Konsumnachfrage in die reichen Länder zurück fließen oder als Finanzanlagen deren Defizite finanzieren. Würden sich die Konsumländer allerdings gegen die Firmenkäufe durch „Sovereign Funds" stellen, wären Retourkutschen und protektionistische Tendenzen die Folge. Es würde als Vertrauensbruch aufgefasst, weil der Tausch heutigen Öls und günstiger Exporte gegen morgigen Anteilskauf an westlichen Firmen auf freien Firmenmärkten als ausgemacht gelten muss. Wenn die reichen Länder darauf nicht eingehen wollen, müssen sie vorweg und heute beim Konsum sparen.

Als unhaltbar werden seit langem das enorme US-Handelsbilanzdefizit und die dazu symmetrisch aufgebauten Dollarguthaben der asiatischen und arabischen Länder bezeichnet. Eine brutale Devisenkursänderung oder ein sofortiger Rückzug und Verkauf der Anlagen würden die Weltwirtschaft treffen. Doch sind die beidseits Beteiligten aneinander gebunden und deshalb an evolutiven Korrekturen interessiert. Denn ein Dollarzerfall mit den an ihn angebundenen asiatischen Währungen würde nur das Euroland (sowie Großbritannien und die Schweiz) um ihre Exporte bringen, ein Dollarzerfall mit Aufwertung des Yuan würde Chinas Wirtschaft schaden (allerdings nicht zu sehr, weil China der „local aggregator" ist und 70% seines Exportwerts zuerst importiert, also unter einer Aufwertung nur zu 30% leidet).

Stimmen in den USA weisen sogar die Notwendigkeit einer höheren Sparrate der Haushalte und des Bundes von sich, weil dank Dollarzerfall sich die auswärtigen Guthaben der Privaten laufend aufwerten und damit Vermögen in Dollarwerten „angespart" wird.

Dennoch dürfte ein abwertungsbedingter leichter Inflationsdruck, und weil der Dollar als Anlage attraktiv bleiben muss, tendenziell zu höheren Zinsen und weniger US-Konsum führen und bremsend wirken – in den USA wie auch in China und Asien. Jedenfalls sollten die Europäer keine künstlichen Gegensätze zwischen den USA und Asien sehen, denn das Gewicht der Welt hat sich politisch und wirtschaftlich zu den Staaten beidseits des pazifischen Saums verschoben und deren Interessen laufen weitgehend gleich, werden also zu gemeinsamen Lösungen führen müssen. Das Meer mit der günstigsten wirtschaftlichen Brise hatte sich nach Kolumbus vom Mittelmeer der „Serenissima", also Venedigs, zugunsten Spaniens, Englands, Hollands in den Atlantik verschoben, und nun tritt der Pazifik für alle seine Anrainer in die Weltwirtschaft ein.

Der Output dank Wachstum

Die Folgetrends seien in weitem Sinne hier als „output"-Erscheinung diskutiert. Zuerst der Weltausstoß: Er wird stark weiter wachsen, weil weltweit viel Kapital zur Verfügung steht, weil viele hundert Millionen Arbeitende in die Lohnarbeit und Tauschwirtschaft eintreten und weil die verfügbare Technik ihnen sofort enorme Produktivität verschafft – das sind die klassischen Wachstumsfaktoren. Daran fügen sich die Faktoren der neueren Wachstumstheorie nach Paul Romer an – bessere Institutionen und die Verbreitung kleiner, aber wirksamer Alltagsideen. So organisieren sich fliegende Händler in Afrika, Asien und Lateinamerika dank Mobiltelephonie sprunghaft besser, so überweisen Emigranten der armen Länder ihre 300 Milliarden Ersparnisse jährlich bald billig und sicher mittels Online-Banking nach Hause. Solche Basistechniken aller Art beschleunigen das Wachstum armer Länder auf breiter Ebene.

„The China price": Eine Wirkung dieses Outputstroms wird bezüglich der Inflation diskutiert – bisher drückten Chinas massiv billigere Exporte weltweit die Preise der Konkurrenzprodukte und als Komponenten jene der Endprodukte. Wenn China eine interne Inflation entwickelt, wenn der Yuan steigt und die Umwelt- und Sozialkosten zunehmen, dann ist China weiterhin günstig, wirkt aber nicht stetig weiter verbilligend auf seine Abnehmer. Die Volkswirtschaften des alten Westens werden dann ihre internen und die rohstoffbedingten Kostensteigerungen voll auf die Preise durchschlagen sehen – die Inflation wäre wieder da. Allerdings können nach China noch einige weitere Länder als Billigproduzenten auftreten, wie Vietnam, Indonesien, Pakistan, Teile Lateinamerikas. Die Welt hat noch eine kleine Weile diese preisliche „New Frontier". Falls Afrikas Ökonomie und ihre Hunderte von Millionen Menschen auch noch in die Weltwirtschaft einsteigen, dauert sie sogar noch recht lang.

Diese neue große Weltwirtschaft wird wohl immer stärker integriert sein, und die Konjunkturzyklen Amerikas einerseits, Europas und Asiens andererseits werden kaum entkoppelt, wie gegenwärtig unterstellt wird. Vielmehr konsumiert China nur knapp 40% seines BIP, seine Wirtschaft wächst mit dem Export, vor allem nach Amerika, und neuerdings verstärkt auch nach Europa. Wird in den USA weniger konsumiert, mehr gespart, sinkt der Dollar, dann leidet China und leiden seine Zulieferer in Asien, und es leiden die Konkurrenten der Amerikaner in Europa. Die Weltwirtschaft ist immer noch eins, und Amerika ist Nummer eins. Sein BIP ist anderthalb Mal so groß wie jenes der BRIC-Länder zusammen (Brasililen, Russland, Indien, China). Sie müssen noch Jahrzehnte lang stark wachsen, um zusammen erst den Wert der US-Wirtschaft zu erreichen.

Die Institutionen und die Werte

Die Weltwirtschaft hat Klammern erhalten, welche eine Weltgesellschaft mit gemeinsamen Werten und Interessen schafft. Die Welthandelsorganisation hat im Moment Mühe, eine neue Liberalisierungsrunde für Landwirtschaft und Dienste zustande zu bringen. Aber sie hat den Industriehandel praktisch von Zöllen und Behinderungen befreit und den Industrieländern die öffentlichen Ausschreibungen ebenfalls allen zugänglich gemacht. Ihren Schiedsgerichten fügen sich alle: kleine Länder, aber auch die USA. Der erreichte Stand des Vertrauens, der „Rituale", ist stupend, was man vor lauter unterbrochenen neuen Verhandlungsrunden oft vergisst.

Alle Länder haben ihre bilateralen, zusätzlichen Handelsinteressen mit Freihandelsabkommen ausgedehnt. Dieses bilaterale Netz ist außerordentlich dicht geworden und wird oft als Alternative – oder Ergänzung – zur WTO angesehen. Die Währungen fast aller Länder sind weitgehend konvertibel geworden, und dementsprechend wirkt sich auch die Geldpolitik der großen Länder global aus. Dies zwingt sie, die Wirkungen auf die anderen Länder wenigstens ansatzweise zu berücksichtigen. Da inkonvertible Währungen eigentliche „Völkergefängnisse" sind, schließt die heute erreichte Freiheit des Geldtauschs an die vor 1914 erreichte Bürgermobilität an – man kann reisen, investieren ohne amtliche Bewilligung.

Die Weltkapitalmärkte sind immer freier zugänglich, das Anlageuniversum hat sich spektakulär erweitert. Wenn die Firmen und Eliten der neuen Industrieländer und der Ölländer in den alten Ländern investieren, verschränken sich die Interessen aller am Wohlergehen und an den Institutionen der Welt im weitesten Sinne. Unter den erweiterten Institutionenbegriff fallen auch Verhaltensformen, Treu und Glauben, Vertrauensbildung, Regelsicherheit.

Die Anerkennung der Patente macht Fortschritte, die internationale Koordination von Funknetzen und Netzstandards funktioniert. Die internationale Personenfreizügigkeit für Spezialisten und Kader ist annähernd realisiert. Die Touristenströme ergießen sich überall hin und nähern die Kenntnisse und das Verhalten an.

Die beidseitigen wirtschaftlichen Interessen der USA und Chinas/Asiens können illustriert werden, indem man sie als pazifisches Kondominium sieht. In dessen Inneren mit relativ starrem Währungsverbund interessieren Handelsdefizite und Guthabenberge in Dollar nicht übermäßig, die beiden Teile des pazifischen Interessenraums können sich verstehen als ein einziger Raum wie Europa auch. Zwischen dessen lateinischem Südwesten und Deutschland fallen ähnliche Defizite und Überschüsse an. Das pazifische Kondominium erstreckt sich auch politisch auf akute Fragen wie Nordkorea, Taiwan, UNO-Sicherheitsrat. Man bemerkt zwar Auseinandersetzungen, doch lenken diese immer wieder in praktikable Arrangements oder in Stillehalten ein. Außerdem beschränkt sich China traditionell auf eine Rolle als Regionalmacht, verbittet sich allerdings auch Einmischungen der USA, duldet aber bisher deren militärische, maritime Dominanz im Pazifik.

Wächst im Ergebnis aller dieser zusammenwachsenden „Institutionen" nun auch die Überzeugung, dass es eine Interdependenz der Ordnungen gibt, dass also freie Märkte ohne Demokratie und Governance (z.B. Trennung von Amt und Person, Partei, Sippe) nicht funktionieren und dass Wachstum und Demokratie ein unzertrennliches Paar sind?

Auf den ersten Blick fordern Russland und China jedoch die Idee der Interdependenz der Ordnungen heraus. Sie könnten Afrika und Südamerika mit der relativ autoritären Gesellschafts- und Wirtschaftsverfassung verführen, weil bisher das Wachstum damit rasch voran kam. Damit würde die Kombination muskulöser gesellschaftlicher Leitung mit Modernisierung und raschem Wirtschaftswachstum der gefährlichere Exportartikel Russlands und Chinas werden als bloß das Öl oder die Billigprodukte.

Die beiden Länder fahren allerdings auf zwei verschiedenen Erfolgsschienen – vorderhand: Russland schwimmt im Rohstoffboom und kann sich daher Ineffizienzen der politischen und wirtschaftlichen Governance leisten. Außerdem rührt Russlands Bedeutung trotz seiner relativ kleinen und abnehmenden Bevölkerung von seiner geographischen Berührung mit allen neuralgischen Punkten der Welt her: Chinas Grenze, Energie für Europa, Kontakt mit Iran, Türkei, Südslawen.

China andererseits steht am Anfang der Wohlstandsleiter, da bringen interventionistische Regeln zuerst einmal Klarheit und Richtung. Doch darf man auf das Sowjetexperiment unter Stalin verweisen – die Anfangsindustrialisierung klappte plangemäß, doch als die Informationsgesellschaft und die komplexe Industriegesellschaft dezentrale, differenzierte Akteure erforderten, musste das System sie unterdrücken, und als es sie zuließ, zerbrach es. Daher kann man die These von der zunehmenden Anerkennung der Interdependenz der Ordnungen in „one world" vertreten.

Über die Frage, ob Europa eigentlich selbst schon sozialisiert ist und damit einen eigenen, nicht auf Anhieb erfolgreichen „dritten Weg" beschreitet, wird gestritten. Das Thema wird die Debatten und Wahlen in manchen Ländern in naher Zukunft beschäftigen – wie der Arbeitsmarkt zu befreien ist, wie die Selbstverantwortung in den Wechselfällen des Lebens ohne ausuferndem Sozialstaat gefördert wird. Soviel aber scheint klar: Während Europas Tandem Deutschland und Frankreich die EU zu einem Gebilde aus kollektiver Interessenwahrung durch Staat und Stakeholder ausbaut, läuft es gegen den weltweiten Mainstream. Asien, die angelsächsische Welt sowie die Schweiz und Osteuropa funktionieren wohl besser mit ihren gesellschaftlichen Anreizsystemen aus Individualismus und Utilitarismus. Vor allem die asiatische und pazifische Welt, also das pazifische Kondominium, tickt selbstbezogener, utilitaristischer und damit anders als Europa, dessen Politiker viele beengende Regelungen aus ideellen Gründen erlassen „für einen immer engeren Zusammenschluss" in der EU, und in der Innensozialpolitik ihrer Länder handeln sie aus Gründen einer unklaren „Solidarität", definiert als bloße Gleichheit. Die Globalisierung hingegen ist ein Faktum, und sie rührt aus vier autonomen, kaum umkehrbaren Faktoren her, denen sich die übrige Welt, außer Teilen Afrikas, mit großem Erfolg geöffnet hat.

Damit bleibt der Ausblick auf Weltwirtschaft und Weltgesellschaft grundsätzlich positiv. Wir werden in einer besseren Welt leben, als das fürchterliche 20. Jahrhundert der europäischen, abgeschlossenen und militärisch konkurrierenden Nationalstaaten sie bot. Wir schließen wieder an die Welt vor 1914 an.

Theodor Leuenberger

Harte und weiche Kulturen
Anmerkungen zur transkontinentalen Interaktionsgeschichte

Summary

Für Claude Lévi-Strauss war das Erklären von kulturellen Unterschieden besonders wichtig. Er hat als Gegensatzpaare herausgestellt: sociétés froides – sociétés chaudes; cultures progressives – cultures inertes; cultures qui bougent – cultures qui ne bougent pas. Dabei handelt es sich nicht um die Demonstration eines Gegensatzes, der eine Entwicklung der Globalgeschichte widerspiegelt: kalte Gesellschaften gegen warme Gesellschaften oder progressive Kulturen gegen träge Kulturen. Lévi-Strauss wendet sich vielmehr gegen jede Überschätzung des Fortschrittgedankens. Ihm anzuhängen, heißt für ihn, die stationären Gesellschaften fälschlicherweise als Etappen einer kumulativen, dynamischen Geschichtsentwicklung zu sehen.

Claude Lévi-Strauss ging es um das „wilde Denken", „das für uns nicht das Denken der Wilden noch das einer primitiven oder archaischen Menschheit ist, sondern das Denken im wilden Zustand, das sich von dem zwecks Erreichung eines Ertrages kultivierten oder domestizierten Denken unterscheidet"[1]. Das wilde und das domestizierte Denken bilden nur zwei Formen des Denkens überhaupt, die der menschliche Geist entwickelt, um jeweils verschiedene Aufgaben zu erfüllen. Beide Formen existieren nebeneinander und durchdringen einander.

Gemäß Claude Lévi-Strauss betrachten wir jede Kultur als kumulativ, die sich in der gleichen Richtung wie unsere eigene entwickelt, deren Entwicklung für uns eine Bedeutung hat, während die anderen Kulturen für uns als stationär erscheinen, nicht weil sie es tatsächlich sind, sondern weil ihre Entwicklungskurve für uns nichts bedeutet[2]. Dagegen stellt er den Begriff der „Weltzivilisation": „Weil Zivilisation eine Koexistenz von Kulturen einschließt, die ein Maximum von Verschiedenheit untereinander aufweisen, ja weil Zivilisation gerade in einer solchen Ko-

---

1   Vgl. Wolf Lepenies (Hg.): Orte des wilden Denkens. Frankfurt am Main 1970, S. 211.
2   Claude Lévi-Strauss: Rasse und Geschichte. Frankfurt am Main 1972, S. 74.

existenz besteht. Die Weltzivilisation kann nichts anderes sein als die weltweite Koalition von Kulturen, von denen jede ihre Originalität bewahrt"[3].

Dabei geht es um die Beziehung zwischen historischen Kulturräumen, die als Interaktion, als Transfer, als Zirkulation, aber auch als deren Verweigerung verstanden werden können[4]. Angefangen hat diese Beziehungsgeschichte als eurozentrischer Universalismus mit dem Aufstieg des Westens zur euro-atlantischen Hegemonialmacht.

Wir befinden uns an einem Punkt, wo sich das euro-atlantische Fortschritts- und Entwicklungsmodell immer mehr abschwächt. Das ursprünglich westliche Universalmodell ist herausgefordert durch das Wiedererstarken anderer Kulturräume wie des ostasiatischen (China/Japan), des indischen und des pan-arabischen. Hinzu kommt, dass angesichts der Beschleunigung von Kapital, Waren und Migrationsströmen die bestehenden Räume der Staaten und Zivilisationen aufbrechen und sich überlappen. Das bedeutet nicht, dass die Weltgesellschaft deswegen zu einem „global village" zusammenwachsen könnte.

Die Homogenisierung der Kulturen, die mit der Globalisierung verbunden ist, geht Hand in Hand mit sozialer und ethnischer Fragmentierung, und damit entstehenden kulturellen und sozialen Bruchlinien. Das Ergebnis ist ein Prozess globaler Vereinheitlichung und gleichzeitiger Konfrontation und Gegensteuerung. Es entwickelt sich eine neue polyzentrische Globalität, die eine Neuorientierung unserer Wahrnehmung erfordert. Neben das europäische Weltzentrum, das jahrhundertelang den Diskurs bestimmte, treten immer mehr die asiatischen Zivilisationen mit ihren je eigenen jahrtausendealten Kulturtraditionen (China, Japan, Indien).

Gleichzeitig entstehen Netzwerke über mehrere Regionen und Kulturen (Übersee-Chinesen), die heute mit ihrer Finanzkapazität die herrschende Weltfinanzordnung immer stärker mitbestimmen. Es entsteht eine neue Weltordnung: Noch vor kurzer Zeit dominierte die Wallstreet die Kapitalmärkte rund um den Globus. Jetzt sind sie auf Zuwendungen angewiesen, und dies ausgerechnet von Staatsfonds aus autoritären Ländern. Die Fehleinschätzungen und Fehlspekulationen des Immobilienbooms haben zu Milliardenabschreibungen und der schwersten Krise der Wallstreet seit Jahrzehnten geführt. Nach jüngsten Hochrechnungen verfügen die Staatsfonds über rund drei tausend Milliarden US Dollar. In den nächsten zehn Jahren werden es zehntausend Milliarden sein – so eine Studie der Deutschen Bank. Diese Fonds kaufen sich strategisch in europäische und amerikanische Schlüsselbranchen ein. Die wirtschaftliche Macht wird global neu verteilt. Engagements sind zum Beispiel der europäische Luft- und Raumfahrtkonzern EADS, Daimler und die Londo-

---

3   Lévi-Strauss, a. a. O.
4   Vgl. Bernd Hausberger in: Zeitschrift für Weltgeschichte. Jg. 8, München 2007, Heft 2, S. 218.

ner Großbank HSBC sowie führende US Investment Banken. Dies zeigt, dass die frühere Sicht der Weltgesellschaft, dominiert vom Westen, zu relativieren ist.

Das bedeutet nicht, dass es zu einer Neuzentrierung der Weltgesellschaft im ost-asiatischen Kultur- und Wirtschaftsraum kommt. Die Dominanz der „global cities" wie London, New York, Tokio bleibt. Diese „global cities" haben immer noch die Ressourcen, um die Weltagenda zu bestimmen. Sie spielen eine zentrale Rolle in dem globalen Netz von Weltfinanz und Weltwirtschaft.

Wichtig bleibt in diesem Interaktionsgeschehen, dass die globalen Prozesse und Phänomene gleichzeitig in Beziehung stehen zu lokalen Realitäten. Es geht um die Verknüpfung der Großräume und Kulturen mit den Kleingesellschaften. Mit diesem Analyseraster verliert der Begriff der Grenze seine frühere Eindeutigkeit. Grenzen sind keine klaren Trennungslinien mehr, besonders kulturelle Grenzen sind Zonen des Übergangs und der Vermischung. Notwendig wird es, räumliche kulturelle Strukturen prozesshaft zu sehen und ihnen damit ihre Statik und Fixiertheit zu nehmen.

Hybridität als Denkfigur

In diesem Zusammenhang hilft das Denken in hybriden Systemen. Kultur wird darin als diskursives Konstrukt verstanden, das verschiedene Wahrnehmungen in sich schließt. Es entstehen neue kulturelle Kartographien, in denen sich lokale Traditionen und verschiedene Kulturkonzepte niederschlagen. Dies hat Konsequenzen für den Begriff der kulturellen Identität, da Kultur in diesen Grenzräumen nie einheitlich gedacht werden kann. Hybridität ist eine Strategie des Aushandelns in Zwischenräumen. Sie findet an den Schnittstellen oder Rändern einer Kultur statt. Identität entsteht an den kulturellen Grenzen, an den Schnittstellen kultureller Kreuzungen wird sie neu gedacht, formuliert und ausgehandelt. Stellvertretend für dieses Denken sei Edouard Glissant aus Martinique zitiert: „Keine Kultur ist heute isoliert von den andern. Es gibt keine reinen Kulturen." Glissants beste Formel ist jene vom „archipelischen Denken". Er begrüßt die Vermischung von Rassen und Kulturen, die, so sagt er, in der Karibik beispielhaft stattfand und eine kulturelle Explosion zum Beispiel in der Musik bewirkte.

> „Wenn Sie eine afrikanische Rhythmik und westliche Instrumente nehmen, Saxophon, Geige, Klavier, Posaune, dann haben sie den Jazz. Das nenne ich Kreolisierung. Ich bin sicher, dass die Asiaten und die Hispanos, die Weißen und Schwarzen in den Städten Kaliforniens einmal etwas Neues hervorbringen, das genau so wunderbar sein wird wie der Jazz."[5]

---

5 Edouard Glissant: Das archipelische Denken; in: Süddeutsche Zeitung Nr. 243/2007, S. 12.

Heute verarbeiten hybride Konzepte die Erkenntnis der Ungleichzeitigkeit und der Unterschiedlichkeit von Modernisierungsprozessen. Hybride Konzepte vermeiden Hegemonie- und Blockdenken; Zentrum- und Peripheriemodelle werden damit obsolet. In solchen transdisziplinären Kommunikationen wird die Andersheit, das Eigene und das Fremde neu ausgehandelt. Eindimensionale, nationale Zuordnungen und Identitäten lösen sich auf. Hybride Konzepte sind Strategien der Übersetzung und des Aushandelns in Zwischenräumen, die fließend sind.

Eine Kultur der Zwischenräume besitzt in besonderer Weise Japan.[6] In seiner selektiven Anpassung an den Westen vermochte es die Substanz der eigenen Kultur zu erhalten. Die konfuzianisch/buddhistische Identität verband sich mit einer westlich gefärbten Zweitidentität. Was dahinter intakt blieb, waren Werte wie Anpassung, Loyalität, Hierarchie und Leistungswille. Westliche Modelle wie Demokratie und Kapitalismus wurden der japanischen Substanz angepasst. Japan besaß zwar eine feste homogene Entität. Aber unter dem Druck westlicher Interventionsdrohungen Mitte des neunzehnten Jahrhunderts musste es sich selbst neu erfinden, um sich in seiner Existenz zu erhalten. So entwickelte es ein ausgeklügeltes System der Transformation. Erleichtert hat diese Transformation die kulturelle Besonderheit, dass der Einzelne und Gruppen fließende Identitäten oder mehrere Identitäten besaßen. Japanische Identität wurde unter dem Außendruck ständig rekonstruiert und sozusagen neu verhandelt.

Nach dreihundert Jahren der Selbstabschließung als homogene und abgegrenzte Entität erfolgte eine von oben dirigierte, konstruktivistische Reaktion auf den Westen – eine selektive Anpassung und Absorption westlicher Errungenschaften. Es brauchte für diese Konstruktion des Meiji Japan aber auch die kulturelle Formbarkeit. Sie war durch die Jahrtausende alte Adaptation und Transformation chinesischer Kultur gegeben, d. h. das Baumaterial für die kulturelle, politische Situation war vorhanden.

Es handelt sich um eine Neukonstruktion, die von Claude Lévi-Strauss als Bricolage bezeichnet wurde: Alte Traditionen und Konzepte wurden an die neuen Umstände gemäß den Erfordernissen der Situation angepasst. Es ist ein neues Zusammensetzen alter Teile und Bestände, ein Neuarrangieren, Umgruppieren und Umordnen oder Verändern.[7] Die dazu notwendige gesellschaftliche Flexibilität war vorhanden. Es war die Zeit von 1860/70 bis 1914, die für die Erzeugung neuer Traditionen besonders offen war. Die These von Hobsbawm über die „Invention of Tradition" gilt hier genauso wie für das neugeformte Preußen/Deutschland 1870.

---

6   Vgl. auch: Peter Burke: Was ist Kulturgeschichte? Frankfurt am Main 2005, S. 124.
7   Lévi-Strauss, Das wilde Denken, Frankfurt am Main 1968, S. 30.

Die deutsche Nation war ein Paradebeispiel für eine Konstruktion; dasselbe gilt mit der „Invention der Tradition" in Japan nach der Restauration des Kaiserreiches 1868. Takashi Fujitani schreibt 1996:

> „Japans herrschende Eliten erfanden, belebten, manipulierten und förderten nationale Rituale mit einer bis da hin unbekannten Macht, um das einfache Volk in die Kultur der nationalen Gemeinschaft einzubeziehen und ihm das Bewusstsein zu geben, Objekt des kaiserlichen Blicks zu sein."[8]

Universalistisches Potential – Weltwissensgesellschaft

In den „dynamischen" Gesellschaften lässt sich neues Wissen nicht mehr nur aus den nationalen Kontexten entwickeln. Heute ist Wissensproduktion und Wissensweiterentwicklung an viele Transfers, Vernetzungen und Übersetzungen von Wissensbeständen zwischen europäischen und nicht-europäischen Gesellschaften und Wissenskulturen gebunden (z.B. Indien). Dies betrifft wissenschaftliches, technisches und kulturelles Wissen. Wissen und Information gehören zu den globalen Ressourcen im Globalisierungsprozess. Um die Dynamik von Wissenskulturen abzubilden, bedarf es der Korrelation von Wissen und Kulturen – und dies universal. Relevant sind transkulturelle Prozesse über die Grenzen von Makroregionen wie Europa, USA, Ost- und Südasien hinweg; so zum Beispiel die Frage des Indologen Max Müller: „India – what can it teach us?"

Benjamin Nelson geht in seinem Werk „Der Ursprung der Moderne"[9] davon aus, dass das, was Jürgen Habermas als „universalistisches Potential"[10] beschrieben hat, keine Besonderheit der westlichen Tradition ist, sondern als Möglichkeit in allen Weltbildern während der sogenannten Achsenzeit angelegt wurde. In diesem Zeitraum (zwischen 800 und 200 v.Chr.) wurde nach Jaspers ein nachhaltiger Entwicklungsschub sowohl im Westen als auch in Süd- und Ostasien in Gang gesetzt, der gleichzeitig und gleichwertig erfolgte. Mögliche Konzeptionen von Mensch und Welt wurden damals ausgedacht und bilden heute noch den Rahmen unseres Denkens. Dabei handelt es sich nicht um homogene Kulturkreise; die Grenzen zwischen den einzelnen Kulturkreisen waren und sind fließend, der Austausch zwischen den Räumen ist stetig[11]

Gleichzeitig stellen wir fest, dass sich im europäischen Mittelalter seit dem 12. und 13. Jahrhundert Entwicklungen vollzogen haben, z.B. Durchbrüche in der Na-

---

8   Peter Burke, a. a. O., S. 126.
9   Benjamin Nelson: Der Ursprung der Moderne. 1984, Frankfurt am Main, S. 40.
10   Jürgen Habermas: Theorie des kommunikativen Handelns. 1989, Frankfurt am Main, 2. Aufl.
11   Vgl. Elmar Holenstein: Philosophie Atlas. 2004, Zürich, S. 40.

turwissenschaft, der Logik und Scholastik, die so in anderen Kulturräumen nicht stattfanden. Dies deutet auf eine immense Bewusstseinserweiterung durch neue Erfahrungsprozesse hin. Begriffe wie „universitas", „civitas", „communitas", „persona", „libertas", „conscientia", „machina" wurden geprägt und begründeten später die Aufklärung. Die Ideen der Individualität und der eigenen Rechtspersönlichkeit traten auf.

Es wurden innovative Durchbrüche möglich, die in anderen Kulturen so nicht stattfanden. Diese waren begünstigt durch die griechische Philosophie und Wissenschaft, die Universalität des römischen Rechts und der römischen politischen Theorie. Die westliche Entwicklung baute auf diesen Universalitäten auf. Ein weiteres Phänomen[12] war die „Verbrüderung". In der Verkündung universeller Brüderlichkeit enthielt das Christentum das Versprechen, Kaste, Clan, Stamm, Verwandtschaft, Familie zu zersetzen, sofern sie einengende Elemente enthielten.

Staatlichkeit als Projekt

Im Westen waren Staat und Nation ein Produkt des 18. Jahrhunderts. Die Nation war zunächst eine „imaginäre" Einheit, die sich dann mit Realität füllte, d.h. mit einer gemeinsamen Sprache, einer gemeinsamen Religion und einem gemeinsamen Rechtssystem. Im 19. Jahrhundert wird im Westen die Vorstellung einer staatlich organisierten Nation zur Norm. Folge dieser europäischen Nationeneuphorie war eine Welle von nationalen Einigungen (z.B. Deutschland und Italien). Im Kontext der entstehenden Weltgesellschaft wurde diese Nationenbildung über die damaligen Kolonien in der späteren Dritten Welt gestülpt. Im Zuge der Dekolonisierung wurde freilich deutlich, dass nur die wenigsten Territorien der Dritten Welt ihre tribalen und ethnischen Differenzen zu Nationen im westlichen Sinne verschmelzen konnten – besonders dann nicht, wenn ihnen „Staatlichkeit", d.h. Zentralisierung, zugemutet wurde[13]. Nur wenige Territorien besaßen das innere Potenzial zur Bildung eines souveränen Nationalstaates (Japan).

Die Erfahrungen in ethnisch oder religiös unterschiedlichen Gebilden weisen darauf hin, dass nationale Einheiten unter dem Vorzeichen der westlichen Demokratie schwer durchsetzbar sind. So führte das Wunschbild nationaler Staatsbildung zu nicht überlebensfähigen sowie krisen- und bürgerkriegsanfälligen Gebilden. Es ist heute deutlich, dass die Krise afrikanischer Staaten damit zu tun hat,

---

12 Vgl. bei Max Weber: Gesammelte Aufsätze zur Religionssoziologie: 1920/21 oder Wirtschaft und Gesellschaft. Grundriss der Verstehenden Soziologe: 1956
13 Niklas Luhmann: Die Gesellschaft der Gesellschaft. Frankfurt am Main 1997, S. 1048.

dass der Nationalstaat nach westlichem Vorbild sich von Anfang an als „Bürde des schwarzen Mannes", nicht aber als Königsweg in die Moderne erwiesen hat. Der sogenannte Staatszerfall, z.B. in Afrika, hat darin seine Wurzeln, dass sowohl die kolonialen wie die postkolonialen Herrschafts- und Verwaltungsstrukturen mit ihren Rezepten gescheitert sind. Die sogenannte Staatlichkeit war nichts anderes als ein autoritärer, bürokratischer Kontrollapparat, der auch von den neuen afrikanischen Machteliten weitergeführt wurde. Mit anderen Worten: Die postkoloniale Entwicklung folgte weitgehend autoritären Strukturmustern des Kolonialismus. Der koloniale Staat war, wie eine Untersuchung über Tansania zeigt, autoritär und schwach zugleich[14]. Die späteren politischen Führer haben in diesen Strukturen bürokratisches und politisches Verhalten eingeübt.

Genauso wie die Kolonialherren glaubten die afrikanischen politischen Führer, die die Macht übernahmen, ebenfalls besser zu wissen, was für die eigene Bevölkerung gut war, anstatt diese am Aufbau des neuen Staates zu beteiligen. Sie konzipierten ihre jungen Staaten als Sozialstaaten mit umfassender Interventions- und Planungskompetenz, waren aber gleichzeitig mit dem Erbe eines schwachen und autoritären Staates konfrontiert. Aufgrund der ererbten kolonialen Wirtschaftsstrukturen hatten sie kaum Handlungsspielraum. Angesichts der Lücke zwischen Intention und begrenzter Kapazität suchten sie die Lösungen in autoritären Strukturen, die sie mit der Aura des afrikanischen Sozialismus und des „eigenen Weges" versahen.

Faktum aber ist, dass die koloniale Herrschaft eine unterentwickelte Staatlichkeit hinterließ, die unter den postkolonialen Führern sehr rasch in einen alt-neuen Autoritarismus mündete. Eigenständige, offene Modernisierungsprozesse wurden so verhindert. Besonders die Ökonomien blieben Anhängsel der früheren Kolonialmächte. Kein Wunder, dass diese „Staaten" eigentlich „Pseudostaaten" oder „shadow states" waren. Parallel zu den offiziellen Strukturen existieren Schattenstrukturen. Daher die Fragen: „Are African states really states at all?" „Are African elections really elections?" Afrika erscheint in diesem Licht als Kontinent von „failed states"[15].

---

14 Vgl. Andreas Eckert: Herrschen und Verwalten. 2007, München, S. 263.
15 Vgl. die Untersuchungen des kanadischen Politologen Roland Paris: Wenn die Waffen schweigen. 2007, Hamburg. Zum Bürgerkrieg in Kenia schreibt die Neue Zürcher Zeitung, 7. Feb. 2008/Nr. 31, S. 45: „Gefälschte Präsidentschaftswahlen und die Sturheit der Politiker haben das vermeintlich stabilste ostafrikanische Land in blutige und auffällig koordinierte Unruhen gestürzt. Der kenianische Schriftsteller Meja Mwangi liest daraus bedrohliche Zeichen für die Zukunft": „Es ist schwierig, nach dem Geschehen auf baldige friedliche, freie und faire Wahlen zu hoffen. Jeder künftige Führer wird eine geteilte Nation mit schwärenden Wunden erben; und vernimmt man dazu noch die Rufe nach einer föderalistischen Aufteilung des Landes, so zeichnet sich längerfristig ein Szenario von Stammeskonflikten und Kämpfen zwischen verfeindeten Warlords ab, wie wir es heute in Somalia sehen."

Die Transformation der Drittweltstaaten war zum großen Teil chaotisch und konfliktgeladen. Man hat offensichtlich das Fehlen solider Regierungs- und Verwaltungsinstitutionen zu wenig realisiert. Die früheren Vertreter des klassischen Liberalismus wie John Locke und Adam Smith haben auf die Bedeutung effizienter staatlicher Institutionen als Bedingung für Frieden und Entwicklung hingewiesen. In den heutigen Entwicklungstheorien wird dieses „institution building" zu wenig reflektiert. Die Transformation von Herrschaftssystemen erzeugt immer auch Chaos und Unordnung. Erst mit funktionierenden Institutionen und Verwaltungen können Konflikte entschärft werden. Eine funktionierende Rechtsordnung sowie ein umfassendes Bildungs- und Gesundheitswesen, eine intakte Infrastruktur (z.B. Wasser, Strom und Straßen) sind Voraussetzung.

Im Gegensatz zu den „weichen" Strukturen afrikanischer Nationen verfügen ostasiatische Nationen über andere bürokratische und kulturelle Voraussetzungen. So gibt es einen jahrhundertealten bürokratischen Staatskapitalismus (z.B. Singapore). Kern dieser „harten Kulturen" in Ostasien bildet die konfuzianische Tradition. Sie war und ist verantwortlich für die Persistenz und Stabilität dieser Gesellschaften. Mit Hilfe eines umfassenden Kontrollsystems hat z.B. das chinesische Mandarinat die Wert- und Verhaltensmuster der chinesischen Gesellschaft bestimmt. Die konfuzianische Organisation war identisch mit der Staatsbürokratie, und es war das Mandarinat, das das Ideal einer hierarchisch ausgerichteten, soziokulturellen Ordnung aufrecht erhielt. Die Existenz der Gelehrten war entscheidend für die Beständigkeit der ostasiatischen Kulturen. Diese Voraussetzungen liegen in den „weicheren Kulturen" Afrikas nicht vor.

Development – Globalization – Post-Development

Das „development project" war ein Nachkriegskonstrukt, mit dem Europa und die U.S.A. den Wiederaufbau von Wirtschaft und Gesellschaft definierten – und dieses Konzept galt auch für die damaligen Kolonien. Diese Entwicklung erfolgte in verschiedenen nationalen Varianten[16]; so war der Deutsche Nachkriegskapitalismus hochgradig organisiert zwischen Politik, Bürokratie und Wirtschaft. In Frankreich wurde der wirtschaftliche Aufbau nach Kriegsende durch eine planungs- und interventionsfreudige Elite aus Verwaltung und Industrie getragen („dirigisme"), während England und die U.S.A. auf industriepolitische Interventionen weitgehend verzichteten und den Markt spielen ließen.

---

16   Andrew Shonfield: Geplanter Kapitalismus. 1969, Köln/Berlin, S. 81.

Für die westlichen Führungsstaaten ging es darum, ihre jeweiligen Entwicklungsideologien auf Weltebene, und das hieß auch: in den damaligen Kolonien zu wiederholen. In der sogenannten Dritten Welt generierte die Dekolonisierung der 1960er und 1970er Jahre das westlich definierte Paradigma des „Developmentalism". „Development" wurde zu einem universalen Projekt. Es entsprach europäischen, amerikanischen Vorstellungen der superioren, ökonomischen Performance verbunden mit einer Steigerung des Lebensstandards.

Dieses Entwicklungs- und Wachstumsmodell basiert auf dem Nationalstaat und einem internationalen monetären Regime (Brettonwoods Agreement 1944). Der IWF war Hüter der Währungsstabilität und der Dollar die Leit- und Reservewährung. Die Weltbank unterstützte das Konzept des „Developmentalism" mit ökonomischen und sozialen Hilfsprogrammen in den Drittweltländern. Diese wurden eingebunden in bilaterale und multilaterale westliche Institutionen.

Es handelte sich um eine im Westen entlang eines linearen Trajekts der Modernisierung konstruierte Weltordnung[17]. Die Erwartung war, dass die jungen Staaten diesen Modernisierungsweg duplizierten und damit die Entwicklungslücke zur ersten Welt schließen würden. Freilich blieb dieses „development project" erfolglos. An seine Stelle trat das Globalisierungsprojekt, das sich vor allem an die sich neu industrialisierenden Länder, die sogenannten NIE's wandte. Die Weltbank definierte ihren „world development report" 1980 als Teilnahme am Weltmarkt. Es entstand ein globales Regime von Institutionen und Agenturen (WTO) mit unabhängiger Jurisdiktion und transnationalen Steuerungsregimen. Diese Globalisierung wird begleitet von Regionalisierung und Lokalisierung.

Post-Development

In globalen Kontexten bleiben lokale Orte von Bedeutung. Dabei spielen Begriffe wie Netze, Felder und Räume eine wichtige Rolle. Der räumlich konkrete Ort verändert seine Bedeutung durch das Vordringen der raumüberspringenden Medien und Kommunikationen, aber er verändert sich deswegen nicht wesentlich. Lokales bleibt auch lokal. Eine zentrale Rolle haben die „Akteursnetzwerke", die eine vermittelnde Stellung zwischen dem lokalen Ort und der regionalen und globalen Ebene einnehmen.

Die Verknüpfung der Orte mit dem Regionalen und der Regionen mit der globalen Ebene ist von größter Wichtigkeit. Neben der Planung und Steuerung von

---

17   W.W. Rostow: The stages of economic growth: A non communist manifesto. 1971, New York.

oben stehen Entwicklungen in den lokalen Räumen. Sie sind bestimmt von einer Vielzahl verschiedener Akteure. Gefragt ist: Was geschieht im lokalen Raum? Was soll dort geschehen? Welche Akteure sind beteiligt? Und wie kann auf diese lokale Entwicklung und die daran Beteiligten eingewirkt werden?[18]

Hier verlassen wir die Planungsebene und begeben uns in die lokale Welt des Aushandelns, Kooperierens und Zusammenführens verschiedener Akteure.

„Post-Development" bezeichnet einen Prozess auf mehreren Ebenen. Dabei ist die Kommunikation mit und zwischen den lokalen Akteuren ein wesentliches Ferment. Gemeint sind Mikrogesellschaften mit ihren Netzwerken, die von Akteuren aus unterschiedlichen Feldern der Gesellschaft gebildet werden. Die Netzwerke bewegen sich in Lücken, die entstehen, wenn Institutionen keine Leistungen mehr erbringen. Dann bieten Netze die notwendigen Verknüpfungen; freilich können Mikroregionen nicht ausgleichen, was makro-ökonomisch versäumt wird[19].

Investment in Netzwerken

Gehen wir davon aus, dass in den meisten Drittweltländern formale Institutionen nicht die primären, strukturellen Kräfte darstellen. Formale Institutionen sind oft Gegenstand von Manipulationen und Machtkämpfen zwischen Clan-Interessen (Beispiel Kenia). Zwar gibt es so genannte demokratische Institutionen, aber sie sind schwach und dienen den herrschenden Machteliten oft als bloße Fassade, hinter der man sich gegenseitig die Posten aufteilt. An die Stelle von Mehrparteiendemokratien treten in vielen Fällen Entwicklungsdiktaturen, die ganze Länder ruinieren können. Die staatlichen Institutionen wirken oft wie ein „Haus ohne Fundament", d.h. ohne solide Staatlichkeit. Daher die Frage: Was sind lokale, authentische Formen sozialer Organisation, die tragfähig sind?

Von größter strukturbestimmender Kraft sind informelle Netzwerke, die im Austausch von Gütern und Diensten die Mikrogesellschaften weitgehend bestimmen (oft nehmen dabei Frauen entscheidende Unternehmerrollen ein). Solche Netzwerke durchdringen und überlagern die formalen Institutionen und Organisationen in einem Ausmaß, dass diese faktisch an Bedeutung verlieren. Die Frage ist nicht: „Do institutions matter?", sondern: Warum sind Investitionen in Netzwerke wichtiger?

---

18   Siehe auch Thomas Sieverts: Dis P 169 2/2007, Zürich, S. 13. Klaus Selle, a. a. O., S. 23.
19   Siehe auch Klaus Dörre, Bernd Röttger: Im Schatten der Globalisierung. 2006, Wiesbaden, S. 275f.

Erhard Eppler

Gegen marktradikale Globalisierung
Entwicklungspolitik als Faktor von Weltinnenpolitik

Summary

Weltsicherheitspolitik muss auch Weltsozialpolitik sein. Diese These begründet der frühere Bundesminister für wirtschaftliche Zusammenarbeit und Entwicklung besonders im Hinblick auf den Zerfall von politischen Institutionen und Staaten. Freilich wird keine Bemühung, sei sie national oder international, die Spaltung von Gesellschaften und damit die Kommerzialisierung und Privatisierung von Gewalt verhindern können, solange national wie global marktradikales Denken die Verantwortlichen leitet. Nur die Zähmung eines entfesselten Kapitalismus kann verhindern, dass aus „failing states" in absehbarer Zeit „failed states" werden. Aber dazu müssten die Verantwortlichen erst einmal anerkennen, dass die schönste Ökonomische Theorie nicht weiterhilft, sondern Politik gefragt ist. Die Konturen dieser weltsicherheits-, Sozial- und Umweltpolitik und ihrer Akteure skizziert der folgende Text.

Dass Gesellschaften, Länder sich entwickeln müssten und dass dies besonders für die Länder des Südens gelte, wissen wir erst seit einer Rede von Präsident Truman 1948. Den Ökonomen, die Entwicklung als Wirtschaftswachstum verstanden – und oft auch noch so verstehen –, kann man kaum vorwerfen, sie hätten Truman missverstanden. Entwicklung war zuerst einmal Wachstum. Wachstum verlangte Investitionen. Kapital bildete sich nicht in bettelarmen Ländern, und das Kapital in den Industrieländern hatte im Norden ausreichend Gelegenheit, sich zu vermehren. Warum sollte man sich mit umständlichen, unerfahrenen und oft auch korrupten Bürokratien herumschlagen, sich um Zufahrtsstraßen und Telefonanschlüsse selber kümmern, wenn man es anderswo einfacher und billiger haben konnte? Also sollte die Entwicklungshilfe einspringen. Privates Kapital floss in ein paar Ballungszentren wie Sao Paolo, dorthin aber so rasch und so reichlich, dass in wenigen Jahrzehnten eine Ansammlung von Fabriken, Menschen und Autos entstand, in der die Lebensqualität stetig abnahm, während privatisierte Gewalt überhand nahm.

Die Funktion des Staates

Erst spät, kurz vor der Wende vom 19. zum 20. Jahrhundert, wurde klar, dass Entwicklung, wie immer man sie definiert, auf einen funktionierenden Staat angewiesen ist, der Recht setzen und durchsetzen kann, also auch über ein Gewaltmonopol verfügt. Rechtssicherheit verlangt allerdings auch, dass das Recht verlässlich ist, dass niemand, auch kein Diktator, über dem Recht steht. Am besten garantiert dies eine parlamentarische Demokratie.

In den Staaten, die in den sechziger Jahren des 20. Jahrhunderts ihre Unabhängigkeit erhielten, hatten die Kolonialmächte funktionierende Verwaltungen hinterlassen, die nun in den Dienst der neuen Nationalstaaten traten. Diese Nationalstaaten, nach westlichem Vorbild mit Verfassung, Hymne und Flagge versehen, waren zusammengesetzt aus verschiedenen Sprachgruppen, Stämmen und Völkern, die im 19. Jahrhundert durch Kolonialgrenzen, von Europäern mit dem Lineal gezogen, fremden Herren zugeschlagen worden waren. Meist musste also die Nation zum Staat erst geschaffen werden. Dabei hüteten sich in Afrika alle, die künstlichen Grenzen zu ändern. Wäre auch nur an einer Stelle zusammengekommen, was ursprünglich zusammengehörte, ganz Afrika wäre im Chaos versunken.

Immerhin: Noch in den siebziger Jahren des 20. Jahrhunderts war von Staatszerfall nicht die Rede, eher von Diktatoren, die mit harter, brutaler Hand zusammen zwangen, was nicht so gerne beisammen war. Oft wurden sie gestützt von den Hauptmächten des Kalten Krieges, sofern diese Diktatoren wenigstens verlässliche Verbündete waren. Als Entwicklungshemmnisse galten vor allem der Kapitalmangel, Defizite in Bildung und Ausbildung oder auch die höchst ungünstigen „terms of trade". Damals sanken die Rohstoffpreise, während die Industrien im Norden für ihre Lastwagen oder Turbinen immer mehr verlangten.

Dass ökologische Schäden Entwicklung hemmen konnten, wurde in den siebziger Jahren durchaus bemerkt. „Sustainable development" wurde zwar erst durch den Brundtland-Bericht 1987 zum offiziellen Ziel. Aber in den „Tidewater-Konferenzen" der Entwicklungsminister mit Weltbankchef Robert McNamara und dem früheren kanadischen Ministerpräsidenten Lester Pearson – er redigierte den Bericht einer UN-Kommission über die Entwicklungsarbeit der sechziger Jahre, also den Vorläufer des Brandt-Berichts aus dem Jahr 1980 –, in diesen Konferenzen ging es durchaus um eine durchhaltbare Entwicklung, auch um ökologische Grundlagen von Ökonomie.

Wer diesen internationalen Austausch miterlebt und mitgestaltet hatte, spürte in der zweiten Hälfte der siebziger Jahre, dass sich da etwas veränderte, und zwar nicht zum Besseren. Nach der ersten, noch mehr nach der zweiten Ölpreiskrise begannen die Industrieländer, ihre eigene Verwundbarkeit zu spüren. Nationaler Egoismus setzte sich wieder durch, nicht nur in Deutschland, aber eben auch da.

Marktradikale Anpassung und Failing States

Als dann mit Ronald Reagan und Margret Thatcher marktradikales Denken und Handeln seinen Siegeszug begann, erschien manches überholt oder doch zweitrangig, worüber sich konservative und sozialdemokratische Minister ein Jahrzehnt davor schon einig waren. Nun ging es darum, die Länder des Südens so rasch wie möglich in einen freien Weltmarkt zu integrieren, der als globaler Markt angelegt war, schon ehe die Globalisierung sich weltweit durchsetzte. Es kam die Zeit der Anpassungsprogramme. Wer sich zu stark verschuldet hatte und Hilfe vom Internationalen Währungsfonds brauchte, musste dessen Experten ins Land lassen, die dann nach gründlicher Untersuchung der Schwächen und Stärken des Patienten fast immer dasselbe Rezept verschrieben: Abwertung der Währung zur Stützung des Exports und zur Dämpfung der Importe, Kürzung der Steuern und des Staatshaushalts, Einsparungen bei Verwaltung, Bildung und innerer Sicherheit, auch bei den zaghaften Ansätzen sozialer Sicherung.

Den Staaten wurde eine Schlankheitskur verordnet. Da die meisten ohnehin schwach auf der Brust waren, führte dies nicht zur Gesundung, sondern zu schleichender, manchmal auch galoppierender Schwindsucht. Da nach dem Ende des Kalten Krieges auch das Interesse der Vereinigten Staaten an stabilen Staaten erlosch, begann der Staatsverfall, der manchmal in den Staatszerfall mündete. Bestes Beispiel ist das westafrikanische Riesenreich des Kleptokraten Mobutu, das damals Zaire, später wieder Kongo hieß.

Während in Asien die kleinen Tiger – die großen schliefen noch – zum Sprung ansetzten, wobei ein starker, oft autoritärer Staat und eine freie Wirtschaft sich gegenseitig stützten, geriet vor allem Afrika in einen neuen Elendszirkel: Weil schwache oder zerfallende Staaten weder die nötige Infrastruktur noch die ganz unentbehrliche innere Sicherheit bieten konnten, blieben Investitionen aus oder doch auf die Gewinnung von Rohstoffen beschränkt. Und weil die Investitionen nur dahin gingen, wo der Staat für Rechtssicherheit sorgen konnte, blieben die schwachen Staaten arm und wurden noch schwächer.

Über diesen Zirkel war bei den Tidewater-Konferenzen noch nicht gesprochen worden. Vielleicht gab es ihn ansatzweise schon damals, aber erst um die Jahrhundertwende war er nicht mehr zu übersehen. Gleichzeitig wurde klar, dass die Hoffnung Willy Brandts, nach Ende des Kalten Krieges hätten die Industrieländer endlich „beide Hände frei", um dem Süden zu helfen, getrogen hatte. Für die Vereinigten Staaten fiel die strategische Begründung für den größten Teil der „foreign aid" weg, also schrumpfte das Budget, und die anderen Industrieländer neigten nicht dazu, das amerikanische Versagen durch eigene Leistungen wettzumachen. Sie zogen es vor, dem amerikanischen Vorbild zögernd und mehr oder minder überzeugt zu folgen.

Um die Jahrhundertwende mehrten sich auch die Bilanzen über ein halbes Jahrhundert Entwicklungsarbeit. Was hatte sie erbracht? Was hatte der Norden dazu beigetragen, wo aus Entwicklungsländern vitale Industriegesellschaften entstanden waren? War insgesamt die Kluft zwischen armen und reichen Ländern nicht tiefer geworden? War diese Hilfe nicht wirkungslos oder gar tödlich? Diese Frage wurde und wird gestellt von Marktradikalen, aber auch von ihren Antipoden. Für die einen ist Entwicklungspolitik ein unsinniger Eingriff in den Markt, für die anderen ein hoffnungsloser Versuch, den Opfern eines entfesselten Kapitalismus zu helfen. Diese Diskussion ist noch lange nicht zu Ende.

Weltinnenpolitik und Terrorismus

Aber sie wird überlagert von der rasch wachsenden Einsicht, dass die Völker auf diesem Globus nur noch eine gemeinsame Zukunft haben – oder gar keine. Das wusste vor einem Menschenalter schon Carl Friedrich von Weizsäcker, als er von „Weltinnenpolitik" sprach. In den frühen siebziger Jahren des 20. Jahrhunderts sind nicht wenige ihm gefolgt, dann geriet der Begriff in Vergessenheit. Globalisierung, das war eine Sache der Märkte, der Warenmärkte, der Finanzmärkte, teilweise auch des Arbeitsmarktes. Politik konnte diese Globalisierung nur fördern – oder stören. Danach wurde sie auch beurteilt. Aber „Weltinnenpolitik" war ein viel zu anspruchsvolles Wort dafür. So wichtig war Politik nicht. Je weniger, desto besser.

Das hat sich im ersten Jahrzehnt des 21. Jahrhunderts geändert. Das begann am 11. September 2001, dann durch den Lernprozess, den die Fehlentscheidung des amerikanischen Präsidenten vom 12. September auslöste. An diesem Tag proklamierte George W. Bush den „war on terrorism". Für Krieg war das Militär zuständig, und es kam auch zum Zug, in Afghanistan, wo der islamistische Terror sich gesammelt hatte, dann im Irak, wo man Saddam Hussein vieles vorwerfen konnte, nur nicht Sympathien für die Gotteskrieger. Der „Krieg gegen den Terror" hat Verbrecher zu Kriegsführenden befördert und die Schwelle zum wirklichen Krieg (Irak) so abgehobelt, dass die meisten Amerikaner sie gar nicht mehr sehen konnten. Wer die Verbrecherjagd zum Krieg erhöht, muss dann auch den Krieg als Verbrecherjagd inszenieren. Das geschah im Irak mit Fahndungsliste, Kopfgeld, Gericht und Galgen. Das Ergebnis spricht für sich.

Richtig an Bushs Kampagne war, dass die Bekämpfung des Terrors nicht nur Sache der USA war, sondern die aller Staaten, sofern sie auf ihr Gewaltmonopol Wert legten. Aber hier ging es nicht um eine militärische, sondern eine politische Aufgabe. Der Terror war, zumindest potentiell, eine Bedrohung für alle, also ein Thema von Weltinnenpolitik. Und er hatte zu tun mit dem, was zwischen Nord und Süd zu klären war. Nicht in dem Sinne, dass die 19 Selbstmordattentäter des 11.9.2001 zu den Ärmsten dieser Welt gehört hätten. Sobald man jedoch den Terror der Islamisten verstand als Teil jenes Terrors, mit dem entstaatlichte, privatisierte und kommerzialisierte Gewalt gegen Frauen und Kinder in zerfallenden Staaten wie dem Kongo wütete – und etwa tausend Mal mehr Opfer forderte als der 11.9.2001 –, war man mitten in der Thematik der Entwicklungspolitik.

Die Gewalt entstaatlicht, privatisiert und kommerzialisiert sich vorwiegend dort, wo die Kluft zwischen arm und reich zu tief wird. Dann zerbröselt das staatliche Gewaltmonopol erst in den Slums, barriadas, favellas, bidonvilles. Dort regieren dann oft kriminelle Banden. Um sich vor ihnen zu schützen, igeln sich die Vermögenden ein in „Zitadellen" oder „Gated Communities" und lassen sich von privat angeheuerten und besoldeten Sicherheitsdiensten beschützen. Beides sind Symptome des Staatszerfalls. Nur funktionierende Staaten haben eine Chance, sich des Terrors zu erwehren. Zerfallene sind seine Brutstätten. Die Kluft zwischen arm und reich, ganz gleich, ob es um arme und reiche Völker geht oder um Arme und Reiche innerhalb der Gesellschaften, fordert die Politik heraus. Die Märkte sind dafür nicht zuständig. Und wenn die Kluft sich überall vertieft, dann bedarf es einer Weltinnenpolitik.

Weltinnenpolitik – Klimaschutz

Einen anderen Zwang zur Weltinnenpolitik schafft der menschengemachte Klimawandel. Eben weil er dies tut, tun muss, hat die Bush-Regierung ihn hartnäckig geleugnet. Dass die freien Märkte, lässt man sie nur walten, irgendwann alle Armut beseitigen, kann man immerhin behaupten und tut es bis heute. Dass sie die Klimakatastrophe verhindern, in die ihr Wirken offenkundig führt, leuchtet keinem denkenden Menschen ein. Daher ist in den USA, wie in Australien, eine neue Klimapolitik nur zu haben, wenn die Gesamtpolitik sich wandelt.

Klimaschutz erzwingt, ebenso wie der Terror, einen neuen Nord-Süd-Dialog. Denn es lässt sich kaum bestreiten, dass vor allem der Norden in den letzten 150 Jahren die Atmosphäre mit Treibhausgasen angereichert hat. Und es ist höchst wahrscheinlich, dass der Süden den größeren Teil der Zeche zu bezahlen hat. So hat der Süden ein Interesse, den Norden dafür in die Pflicht zu nehmen, während der Norden vermeiden will, dass eine Verringerung seines Ausstoßes durch eine Steigerung im Süden, vor allem in Schwellenländern aufgewogen wird. Stoff genug für monatelange Verhandlungen. Aber eben für solche, bei denen nicht mehr eine Seite alle Trümpfe in der Hand hat.

Zum ersten Mal haben die Industrieländer ein Interesse daran, dass Entwicklung nicht Nachahmung des Nordens bedeutet, dass der Süden nicht denselben Weg geht wie der Norden. Wenn von den „Märkten von morgen" die Rede war, dann war – und ist – damit gemeint, dass eines Tages die deutschen Autobauer auch nach Afrika große Mengen der Benzinfresser liefern könnten, die sich in Deutschland oder den USA verkaufen ließen. Jetzt geht es darum, wie man in Afrika Armut bekämpft, ohne auf fossile Energieträger zu setzen. Wenn die deutsche Entwicklungsministerin berichten kann, dass mit deutschem Geld in zwei Jahren für 41 Millionen Menschen Strom aus erneuerbaren Quellen bereit gestellt wurde, dann hat sie im Interesse des Nordens und des Südens, im Interesse der Menschheit gehandelt, Weltinnenpolitik betrieben.

Im Blick auf die Schwellenländer wird allerdings deutlich, was der Norden versäumt hat. In den siebziger Jahren gab es nicht wenige in Wissenschaft und Politik, die von Europa verlangten, ein ökologisch durchhaltbares Modell von Industriegesellschaft zu schaffen, ehe die Giganten in Asien beginnen würden, Europa und Amerika nachzueifern. Das ist nicht geschehen. Mehr als 20 Jahre wurden verschlafen. Deshalb ist es jetzt so schwierig, China, Indien oder Brasilien in eine aussichtsreiche Klimapolitik einzubinden. Europa – und noch mehr den USA – fehlt die moralische Autorität.

Als Carl Friedrich von Weizsäcker Weltinnenpolitik forderte, wusste er sehr wohl, dass auch Innenpolitik alles andere als harmonisch abläuft. In der Bundesrepublik Deutschland hat jedes Bundesland seine besonderen Interessen, und in Wahlkämpfen scheuen politische Parteien nicht vor höchst dubiosen Mitteln und Methoden zurück. Aber schließlich bilden sich doch regierungsfähige Mehrheiten. Koalitionspartner raufen sich zusammen. Und was dabei herauskommt, ist zwar selten optimal, aber noch seltener ganz unsinnig oder schädlich.

So wird auch Weltinnenpolitik nichts Idyllisches an sich haben. Konsens wird noch schwieriger, und nicht alle werden dieselbe Macht haben. Aber alle werden gebraucht, also können sie auf Augenhöhe mitreden.

Sicherheits- und Sozialpolitik

Entwicklungspolitik wird ein Teil dieser Weltinnenpolitik sein, und zwar ein wichtiger. Sie dürfte drei Schwerpunkte haben: Weltklimapolitik, Weltsicherheitspolitik und Weltsozialpolitik. Häufig wird es nicht gelingen, die drei Aufgaben säuberlich auseinander zu halten. Sie überlappen sich an vielen Stellen. Trotzdem soll hier eine Konzentration auf die zweite und dritte versucht werden, auf die Weltsicherheitspolitik und Weltsozialpolitik. Sie gehören besonders eng zusammen, weil Staaten zerfallen und Gewalt sich privatisiert, wo Gesellschaften zerfallen. Und sie zerfallen, wo die Reichen sich hinter elektrisch geladenen Zäunen mit privaten Söldnern vor der Gewalt zu schützen versuchen, die sich unter den ganz Armen in den Slums und anderswo zusammenbraut.

Wer zerfallende Staaten (failing states) vor dem endgültigen Zerfall bewahren will, kann sich den Luxus einer Diskussion darüber nicht mehr leisten, ob es mehr auf den Staat oder die Zivilgesellschaft ankommt. Sie sind dann keine Gegenspieler, sondern zarte Pflänzchen, die sich aneinander hochranken sollen, die aufeinander angewiesen sind. Im Nicht-Staat (failed state) werden die Menschen nicht frei, sondern Freiwild. Vielleicht versuchen sie sich – meist vergebens – gemeinsam zu schützen, aber eine lebendige Zivilgesellschaft gedeiht im Gewaltchaos nicht. Umgekehrt: Kein Staat, zumal kein demokratischer, ist auf Dauer lebensfähig ohne Zivilgesellschaft.

Also muss Hilfe von außen bei beiden ansetzen, bei Zivilgesellschaft und Staat. Alles, was der Gesellschaft Halt und Struktur geben, das Morgen berechenbar machen, gemeinsames Handeln im Interesse des Ganzen fördern kann, ist gut und wert, unterstützt zu werden.

Das kann mit einer christlichen Gemeinde beginnen. Man kann ihr helfen, Aufgaben zu übernehmen, die anderswo ein funktionierender Staat schultert: Kindergärten, Schulen, Sanitätsstationen, Verteilung von Lebensmitteln, Heime für Waisenkinder, Reintegration von Kindersoldaten. Natürlich können alle Arten von nichtstaatlichen Organisationen hier einspringen. Wenn sie verlässlich sind, verdienen sie Unterstützung. Aber kirchliche Entwicklungsarbeit kann schon dadurch hilfreich sein, dass sie ein Stück Zivilgesellschaft stärkt.

Auch das Wirtschaftsleben bedarf stützender Strukturen: Gewerkschaften, aber auch Institutionen, die leisten können, was in Deutschland die Industrie- und Handelskammern erledigen. Wer könnte so etwas leisten? – Unsere politischen Stiftungen haben in einem knappen halben Jahrhundert Erfahrungen gesammelt, wie man Gruppen, Organisationen und Parteien fördert, die eine Demokratie tragen können. Auch wenn ihre Arbeit immer wieder zu Konflikten führen muss, sind sie ein

Instrument, das noch wichtiger wird, wo Staatszerfall droht oder gar staatliche Ordnung erst langsam wieder entstehen muss. Nicht alles, was sie anpacken, kann und wird gelingen. Aber besonders die Geschichte der beiden großen Stiftungen, der Friedrich-Ebert- und der Konrad-Adenauer-Stiftung, weist auch erstaunliche Erfolge auf, die diese spezifisch deutsche Einrichtung rechtfertigen.

Die nötige Quadratur des Kreises

Wie kann man gefährdete Staaten von außen stützen, zerfallene wieder aufbauen, ohne dass der Eindruck entsteht, da werde nationale Machtpolitik betrieben, da werde von Fremden etwas übergestülpt, was zu dem Land gar nicht passt? Wie kann man von außen etwas fördern, was nur angenommen wird, wenn es als etwas Eigenes, dem eigenen Willen und den eigenen Bedürfnissen Entsprechendes wahrgenommen wird? Wie kann man Einfluss nehmen, damit man eines Tages keinen Einfluss mehr nehmen muss? Die Aufgabe ähnelt der Quadratur des Kreises. Daher gibt es keine Patentrezepte. Und Rückschläge sind sogar da nicht zu vermeiden, wo mit Takt und Einfühlungsvermögen gearbeitet wird. Trotzdem muss es versucht werden. Häufig ist die Alternative zu solchem Einwirken die Herrschaft der Kalaschnikow, das schutzlose Leiden der Schwachen, zumal der Kinder und Frauen.

Wo Staaten noch einigermaßen funktionieren, wo die Korruption die Justiz noch nicht voll erreicht hat, wo noch Lehrer aufs Land geschickt werden, die in einer Schule aus vier Pfosten und einem Schilfdach viermal mehr Kinder unterrichten, als dies in Europa üblich ist, lässt sich Hilfe noch einigermaßen diskret leisten. Man kann Verwaltungsleute ausbilden – und die Deutsche Stiftung für Entwicklungsländer tut dies seit Jahrzehnten –, man kann Polizisten mit europäischen Regeln und Methoden bekannt machen, man kann Kontakte zur Justiz aufbauen. Man kann auch darauf dringen, dass die Gehälter der Staatsbediensteten nicht so bemessen bleiben, dass diese ohne Zusatzeinnahmen aus Korruption keine Familie ernähren können, Korruption also zum System gehört.

Hier kommt dann etwas ins Spiel, was vor vierzig Jahren allenfalls in Paris diskutabel war – für ehemalige Kolonien –, nicht aber in Bonn, nämlich die Budgethilfe. Sie hat den Vorteil, dass keine Projekte entworfen, korrigiert, verworfen oder verbessert und ausgefeilt werden müssen. Wenn der Gesundheitsminister oder der Schulminister irgendwo in der Sahelzone sorgfältig mit den Zuschüssen umgehen – wer sollte Geld besser verwenden können? Der Nachteil ist, dass ein deutscher Minister, der seinen Steuerzahlern verantwortlich ist, sich dessen nicht sicher sein kann, auch wenn die Budgethilfe an Auflagen gebunden ist. Überdies spricht sich Budgethilfe herum, und sie beweist, was die Autorität einer Regierung mindern muss: Abhängigkeit. Trotzdem: Diskrete und diskret überwachte Budgethilfe kann „failing states" vorübergehend helfen, zumal wenn sie auch für den Aufbau eines effizienten Steuersystems genutzt wird, das diese Hilfe eines Tages überflüssig machen kann.

Wie aber steht es mit „failed states", also Ländern, in denen praktisch kein Staat mehr vorhanden ist? Wo zwar an den verschiedensten Stellen geschossen und gekämpft wird, aber oft niemand mehr weiß, wer hier wofür kämpft – es sei denn für Beute und nackte Herrschaft, vor allem über Frauen? Hier versagen zuerst einmal alle Mittel einer staatlichen Entwicklungszusammenarbeit, darüber hinaus alles, was bilateral möglich ist. Denn wo nur noch ein militärischer Eingriff weiterhelfen kann, führen bilaterale Versuche meist nur dazu, dass geldgierige Warlords sich als patriotische Freiheitskämpfer gegen einen imperialistischen Feind ausgeben können. Die Gewalt nimmt nicht ab, sondern eher zu. Wenn schon jemand kommen muss, um dem wilden Schießen, Plündern, Morden und Vergewaltigen ein Ende zu setzen, dann kann es nur eine multinationale Truppe auf Geheiß der Vereinten Nationen sein. Auch gegen sie, gegen die „fremden Eindringlinge", lässt sich Stimmung machen, aber doch nicht so leicht.

Auch eine Intervention mit der Legitimation der Vereinten Nationen kann ihren Zweck nur erreichen, wenn sie verbunden ist mit dem Bemühen, den Menschen, zumal den Opfern chaotischer Gewalt, das Leben zu erleichtern. Das kann beginnen mit der Verteilung von Lebensmitteln und Medikamenten. Aber dann müssen die Menschen erfahren, dass eine bessere Zukunft möglich ist: Mit einer soliden Wasserversorgung, mit einer erreichbaren Sanitätsstation, mit engagierten Lehrern, schließlich auch mit einer Arbeit, von der man leben kann. Kurz: Militärische Intervention hat nur eine Chance, wenn sie mit großzügiger Entwicklungspolitik gekoppelt ist. Dies bedeutet übrigens auch, dass bei alledem mit langen Zeitspannen zu rechnen ist. Einen Staat ruinieren kann man in wenigen Jahren. Einen Staat neu aufzurichten, dauert Jahrzehnte. Die Vorstellung, man müsse nur demokratische Wahlen abhalten, dann habe man einen demokratischen Staat, ist reichlich naiv.

Der Schritt von der Sicherheits- zur Sozialpolitik

Wer Entwicklungspolitik als Weltinnenpolitik und damit auch als Weltsicherheitspolitik versteht, muss sich auch mit Schwellenländern befassen, die finanzielle Unterstützung nicht mehr nötig haben und besonders empfindlich sind, wenn ihre Souveränität angetastet werden könnte. Aber wenn in brasilianischen oder südafrikanischen Ballungsräumen jedes Jahr mehr Menschen eines gewaltsamen Todes sterben, als man im Zweiten Weltkrieg zur Aufstellung einer kriegsstarken Division brauchte, dann kann dies weder den Nachbarn noch der Weltgemeinschaft gleichgültig sein. Natürlich können sie keine Soldaten oder Polizisten dorthin entsenden. Aber ihre Repräsentanten können mit den Regierungen über die Ursachen überbordender Gewalt reden. Sie liegen, gerade in Schwellenländern, meist in der Spaltung der Gesellschaft, weil die Kluft zwischen arm und reich, oben und unten eine bestimmte Tiefe unterschreitet.

Dies ist der Punkt, wo Weltsicherheitspolitik zur Weltsozialpolitik werden muss. Ausufernde Slums, wo immer sie sich ausbreiten, ob in armen, ganz armen oder auch reichen Ländern, sind ein Thema von Weltsicherheitspolitik und Weltsozialpolitik. Natürlich sind sie zuerst einmal ein Handlungsfeld für die nationalen Regierungen, dann für internationale Organisationen wie die WHO oder die ILO. Aber wo Regierungen Hilfe suchen und annehmen, ist auch Entwicklungspolitik gefordert. Zur Weltsozialpolitik gehören die vielfältigen Instrumente und Methoden der Armutsbekämpfung, von den ländlichen Genossenschaften über die dezentrale Nutzung erneuerbarer Energien bis hin zu den Mikrokrediten.

Nur: keine Bemühung, sei sie national oder international, wird die Spaltung von Gesellschaften und damit die Privatisierung und Kommerzialisierung von Gewalt verhindern können, so lange national wie global marktradikales Denken die Verantwortlichen leitet. Die marktradikale Welle, die seit einem Vierteljahrhundert über den Globus hinweggeht, hat die Kluft so vertieft, dass die Spaltung möglich und an manchen Stellen wirklich wurde. Nur die Zähmung eines entfesselten Kapitalismus kann verhindern, dass aus „failing states" in absehbarer Zeit „failed states" werden. Ökonomen könnten vorrechnen, um wie viel billiger es ist, einen zerfallenden Staat zu stabilisieren als einen zerfallenen wieder aufzubauen. Aber dazu müssten sie erst einmal anerkennen, dass die schönste ökonomische Theorie hier nicht weiterhilft, sondern dass Politik gefragt ist.

Auch gute Politik dürfte mindestens ein Jahrzehnt brauchen, um den herrschenden Trend zu brechen und umzukehren. Diese Politik müsste nicht von den Vereinigten Staaten ausgehen, sie aber einschließen. Sie müsste verbindliche globale Mindeststandards vorsehen, soziale wie ökologische. Sie müsste durch globale Steuern die Spekulation bremsen (Varianten der Tobin-tax) und sie müsste das Menschenrecht auf Nahrung so ernst nehmen wie das Menschenrecht auf freie Meinungsäußerung.

Schon der Versuch, den globalen Märkten einen sozialen und ökologischen Rahmen zu verpassen, könnte die gefährdeten nationalen Rahmen sichern, festigen und ergänzen. Wo die nationalen Rahmen verwittern, ohne dass internationale an ihre Stelle treten, werden sich Gesellschaftsspaltung und Staatszerfall fortsetzen und wahrscheinlich beschleunigen. Niemand sollte die unzähligen Hindernisse auf diesem Weg unterschätzen. Aber man kann erste Schritte machen. Sie könnten in den Strategien von Weltbank und internationalem Währungsfonds (IWF) erkennbar werden. Damit wären wir wieder bei der Entwicklungspolitik.

Wer soll die Entwicklungspolitik organisieren?

Es leuchtet unmittelbar ein, dass eine Weltsicherheitspolitik, die gleichzeitig Weltsozialpolitik sein müsste – natürlich auch eine Weltklimapolitik –, nicht allein Aufgabe des Ministeriums sein kann, das zuerst für die Projekte der Entwicklungszusammenarbeit verantwortlich ist. Aber was hier ansteht, übersteigt auch die Möglichkeiten eines jeden anderen Ressorts, ganz sicher die des Verteidigungsministeriums, aber auch die des Auswärtigen Amtes. Ein darauf neu zugeschnittenes Ministerium ist kaum denkbar.

Es bleibt also nichts anderes übrig, als ein ressortübergreifendes Konzept als Grundlage und Wegweiser für eine intensive Zusammenarbeit von Ressorts, die einsehen, dass sie das jeweils andere dringend brauchen. Dabei wird jedes Ressort nicht nur seinen Sachverstand und seine Erfahrungen einbringen, sondern auch seine spezifische Sichtweise. Gerade die Sichtweise der Entwicklungspolitik wird dabei unentbehrlich sein.

Wolf Poulet, Geschäftsführer der „International Governance Consulting" (IGC) verweist auf das britische Entwicklungsministerium (Department for International Development DFID), das in solchen Verhandlungen offenbar federführend ist. Er berichtet:

> „Bei Steuerungsgesprächen etwa für den ‚Conflict Prevention Pool' (CPP) sollen sich Außenministerium und Verteidigungsministerium mit dem Entwicklungsministerium (DFID) wie beim Rugby streiten …. Aber am Ende verfügt die britische Regierung über ein kohärentes Entwicklungskonzept …" (Welt-Sichten Nr. 1, 2007, S. 38).

So ist Politik. Mehr sollte man von ihr nicht erwarten. Aber auch nicht weniger.

Lothar Brock

Auf dem Königsweg in die Sackgasse?
Die Verknüpfung von Entwicklung und Sicherheit

Summary

Entwicklungs- und Sicherheitspolitik sind seit langem aufeinander bezogen. Im Kalten Krieg stand dabei die Instrumentalisierung der Entwicklungszusammenarbeit durch die staatliche Sicherheitspolitik im Vordergrund. Nach dem Ende des Ost-West-Konflikts hofften die zivilgesellschaftlichen und staatlichen Entwicklungsagenturen, dieses Verhältnis umzukehren. Sicherheitspolitik sollte stärker in den Dienst der Entwicklung gestellt werden; Entwicklungspolitik wurde als die bessere Sicherheitspolitik ausgewiesen. Dem diente ein erweiterter Sicherheitsbegriff. Dabei ging es in den neunziger Jahren vor allem um eine zivil-militärische Kooperation in akuten Konflikten; seit den Terrorattacken von 2001 mehr um die Gewährleistung globaler Sicherheit – mit der Gefahr, dass eine eigenständige Entwicklungspolitik erneut zugunsten einer Sicherheitsagenda eingeschränkt wird, bei der die Interessen des Nordens an einem globalen Krisenmanagement im Vordergrund stehen. Diese Problematik wird an akuten Konflikten verdeutlicht.

Im Rahmen des Ost-West-Konflikts wurde die Entwicklungszusammenarbeit vielfach als Anhängsel der westlichen Sicherheitspolitik betrachtet. Sie sollte durch Förderung des wirtschaftlichen Wachstums und der sozio-kulturellen Modernisierung dazu beitragen, den internationalen Kommunismus einzudämmen. Die Truman-Doktrin von 1947, die von John F. Kennedy im Gefolge der kubanischen Revolution forcierte „Allianz für den Fortschritt"(zwischen den USA und den lateinamerikanischen Staaten), aber auch die Bonner Deutschlandpolitik gegenüber den Ländern des Südens standen für diese Einbindung der Entwicklungszusammenarbeit in die Ost-West-Konfrontation. Sie profitierte von dieser Einbindung – sie war ja ihrer Entstehungsgeschichte nach geradezu ein Kind des Kalten Krieges. Zugleich erwies sich die Einbindung in die Sicherheitspolitik jedoch als hoch problematisch. Sie führte u.a. dazu, dass politische Eliten nicht nach fachlichen Kompetenzen, sondern nach Wohlverhalten im Rahmen der „Systemkonkurrenz" zwischen Ost- und West gefördert wurden. Das hieß, dass man es auch mit der Achtung von Menschenrechten nicht so genau nahm, und im Zweifelsfall nach dem

Motto verfuhr: „Wenn er auch ein Schurke ist, so ist es doch unser Schurke!" Um
politischer Geländegewinne willen wurden Staaten gestützt, die nur aus einer rechtlichen Hülle ohne politische Substanz bestanden. Bei Zielkonflikten zwischen der
Entwicklungszusammenarbeit und der globalen Sicherheitspolitik zog die Entwicklungspolitik im Regelfall den Kürzeren.

Die daraus erwachsenden Probleme wurden offenbar, als nach dem Ende des
Ost-West-Konfliktes das bis dahin bestehende Interesse an einer Absicherung mor-
bider Staatlichkeit erlosch und die politischen Renten, die der Ost-West-Konflikt
den Eliten des Südens beschert hatte, ausblieben. Die teilweise durch den Ost-
West-Konflikt verdeckten, teilweise durch ihn geschürten Konflikte traten nun, da
sie ihrer alten ideologischen Verkleidung beraubt waren, unverhüllt zutage. Die
Entwicklungspolitik sah sich daher herausgefordert, sich vermehrt mit diesen Konflikten auseinanderzusetzen, nicht nur, weil sie selbst für sie mitverantwortlich war,
sondern auch deshalb, weil sie auf der operationalen Ebene von ihnen unmittelbar
betroffen war. In diesem Zusammenhang entstand aus der Beobachtung realer
Wechselwirkungen zwischen der Entwicklungs- und der Sicherheitsproblematik
eine programmatische Verknüpfung der beiden Politikfelder. Das war erneut von
Vorteil für die Entwicklungszusammenarbeit; denn die Verknüpfung von Sicherheit
und Entwicklung trug dazu bei, dass der Abwärtstrend in der Entwicklungsfinanzie-
rung, der sich mit dem Ende des Ost-West-Konflikts abzeichnete, gestoppt und sogar
in einen erneuten Aufwärtstrend verkehrt wurde und die deutsche Entwicklungsministerin sogar zum Mitglied des Bundessicherheitsrates aufrücken konnte.

Seit den Terrorattacken vom 11. September 2001 hat die programmatische Verknüpfung von Entwicklungszusammenarbeit und Sicherheitspolitik weiter an Bedeutung gewonnen. Kann die Entwicklungszusammenarbeit nunmehr eine Sicher-
heitsdividende einstreichen, nachdem die Friedensdividende nach dem Ende des
Ost-West-Konflikts ausgeblieben ist? Oder kehrt die Entwicklungspolitik auf dem
vermeintlichen Königsweg der programmatischen Verknüpfung von Entwicklung
und Sicherheit eher in die alte Sackgasse ihrer Instrumentalisierung für eine weltpolitische Agenda zurück, die nicht die ihre ist und sein kann?

Ich will die mit diesen Fragen angesprochene Problematik in der Form erör-
tern, dass ich zunächst die faktischen Verbindungslinien zwischen Entwicklung
und Sicherheit an Beispielen illustriere, dann das entwicklungs- und das sicherheitspolitische Potential der programmatischen Verknüpfung von Entwicklungs-
und Sicherheitspolitik anspreche und schließlich ein paar Überlegungen zum grundlegenden Spannungsverhältnis von Entwicklung und Sicherheit anstelle.

Entwicklungszusammenarbeit und Schutzverantwortung

Zur Veranschaulichung ein aktuelles Beispiel. Kenia galt bis Ende 2007 als ein Land in Afrika, das Anlass zu berechtigten Hoffnungen bot. Die makro-ökonomischen Daten deuteten auf ein verlässliches Wachstum, die politischen Eliten begannen, wie es schien, sich an den Gedanken eines Machtwechsels durch Wahlen zu gewöhnen. Die Menschen lebten ungeachtet ihrer ethnischen Zugehörigkeiten einigermaßen friedlich miteinander. Kurz, in wirtschaftlicher und politischer Hinsicht schien es in Kenia aufwärts zu gehen. Ende 2007 standen Wahlen an, bei denen sich die Opposition die berechtigte Hoffnung machte, gewinnen zu können. Aber das Wahlergebnis wurde manipuliert. Das behauptete nicht nur die Opposition, sondern vermuteten auch die internationalen Wahlbeobachter.

In der Hauptstadt kam es zu Protesten von Seiten der Volksgruppe der Luo, zu der der Führer der Opposition, Odinga, gehört. Das löste eine Welle von Gewalt aus, der innerhalb weniger Wochen rund tausend Menschen zum Opfer fielen. 250. 000 Menschen flohen oder wurden aufgrund ihrer ethnischen Zugehörigkeit vertrieben. Die Proteste der Luo wurden blutig niedergeschlagen. Im Gegenzug veranstalteten die Luo in ihrem Hauptsiedlungsgebiet, dem Rift Valley, Hetzjagden auf die Volksgruppe des Präsidenten, die Kikuyu. Es kam dabei zu Szenen, von denen man zuvor geglaubt hatte, dass sie in Kenia nicht zu erwarten wären. In der Dorf-Kirche von Kiambaa, in die sich eine Gruppe von Verfolgten geflüchtet hatte, verbrannten fünfunddreißig Menschen bei lebendigem Leib – genauer: sie wurden verbrannt, da ihnen die Flucht aus dem Feuer verwehrt wurde. Menschen, die den Eingeschlossenen zur Hilfe kommen wollten, wurden ebenfalls niedergemacht. Wenig später drehten die Kikuyu den Spieß um und begannen, die Luo aus Naivasha und Nakuru zu vertreiben, einer Gegend, die bis dahin als Ausgangspunkt für erbauliche Ausflüge der aus aller Welt anreisenden Touristen in den angrenzenden Nationalpark bekannt waren. Tausende von Luo konnten sich im Unterschied zu den Menschen, die in der Kirche von Kiambaa umkamen, in einem Gefängnis in Sicherheit bringen. Dennoch starben allein bei dieser Aktion nach offiziellen Angaben 200 Menschen und viele Tausend verloren ihre Existenzgrundlage.

Die Medien zeigten Bilder, die an den Genozid in Ruanda 1994, die Bürgerkriege in Westafrika und die Kriege auf dem Balkan erinnerten. Es ist immer dieselbe Geschichte: Nachbarn, Arbeitskollegen, Schulkameraden überlassen sich nach Jahrzehnten des leidlich friedlichen Zusammenlebens einer ungezügelten Gewalt, die zunächst blankes Entsetzen hervorruft, dann aber Zweifel daran nährt, dass das Morden sich tatsächlich so spontan ereignet, wie es auf den ersten Blick der Fall zu sein scheint. Auch bezogen auf Kenia bzw. die von der Gewalt am stärksten betroffenen Landesteile stellte sich rasch die Frage, ob die Gewalt dort nicht gezielt von Gewaltunternehmern mit eigener Agenda geschürt wurde. Möglicherweise ging es auf Seiten der Luo um die Umverteilung jener Pfründen, die sich die Kikuyu als zentrale Akteure im anti-kolonialen Befreiungskampf nach Abzug der Briten aneigneten. Und auf Seiten der Kikuyu ging es darum, genau diese Pfründe zu verteidigen. Regierungsnahe Kreise arrangierten sich vermutlich mit der Mungiki-Sekte, die die politische Vorherrschaft der Kikuyu in Kenia als gottgegeben betrachtet. Wie Thomas Scheen feststellte, konnte von einer ‚spontanen Racheaktion' der einen Gruppierung auf die Untaten der anderen im Falle Kenias genauso wenig gesprochen werden wie in den anderen Konflikten.[1]

Wenn wir in Rechnung stellen, dass Kenia nicht zu den ärmsten der armen Länder zählt, sondern als aufstrebende Ökonomie mit relativ hoher politischer Stabilität gilt (genauso wie die Elfenbeinküste vor dem dortigen Bürgerkrieg), so wird damit deutlich, dass es nicht die nackte Not der Menschen ist, die sie zur Gewalt treibt. Bedeutsamer ist wahrscheinlich, dass in bestimmten Konfliktsituationen das Vertrauen in ein friedliches Zusammenleben und in die Geltung der bis dahin akzeptierten Regeln und Verhaltensstandards zusammenbricht. Bei der Erschütterung dieses Vertrauens spielen Gewaltunternehmer eine entscheidende Rolle, die durch entsprechende Manipulation einen sich selbst verstärkenden Prozess der Entzivilisierung des Konfliktverhaltens in Gang setzen.[2]

Die Auseinandersetzungen in Kenia liefern nur ein mildes Beispiel für die Konflikte, die man in den 1990er Jahren als „neue Kriege" zu bezeichnen begann. Es geht in diesen Kriegen in erster Linie um Machtkämpfe und die damit verbundene Kontrolle natürlicher Ressourcen. Selbst die am archaischsten anmutenden Konflikte sind dabei über Gewaltmärkte in die Weltwirtschaft integriert. Die Ökonomien der Geberländer sind auf diesem Wege direkt oder indirekt an dem Geschehen beteiligt.

Die Konflikte sind Ausdruck jener politischen, wirtschaftlichen und gesellschaftlichen Probleme, deren Bearbeitung zum Kern der Entwicklungszusammenarbeit gehört und ihre Daseinsberechtigung ausmacht. Sie muss sich also zwangsläufig mit dem Konfliktgeschehen auseinandersetzen. Dazu gehört auch der Schutz der Menschen vor Gewalt. Er kann sogar als eine völkerrechtliche Norm verstanden werden, die in Gestalt der „Responsibility to Protect" konkrete Gestalt anzunehmen beginnt. Die UN-Vollversammlung hat diese Schutzverantwortung im Sep-

---

1   Thomas Scheen: Als die Nachbarn zu Mördern wurden, in: FAZ, 14. 1. 2008, S. 3 und Ders.: Das Morden in der Stadt der Schnittblumen, in: FAZ, 2.2.08, S. 6.
2   Philipp Reemtsma: Theorie der Gewalt. Hässliche Wirklichkeit, in: Süddeutsche Zeitung, 25.1.2008.

tember 2005 festgeschrieben. Sie besagt, das Regierungen verpflichtet sind, die Bevölkerung in Konflikten vor Völkermord, ethnischen Säuberungen, Kriegsverbrechen und groben Menschenrechtsverletzungen („Verbrechen gegen die Menschlichkeit") zu schützen.

Bezieht man in diese Schutzverantwortung auch die Pflicht mit ein, Gewalt zu verhüten („responsibility to prevent") und in Post-Konfliktsituationen die Voraussetzungen für ein friedliches Zusammenleben zu schaffen („responsibility to rebuild")[3], stellt man weiterhin in Rechnung, dass die Schutzverantwortung an die internationale Gemeinschaft übergeht, wenn die betroffenen Regierungen nicht in der Lage oder willens sind, ihrer Verantwortung nachzukommen, dann folgt daraus, dass die Entwicklungszusammenarbeit in diesem Zusammenhang eine wichtige Rolle zu spielen hat. Das heißt auch, dass sie spezielle Kapazitäten für den Umgang mit der krisenhaften Zuspitzung gesellschaftlicher Auseinandersetzungen entwickeln und gegebenenfalls mit Militärs zusammenarbeiten muss, die im Rahmen von UN-Friedensmissionen die Aufgabe übernehmen, Gewaltunternehmer in die Schranken zu weisen und diejenigen Kräfte unter Kontrolle zu halten, die ein Interesse daran haben, Friedensprozesse zu hintertreiben oder Konflikte zu eskalieren. Das schließt die Kontrolle der Gewaltmärkte ein, über die die Kriege mit Waffen und Gerät ausgestattet und finanziert werden.

Lokale Schutzbedürfnisse und externe Sicherheitsinteressen

Der Schutz der Menschen und die Kontrolle der Gewaltmärkte betreffen in erster Linie die lokalen Sicherheitsinteressen. Wie steht es in diesem Zusammenhang mit den Sicherheitsinteressen der Geberländer? Idealerweise könnte man davon ausgehen, dass der unmittelbare Schutz von Menschen in Konflikten und die entwicklungspolitische Bearbeitung des politischen, wirtschaftlichen und sozialen Konfliktumfeldes auf der einen Seite mit den Sicherheitsinteressen der Geberländer auf der anderen identisch wären. Das erscheint unter den Bedingungen sicherheitspolitischer Interdependenz im Zeichen der Globalisierung plausibel, kann aber keineswegs vorausgesetzt werden, wie an folgendem Beispiel illustriert werden soll.

Anfang Februar 2008 griffen mehrere Rebellengruppen die Hauptstadt des Tschad an, um die Regierung von Idriss Déby zu stürzen. Das löste unter der Bevölkerung eine große Fluchtwelle in die Nachbarländer Kamerun und Gabun aus. Die ausländischen Botschaften und die UN evakuierten ihre Mitarbeiter. Der Si-

---

3 International Commission on Intervention and State Sovereignty: The Responsibility to Protect. Ottawa 2001.

cherheitsrat verurteilte den Angriff auf die Regierung und autorisierte Frankreich zumindest indirekt, sie zu stützen. Frankreich hat außerdem die Führung einer UN-Friedenstruppe für die Provinz Darfur im benachbarten Sudan übernommen. Diese Friedenstruppe soll die Friedenstruppe der Afrikanischen Union (AU) ablösen und wirksamer als die AU-Truppe für die Stabilisierung der Situation in Darfur und in den angrenzenden Gebieten im Tschad sorgen. Frankreich muss sich dabei weitgehend auf die eigenen Kräfte verlassen, weil seine europäischen Partner sich außer Stande sehen, in erforderlichem Umfang zur Ausstattung der UN-Friedenstruppe für Darfur beizutragen.

Der Sachverhalt, dass Frankreich dennoch bereit ist, sich so prominent zu engagieren, spiegelt weniger die Stärke seines humanitären Anliegens als vielmehr die Eigeninteressen des Landes an der Aufrechterhaltung seiner Präsenz in der Region wider. Die Wahrnehmung dieses Eigeninteresse entspricht zwar dem Handlungsauftrag des Sicherheitsrates, inwieweit es auch mit den Schutzinteressen der Bevölkerung vor Ort harmonisiert, ist aber eine offene Frage, zumal keineswegs vorgegeben ist, wer „die Bevölkerung" eigentlich ist und wen es gegen wen zu schützen gilt. Für die gegenwärtige Situation im Tschad und darüber hinaus in Darfur ist Frankreich überdies mitverantwortlich. Das Land unterstützt Déby, der seinerseits 1990 den damaligen Diktator Hissène Habré stürzte. Mit Déby kam damals der Volksstamm der Zaghawa an die Macht. Ihren Selbstbereichungsaktivitäten wichen die arabischen Nomaden nach Darfur aus, wo sie als die später unter diesem Namen bekannt gewordenen Djandjawid Reitermilizen gegen den dort ansässigen Teil der Zaghawa vorgingen. Diese Reitermilizen wurden von der Regierung in Khartum unterstützt, die wiederum ein höchst gespanntes Verhältnis zur Regierung Déby hat. Der Konflikt in Darfur stellt insofern auch einen dorthin verlagerten tschadischen Bürgerkrieg dar.[4] Soweit die militärische Präsenz Frankreichs in diese Verhältnisse hineinspielt, ist der Schutzbedarf der lokalen Bevölkerung auch Ergebnis der französischen Sicherheitspolitik in der Region.

Ähnlich verworren ist das Verhältnis von externen und lokalen Sicherheitsinteressen in Afghanistan. Dort starteten die USA eine groß angelegte militärische Intervention, um nach den Terrorattacken vom 11. September 2001 die Taliban zu vertreiben, die den islamistischen Terroristen eine logistische Basis und Ausbildungsmöglichkeiten boten. Die „Operation Enduring Freedom" (OEF) wurde dann aufgrund eines UN-Mandats mit der von der Nato geführten „International Security Assistance Force" (ISAF) kombiniert, die den Wiederaufbau des Landes mit Hilfe einer möglichst flächendeckenden zivilmilitärischen Kooperation (CIMIC)

---

4   Thomas Scheen: Gemeinsam gegen Déby, aber aus unterschiedlichen Motiven, FAZ, 5.2.08, S. 2

vorantreiben soll. Auslösendes Moment sind hier die globalen westlichen Sicherheitsinteressen, die insofern mit den von der gegenwärtigen Regierung in Afghanistan definierten Interessen der afghanischen Bevölkerung übereinstimmen, als sie direkt zur Beseitigung des repressiven Regimes der Taliban führten und dem Schutz der Bevölkerung vor islamistischen, traditionalistischen oder schlichtweg kriminellen Gewaltunternehmern dienen sollen.

Aber OEF und ISAF haben durch ihren Anteil an der Eskalation der Auseinandersetzungen neue Unsicherheiten für die Bevölkerung gebracht, die sich u.a. auch in neuen Bedrohungen für die ausländischen Mitarbeiter von Hilfsdiensten aller Art manifestieren. Auch im regionalen Umfeld sind die Auseinandersetzungen im Zuge der Interventionen in Afghanistan eskaliert. Das gilt vor allem für Pakistan. In Usbekistan unterstützt die Bundesregierung indirekt ein repressives Regime dadurch, dass es dort eine Militärbasis unterhält, die dem deutschen Nachschub nach Nord-Afghanistan dient. Die Situation ist also hochkomplex. Von einer prästabilisierten Harmonie der Sicherheitsinteressen auf Seiten der „Interventen" und auf Seiten der „Intervenierten" kann wohl nicht die Rede sein – ja nicht einmal davon, dass alle Beteiligten wüssten, was überhaupt ihre Sicherheitsinteressen sind und gebieten.

Entwicklung als Sicherheit

Wie geht die Entwicklungspolitik mit der eben skizzierten Problematik um? Unter anderem in der Form, dass sie sich selbst als Sicherheitspolitik anpreist bzw. ihren Beitrag zur Schaffung von Sicherheit betont: „Keine Sicherheit ohne pro-aktive Entwicklungspolitik", lautet die Devise.[5] Die Argumentation, die dem zugrunde liegt, ist plausibel. So geht die Europäische Sicherheitsstrategie vom 12. Dezember 2003 („Solana-Papier") von vier zentralen Bedrohungen für die Sicherheit der Europäischen Union und ihrer Bürger aus: Transnationaler Terrorismus, die Verbreitung von Massenvernichtungswaffen, das Scheitern von Staaten und regionale Konflikte. Bei der Charakterisierung der sicherheitspolitischen Implikationen dieser Bedrohungen stehen zwei Aspekte im Vordergrund: *Erstens* geht es nach Maßgabe der Europäischen Sicherheitsstrategie nicht nur um militärische Bedrohungen. Folglich sind militärische Mittel nicht ausreichend, um sie abzuwehren. Vielmehr muss ein ganzes Spektrum von Maßnahmen hinzukommen. Zu ihnen werden die Förderung einer guten Staatsführung, die Außenwirtschaftspolitik und der Ein-

---

5   Jörg Faust/Dirk Messner: Keine Sicherheit ohne pro-aktive Entwicklungspolitik, in: Entwicklung und Zusammenarbeit 4: 11, 2004, S. 408-411.

satz von Hilfsprogrammen gezählt. Zur Begründung eines entsprechenden Engagements heißt es ganz im Sinne der eben erörterten Annahme, dass die externen
und lokalen Sicherheitsinteressen übereinstimmen: „Eine Welt, die als ein Ort der
Gerechtigkeit und der Chancen für alle wahrgenommen wird, ist sicherer für die
Europäische Union und für ihre Bürger."

Zweitens wird im Solana-Papier argumentiert, dass die herkömmliche Sicherheitspolitik auf die Abwehr eines bewaffneten Angriffs an den Grenzen des eigenen Gemeinwesens ausgerichtet gewesen sei. Demgegenüber liege die erste Ver-
teidigungslinie für die Abwehr der *neuen* Bedrohungen jenseits dieser Grenzen
innerhalb der Länder und Regionen, in denen sich die neuen Bedrohungen heraus-
bildeten.

Das Solana-Papier konstatiert also die Notwendigkeit einer mehrdimensiona-
len globalen Sicherheitspolitik, die die alte Orientierung an der Territorialverteidigung hinter sich lässt. In einem Kommentar zum Solana-Papier konstatieren Jörg
Faust und Dirk Messner:

> „Der Entwicklungspolitik kommt in diesem Kontext eine große Bedeutung zu. Krisenprä-
> vention, die Stabilisierung schwacher Gesellschaften und der Wiederaufbau von Institutio-
> nen in Post-Konfliktsituationen gehören seit langem zu ihren Aufgaben. Die sicherheitspo-
> litische Relevanz wurde allerdings erst im Anschluss an den 11. September 2001 sukzessi-
> ve deutlich. Die Entwicklungspolitik muss nun ihren Erfahrungsschatz pro-aktiv in die
> Gestaltung der europäischen Außenbeziehungen einbringen und sollte zu diesem Zweck
> eine Strategie zur Flankierung des ‚Solana Konzeptes' formulieren."[6]

Faust und Messner liefern hierfür einige grundlegende Überlegungen. Sie bekräftigen die Sichtweise des Solana-Papiers, indem sie feststellen, dass Verarmungs-
prozesse, ökologische Degradierung, marode Bildungs- und Gesundheitssysteme
sowie schwache staatliche Institutionen, Korruption und politische Exklusion ein
sicherheitspolitisch explosives Gemisch aus organisierter Kriminalität, religiös und/
oder ethnisch verbrämtem Extremismus, Hoffnungs- und Perspektivlosigkeit in
weiten Teilen der Bevölkerung sowie politische Gewalt hervorbrächten. Die Entwicklungszusammenarbeit verfüge über ein sehr viel größeres Wissen, das für eine
Entschärfung von Krisensituationen erforderlich sei, als die Sicherheitspolitik. Sie
müsse deshalb bestehende Vorbehalte gegen ein stärkeres Engagement unter sicherheitspolitischen Zielsetzungen aufgeben. Zwar bestünde für die Entwicklungspolitik das Risiko, für die Sicherheitspolitik instrumentalisiert zu werden. Daraus
folge aber nicht eine Absage an die Übernahme sicherheitspolitischer Verantwortung, sondern die Notwendigkeit, sich aktiv mit eigenen Prioritätensetzungen und
Handlungspräferenzen in die Sicherheitspolitik einzubringen. Der Entwicklungs-

---

6   A.a.O. S. 408.

politik drohe nicht dann Bedeutungsverlust, wenn sie sich auf die Debatte über die angemessene Reaktion auf neue globale Sicherheitsrisiken einlasse, sondern erst dann, wenn sie sich dieser Debatte verweigere. Hieraus lässt sich ableiten, dass die Bearbeitung jener Probleme, die heute im Mittelpunkt der Entwicklungszusammenarbeit stehen, gleichbedeutend ist mit der Eindämmung der Bedrohungen, denen sich die Industrieländer ausgesetzt sehen. Insofern kann Entwicklungspolitik als Sicherheitspolitik praktiziert werden.

Sicherheit als Entwicklung

Dieser Sichtweise der Problematik liegt ein „erweiterter" Sicherheitsbegriff zugrunde. Sicherheit wird nicht nur in militärischen, sondern auch in ökonomischen, ökologischen, gesellschaftlichen oder auch kulturellen Kategorien definiert. Der erweiterte Sicherheitsbegriff wurde von zivilgesellschaftlichen Gruppen lanciert. Dahinter stand das Anliegen, das Sicherheitsdenken zu entmilitarisieren und zumindest einen Teil der für das Militär aufgewendeten Mittel der Finanzierung ziviler Aufgaben zuzuführen.

Den Ausgangspunkt für die Erweiterung des Sicherheitsbegriffs bildete die ökologische Sicherheit. Nach dem Ende des Ost-West-Konflikts wurden auch andere öffentliche Belange als Sicherheitsproblem definiert (Ernährungssicherheit, Gender security, Cultural Security etc.). Diese „Versicherheitlichung" militärferner Politikfelder mündete schließlich in das Konzept der „human security", das vom UN-Entwicklungsprogramm (UNDP) im Rahmen seines zweiten Berichts zur „menschlichen Entwicklung" (Human Development Report 1994) eingeführt wurde. Ebenso wie die „menschliche *Entwicklung*" wurde die „menschliche *Sicherheit*" in der interessierten Öffentlichkeit und in Fachkreisen rasch aufgegriffen.

Die Commission on Global Governance nahm das Konzept in ihrem Bericht von 1995 auf. Kofi Annan berief nach den Terrorattacken von New York und Washington eine internationale Kommission ein, die sich unter der Leitung der ehemaligen UN-Beauftragten für Flüchtlinge, Sadako Ogata, und Armatya Sen ausschließlich mit der Klärung des Konzepts der menschlichen Sicherheit befassen sollte. Annan befürchtete offenbar, dass die im Jahre 2000 formulierten „Millennium Development Goals" (MDG) nach dem 11. September 2001 von der Tagesordnung der Weltpolitik verdrängt werden würden. Das Konzept der menschlichen Sicherheit bot die Chance, dem durch eine Neudefinition von Sicherheit im Sinne der Millenniumsziele entgegenzuwirken.

Die von Kofi Annan einberufene Kommission legte im Mai 2003 ihren Bericht vor.[7] Dem Bericht zufolge bezieht sich menschliche Sicherheit auf „den Schutz allen menschlichen Lebens in einer Weise, die menschliche Freiheit und die Erfüllung menschlicher Lebensbedürfnisse fördert". Menschliche Sicherheit wird in diesem Sinne definiert als „freedom from want", „freedom from fear" und „freedom to take action on one's own behalf". Die Kommission geht mit ihrem Konzept in doppelter Weise über den ursprünglichen UNDP-Ansatz hinaus: Angesprochen werden nicht nur Individuen, sondern auch Gemeinschaften, und sie sind nicht nur Schutzobjekte, sondern sollen befähigt werden, selbst für ihre Sicherheit einzutreten.

Das Konzept ist umfassend. Aufgabe einer Politik zur Gewährleistung menschlicher Sicherheit ist es, „die politischen, sozialen, wirtschaftlichen, militärischen, kulturellen und Umweltsysteme zu errichten, die in ihrer Gesamtheit den Menschen die Bausteine für ihr Überleben, ihre Ernährung und ihre Würde geben." Im Schlussbericht der Enquetekommission „Globalisierung der Weltwirtschaft" heißt es noch etwas detaillierter, menschliche Sicherheit reiche von „Bildung, Gesundheit, finanzieller Stabilität, intakter Umwelt, Armutsbekämpfung, Arbeitsmarkt- und Beschäftigungssicherheit, Einkommenssicherheit, Schutz gegen häusliche Gewalt und Kriegsgewalt bis zur Nahrungssicherheit und der Forderung, die Ursachen der Unsicherheiten der meist Verwundbaren zu eliminieren".[8]

Aus der Sicht der Kirchen fehlt hier nur noch eine größere Betonung der Gerechtigkeit. So tritt Konrad Raiser auf dem Kölner Evangelischen Kirchentag 2007 im Rückgriff auf entsprechende Äußerungen der Ökumene für „ein an der gerechten Ordnung der Gesellschaft orientiertes Verständnis von Sicherheit" ein.[9] Das ist eine ziemlich anspruchsvolle Forderung. Sicherheit in diesem Sinne umfasst alles das, was auch Entwicklung meint. Sicherheitspolitik wird zum Synonym für Entwicklungspolitik. Nehmen wir die Vorstellung hinzu, dass Entwicklungspolitik zugleich Sicherheitspolitik ist, so fallen Sicherheit und Entwicklung praktisch zusammen. Zielkonflikte und Widersprüche zwischen beiden geraten so nicht in den Blick. Sie sollen im Folgenden angesprochen werden.

---

7   Commission on Human Security: Human Security Now, New York 2003 (www.humansec-chs.org/finalreport/html)
8   Deutscher Bundestag (Hrsg.): Schlussbericht der Enquete-Kommission „Globalisierung der Weltwirtschaft", Opladen 2002.
9   Konrad Raiser: Sicherheit gestalten. Ökumenische Visionen, in: Silke Lechner/Christoph Urban (Hg.): Deutscher Evangelischer Kirchentag Köln 2007. Dokumente. Gütersloh 2007, S. 589.

Entwicklung und Sicherheit: wer-wen?

Die Erfindung der „menschlichen Sicherheit" erweitert den Bezugsrahmen der Sicherheitspolitik. Neben die Sicherheit von Staaten tritt die Sicherheit eines jeden Menschen und seiner Lebensgemeinschaften als Bezugsgröße von Sicherheitspolitik. Dies ist insofern bedeutsam, als im Namen der „nationalen Sicherheit" immer wieder Menschenrechte und Grundfreiheiten eingeschränkt werden und politische Repression sich vorzüglich mit nationalen Sicherheitsinteressen rechtfertigen lässt. Notorisch ist in dieser Hinsicht das Beispiel Lateinamerikas während der siebziger Jahre. Angesichts der eskalierenden gesellschaftlichen Auseinandersetzungen im Anschluss an die kubanische Revolution ergriff damals in einem Land nach dem andern das Militär die Macht. Unter Berufung auf die „nationale Sicherheit" wurden Systeme brutaler Repression errichtet, die vor Folter und Mord nicht zurückschreckten und denen viele tausende von Menschen zum Opfer fielen. Auch die bis dahin wegen ihrer wirtschaftlichen Stabilität und politischen Liberalität so genannte „Schweiz Lateinamerikas", Uruguay, wurde davon nicht verschont. Abgesehen davon, dass diese Militarisierung der Politik von den liberalen Demokratien z.T. hingenommen, z.T. sogar unterstützt wurde, kann die Berufung auf „nationale Sicherheitserfordernisse" auch in den Demokratien selbst zu gravierenden Einschränkungen politischer Freiheit und Teilhabe führen. Das ist gegenwärtig im Kampf gegen den Terrorismus der Fall.[10]

Das Konzept der „menschlichen Sicherheit" ist weit davon entfernt, die „nationale Sicherheit" als Bezugsrahmen der Hohen Politik in Frage zu stellen. Zwar haben die einschlägigen Diskurse seit dem Ende des Ost-West-Konflikts zu einer Ausdifferenzierung unseres Verständnisses von Sicherheitspolitik geführt. Als besonders bedeutsam ist hier der Ausbau und die Professionalisierung der zivilen Konfliktbearbeitung zu nennen, an der sich die Bundesregierung in Kooperation mit Zivilgesellschaft und Kirchen (z.B. durch die Einrichtung des zivilen Friedensdienstes) beteiligt.

Von einer generellen Stärkung ziviler auf Kosten militärischer Konfliktbearbeitung und einer Entmilitarisierung der Sicherheitspolitik kann aber nicht die Rede sein.[11] Vielmehr vollzieht sich die Ausdifferenzierung der Sicherheitspolitik auch

---

10   Siehe die Debatte um die neue Sicherheitsarchitektur der Bundesrepublik Deutschland zur Abwehr des internationalen Terrorismus, zu der eine umfassende Überwachung selbst jener Personen gehören soll, die bisher aus gutem Grund ein Zeugnisverweigerungsrecht für sich in Anspruch nehmen konnten (Ärzte, Verteidiger, Journalisten, Pastoren), und die Einbeziehung der Bundeswehr in die innere Gefahrenabwehr gehören sollen.

11   Richard Youngs: The Fusing of Security and Development: Just another Euro-Platitude?, Fundación para las Relaciones Internacionales y el Diálogo Exterior (FRIDE), Working Paper 43, 2007.

als Erweiterung der militärischen Verteidigung, und zwar in drei Dimensionen – als Übergang von der Territorialverteidigung zum Aufbau globaler Interventionsfähigkeiten, als Einbeziehung der vorbeugenden Gefahrenabwehr in das Konzept der Verteidigung und als programmatische Aufhebung der Grenzen zwischen innerer und äußerer Sicherheit zu dem Zweck, einen Einsatz des Militärs im Innern (aus eigener Kompetenz und nicht nur als Amtshilfe für die Polizei) zu ermöglichen.

Die Erweiterung des Verteidigungsdenkens zeichnet sich durch eine bemerkenswerte Dynamik aus, wie heute in Afghanistan zu beobachten ist. Bekanntlich sollte in Afghanistan vorexerziert werden, wie militärische und entwicklungspolitische Maßnahmen zusammenwirken können, um die Zivilisierung und Modernisierung eines Landes nach Jahrzehnten des Krieges voranzutreiben. Heute befindet sich dieses Modell in der Krise. Das militärische Engagement folgt seiner Eigenlogik, und diese Eigenlogik wird zu einem wachsenden Problem für die entwicklungspolitische Arbeit im Lande. Von ziviler Seite wurde stets betont, dass das Prinzip der Subsidiarität der militärischen gegenüber zivilen Maßnahmen gelte.

„Es darf keine Unterordnung der Entwicklungspolitik unter kurzfristige militärische Strategien und keine Instrumentalisierung von Entwicklungspolitik geben", forderte z.B. der Beauftragte für zivile Krisenprävention, Konfliktlösung und Friedenskonsolidierung im Auswärtigen Amt, Botschafter Ortwin Hennig, auf einem Symposium im Jahre 2005.[12] Solche Äußerungen lesen sich aus heutiger Sicht eher als Hilferuf der Entwicklungspolitik, denn als Ausdruck der Zuversicht, dass es gelingen könnte, in Krisen- und Konfliktsituationen eine gleichgewichtige Partnerschaft zwischen EZ und militärischer Sicherheitspolitik zustande zu bringen. Das liegt daran, dass zwischen beiden Zielkonflikte und Widersprüche bestehen, die das Schlagwort von der zivil-militärischen Kooperation (CIMIC) überdeckt, aber nicht auflöst.

Geht man davon aus, dass militärische Sicherheitspolitik auf die Abwehr von Gefahren zielt, Entwicklungszusammenarbeit aber auf Strukturwandel,[13] so liegen die Spannungen zwischen den beiden Politikfeldern in ihrer zeitlichen und inhaltlichen Dimension auf der Hand: In zeitlicher Hinsicht ist mit Konflikten zwischen kurz- und langfristigen Zielen der Konfliktintervention zu rechnen, in inhaltlicher Hinsicht mit Zielkonflikten zwischen Pazifizierung und Mobilisierung. Je brenzliger die Konfliktlage erscheint, desto größer ist die Wahrscheinlichkeit, dass kurz-

---

12 Deutsches Institut für Entwicklungspolitik/Deutsche Atlantische Gesellschaft: Die NATO als Kooperationspartner für die Entwicklungspolitik. Neue Konzeptionen zivil-militärischer Zusammenarbeit, Tagungsbericht, Bonn, 1.12. 2005, S. 9.
13 Adolf Kloke-Lesch, BMZ, ebenda, S. 5.

fristige Maßnahmen gegenüber langfristigen Erwägungen und die Pazifizierung von Unruhestiftern gegenüber der Mobilisierung von Entwicklungspotential den Vorrang erhalten. Das verweist auf den Preis der Versicherheitlichung öffentlicher Anliegen (in Form von nicht beabsichtigten Folgewirkungen) und auf tiefer gehende Widersprüche zwischen Entwicklung und Sicherheit, die in der „Versicherheitlichung" der Entwicklungsproblematik selbst angelegt sind.

Wie in der einschlägigen Fachliteratur schon Mitte der neunziger Jahre herausgearbeitet wurde, werden öffentliche Anliegen dadurch zu Sicherheitsproblemen, dass sie von dazu fähigen Akteuren gegenüber einem politisch relevanten Publikum als solche ausgewiesen werden.[14] Sicherheit und Unsicherheit sind also keine von außen vorgegebenen „Daten", mit denen die Politik rechnen kann und muss. Sie werden durch Sprechakte konstituiert. Ziel der Sprechakte ist es, die jeweilige Problematik als existentiell wichtig für das Überleben und Wohlergehen einer Gemeinschaft auszuweisen, ihm also höchste Priorität zuzuweisen. Wird eine Problematik erfolgreich versicherheitlicht, hebt man sie damit aus der routinemäßigen Politik heraus. Ihre Bearbeitung vollzieht sich als Abwehr eines Notstandes. Die Versicherheitlichung öffentlicher Anliegen befördert insofern das Notstandsdenken.

Hier liegt ihr Problem. Im Notstand greifen die normalen Kontrollen der Macht nicht, sie werden außer Kraft gesetzt. Im Notstand ist mehr erlaubt, als der Politik im normalen Tagesgeschehen einer liberalen Demokratie zusteht. Das findet seinen Ausdruck in Notstandsgesetzen und dem ständigen Ringen darum, was Polizei und Militär dürfen und was sie nicht dürfen. Im Innern der liberalen Demokratien geht es dabei um das Verhältnis von Gefahrenabwehr und Rechtsfindung, im Äußeren um das Verhältnis von Gefahrenabwehr und kollektiver Friedenssicherung. Seit dem 11. September 2001 ist zweifellos die Seite der Gefahrenabwehr gegenüber der Seite der Rechtsfindung und der kollektiven Friedenssicherung gestärkt worden.

Die einschlägigen Nichtregierungsorganisationen warnen daher vor einer Instrumentalisierung der in den neunziger Jahren entwickelten Ansätze erweiterter Sicherheit im Krieg gegen den Terror oder – umfassender – in einem neuen Kalten Krieg, in dem die Entwicklungspolitik erneut zum Anhängsel staatlicher Sicherheitspolitik wird.[15] In theoretischer Perspektive wird in diesem Zusammenhang davon gesprochen, dass die Verknüpfung von Entwicklung und Sicherheit der Herausbildung eines Überwachungssystems zur Kontrolle von Risiken dient, die sich aus den prekä-

---

14　Ole Waever: Securitization and Desecuritization, in: Ronnie Lipschutz (Hrsg.): On Security. New York 1995, S. 46-86.

15　Christian Aid: The Politics of Poverty. Aid in the new Cold War, London 2004: APRODEV/ CIDSE/Caritas Europa: Security and Development, Brüssel 2004.

ren Lebensverhältnissen der Menschen in schwachen, fragilen oder versagenden Staaten für die von den OECD-Staaten definierte globale Sicherheit ergeben.[16]

Aber diese Entwicklung hat sich nicht nur „neben" dem Diskurs über erweiterte Sicherheit oder gar gegen ihn vollzogen. Sie ist durch diesen Diskurs zumindest indirekt begünstigt worden. Das geschah *zum einen* dadurch, dass die „erweiterte Sicherheit" der militärischen Sicherheitspolitik die Möglichkeit eröffnete, die Ausbildung globaler Interventionsfähigkeiten als Teil einer umfassenden Sicherheitspolitik zu legitimieren;[17] *zum andern* in der Form, dass die Erweiterung des Sicherheitsdenkens die allgemeine Bereitschaft, die Welt aus der Bedrohungsperspektive wahrzunehmen, eher gefördert hat. An die Stelle der Konfliktanalyse ist der Entwurf von immer neuen Sicherheitsrisiken getreten. Das verstärkt die allgemeine Unsicherheit, die wiederum die Akzeptanz militärischer Lösungen (als Teil einer umfassenden Sicherheitspolitik) erhöhen kann.

Fazit

Entwicklungszusammenarbeit und Sicherheitspolitik sind seit der Erfindung der Eentwicklungspolitik aufeinander bezogen. Im Kalten Krieg stand dabei die Instrumentalisierung der Entwicklungszusammenarbeit durch die staatliche Sicherheitspolitik im Vordergrund. Nach dem Ende des Ost-West-Konflikts hofften die einschlägigen Teile der Zivilgesellschaft und die staatlichen Entwicklungsagenturen dieses Verhältnis umkehren zu können. Die Sicherheitspolitik sollte nunmehr stärker in den Dienst der Entwicklung gestellt werden. Das geschah in der Weise, dass die Entwicklungszusammenarbeit als bessere Sicherheitspolitik ausgewiesen wurde. Von zentraler Bedeutung hierfür war der erweiterte Sicherheitsbegriff, der in den 1980er Jahren entwickelt wurde und nach dem Ende des Ost-West-Konflikts ein breites Echo fand – nicht nur in der Zivilgesellschaft, sondern nach anfänglicher Irritation auch in der Hohen Politik; denn die Erweiterung des Sicherheitsbegriffs bot der Militärpolitik die Chance, sich nach dem Zusammenbruch der Konfliktkonstellation, über die sie sich bis dahin definiert hatte, als Teil einer erweiterten Sicherheitspolitik neu zu erfinden.

---

16   Mark Duffield: Global Governance and the New Wars. The Merging of Development and Security, New York 2001; Ders.: Human Security: Linking Development and Security in an Age of Terror, in: Stepahn Klingebiel (Hg.): New Interfaces between Security and Development. Bonn: Deutsches Institut für Entwicklungspolitik 2006, S. 11-38.

17   Das neue Weißbuch zur Sicherheitspolitik Deutschlands und zur Zukunft der Bundeswehr, Berlin 2006, ist hier einschlägig. Es weist die militärische Verteidigung als Teil einer umfassenden Sicherheitspolitik aus, ohne auf Konsequenzen, die sich daraus ergeben, einzugehen.

Dabei ging es in den neunziger Jahren vor allem um die Institutionalisierung einer zivil-militärischen Kooperation in akuten Konflikten, die vor allem schwacher, fragiler oder versagender Staatlichkeit zugeschrieben wurden. Mit den Terrorattacken von 2001 wurde dieser engere Fokus aufgebrochen. Seitdem geht es um die Gewährleistung globaler Sicherheit wie sie von den Staaten definiert wird, die sich als Hauptadressaten des Terrorismus verstehen. In dieser Situation besteht die Gefahr, dass die relative Eigenständigkeit der Entwicklungspolitik erneut zugunsten einer Sicherheitsagenda eingeschränkt wird, bei der die Interessen des Nordens an einem globalen Krisenmanagement im Vordergrund stehen.

Demgegenüber zielt der Rekurs auf menschliche Sicherheit darauf ab, den Schutzinteressen der von Gewalt betroffenen Menschen im Süden gegenüber den Sicherheitsinteressen des Nordens größeres Gewicht zu verleihen. In der Kombination mit der *Responsibility to Protect* kann in dieser Hinsicht von der Herausbildung einer völkerrechtlichen Norm zum Schutz von Menschen in Konflikten gesprochen werden. Entscheidend ist, dass diese Schutzverpflichtung – soweit sie die internationale Gemeinschaft betrifft – nicht als Ausweitung einzelstaatlicher Interventionsspielräume genutzt wird, sondern der Stärkung kollektiver Friedenssicherung im Rahmen der Vereinten Nationen und einschlägiger Regionalorganisationen dient. Hierzu können die Kirchen einen Beitrag leisten, in dem sie untereinander und in ihren jeweiligen politischen Kontexten auf die Stärkung kollektiver Handlungsfähigkeit drängen, statt sich durch den Rückgriff auf die Lehre vom gerechten Krieg an ihrer Schwächung zu beteiligen.[18]

Bei der Umsetzung der Schutzverpflichtung kommt den Kirchen auch insofern eine erhebliche potentielle Bedeutung zu, als sie im Rahmen ihrer Partnernetzwerke über eine zeitlich unbefristete und relativ stabile Kommunikationsbasis für eine Verständigung lokaler und externer Beobachter über die Dynamik von Konflikten verfügen. Alle Erfahrung lehrt, dass es auf genaue Analysen ankommt, die nicht auf die Zurichtung der Verhältnisse vor Ort für externe Interventionsansprüche aus sind, sondern auf ein möglichst unvoreingenommenes Verständnis des Geschehens.

Beide Aspekte, das Eintreten für die kollektive Friedenssicherung und die Eröffnung von Kommunikationsmöglichkeiten über konkrete Konfliktkonstellationen verweisen in Verbindung mit der Schutzverantwortung auf die Notwendigkeit,

---

18 Die Friedensdenkschrift der EKD (Hannover 2007) sagt sich in diesem Sinne von der Lehre vom gerechten Krieg los. Dass sie gleichwohl Kriterien für die Anwendung von Gewalt aufnimmt, die denen der Lehre vom gerechten Krieg entsprechen, bedeutet keine Bestätigung der Lehre, sondern geschieht mit Blick auf die Stärkung kollektiver Handlungsfähigkeit im Rahmen der Vereinten Nationen.

sich darüber zu verständigen, ob nicht ein enger Begriff von Sicherheit (z.B. als Freiheit von Furcht) dem Schutz von Menschen in Konflikten dienlicher ist als der Versuch, Sicherheit so umfassend zu definieren, dass sie mit Entwicklung zusammenfällt. Denn Sicherheitsdiskurse können, wie hier zu zeigen versucht wurde, aufgrund des ihnen eingeschriebenen Bedrohungsdenkens erhebliche nicht intendierte Folgen zeitigen. Außerdem ist zu berücksichtigen, dass, wenn Begriffe politikrelevant sein sollen, sie Unterscheidungen ermöglichen müssen, statt die Konturen unterschiedlicher Sachverhalte in einem Einheitsbrei zu ertränken. Es geht im hier behandelten Zusammenhang nicht um Sicherheit als Entwicklung oder Entwicklung als Sicherheit, sondern um die Bearbeitung des spannungsreichen Verhältnisses von Entwicklung und Sicherheit im Interesse einer Zivilisierung unseres Umgangs mit Konflikten.

June Arunga

Hope for Africa.
Leaving behind the central planning and aid paradigm

Summary
Die kenianische Dokumentarfilmerin und Medienunternehmerin, die in der englischen Buckingham University Jura studierte und als Präsidentin eines Filminstituts in den USA tätig ist, gehört zu einer Generation junger Unternehmer, die im globalisierten Markt der Telekom-Industrie für ihren Kontinent arbeiten. Gegenüber den Migranten folgen sie der Maxime: Bleiben und etwas verändern. In diesem Kontext hält June Arunga viel von „freien Märkten", hat aber wenig Verständnis für traditionelle Entwicklungspolitik. In einem „Babysitting Africa" sieht sie einen bevormundenden Geist am Werk, dem sowohl viele Empfänger-Regierungen als auch die Protagonisten der Millenniumsziele und westliche Entwicklungsbürokratien anhängen. Arunga engagiert sich zur Zeit besonders in der Entwicklung von Systemen für Überweisungen von Geldern via Handy, etwa im Rahmen von Mikrokredit-Plattformen. Wir dokumentieren den Text eines Vortrags, den June Arunga unter dem Titel „Free Markets. Hope for Africa" am 9. November 2007 im „Liberalen Institut" in Zürich gehalten hat.

In Africa, Switzerland is known for its marvellous chocolate. But it also has a reputation as the home to all these bank accounts that our dictators supposedly hide their money in. These bank accounts, though, may lose much of their significance in the future – and as I will try to show, that is largely due to the power of freedom.

In the course of the recent years, we as Africans have seen many reasons for optimism in respect to freedom. Democracy is finally starting to take root in several African countries. Still, the concept of a multi-party democracy is quite new to us – my own home country, Kenya, may actually be seen as an example of that. Not very long ago, Kenya had only one political party; it also had only one radio station and one television station. That used to be the norm in many African nations. If a citizen had views different from those of his government, he could express them only in prison or in exile. As a dissident, all one could do was write a book, your memoirs, either in prison or exile. Actually, there were no feasible alternatives to express political dissent.

A typical current example of such a single party system would be Museveni's Uganda, and that system is closely tied to foreign aid. Even today, Museveni uses aid money – and aid money actually comprises 50% of his annual budget – to suppress political dissent, and to pay his political hangers-on. These kinds of patronage systems are also based on the fact that their economies have been closed down. International trade has largely been suppressed and all industries have been nationalized. So the government in fact runs all the economy, the whole economy is nurtured by one political network which is fraught with corruption and patronage. In these countries, the government-run economy is the only place for a citizen to make money. Nobody can just start and grow a business – simply because most necessary activities are illegal. But these circumstances have begun to change dramatically.

In Kenya, in 1992 we experienced an inflow of former dissidents who had gone into exile. They returned to found new political parties and trigger a new electoral system. By now, many African nations go through their second or third elections – not all of them free and fair, but this still is a sign of considerable change. Countries like Ethiopia, where dissidents are put in jail, and Zimbabwe or Uganda and a few others are starting to really become the exception rather than the rule. This dramatic change, this shift towards freedom can be ascribed to factors which I will try to portrait in the following thoughts.

A really major factor in the recent political changes in African countries has been the evolution of technology. Let us just consider mobile phones as one very critical example. It used to be that telecommunications relied on a huge and very expensive infrastructure. Obviously, only the government was able to provide this service because no private actor could afford the necessary infrastructure. But with the advent of mobile communication, the rules of the game have changed. Suddenly, telecommunications have become a viable business proposition for private actors. In fact, Africa has witnessed a downright explosion of private telecom service providers who are active in mobile communication. Now the recent developments in Africa can of course not be attributed to one single development or single technology alone. Rather, there is an interconnection of multiple factors of influence that have pushed African nations towards freedom. But mobile communication is one of them – through mobile communication, liberalisation as a policy option has actually become "fashionable". And this is not just an African phenomenon, but a global one. With the implementation of multi-party politics, more and more industries that used to be the domain of government have been subjected to liberalizations. Telecommunications is just one of them, and a very important one at that.

The telecommunications sector is closely tied to the expansion of a democratic space, a space in which people can express dissent when they are governed by rules that do not reflect their aspirations. When there are rules that restrict your actions as you are trying to better your live or trying to build your business, if you cannot express dissent politically through a peaceful process, if you are, in fact, forced to go into the bush and pick up guns and fight, then there is no democratic space to exist in. Apart from telecommunications, another technology that was crucial in expanding the democratic space in Africa was broadcasting. Broadcasting is another example of a technology which has undergone a tremendous evolution, making it much cheaper and thereby more accessible.

Through this change, it has become possible for many Africans, who don't have much money, to set up FM stations. So in combination, broadcasting, tele-communications and the multi-party system have triggered a political and econo-mic domino-effect in Africa. The liberalization of media markets simply became the next logical step. Many African countries, such as Kenya that used to have only one radio station, today boast ten, twenty, thirty or, like in Kenya, more then fifty radio stations.

While of course the former monopolistic station was run by the government, today's radio stations are privately owned. They broadcast in local languages, or many of them also in English, and all of them invite politicians in to be questioned and scrutinized. So where before, citizens used to sit next to their radio and listen to what the president had to say all day long, today, they listen to all kinds of different politicians and their views as they are brought in to the different radio stations and questioned. And what's even more, since citizens now own cell pho-nes, if they disagree with what they hear on the radio, they just dial in from the anonymity of their home and make their dissent be heard. Without having to face the politician face to face at a political rally, without the risk of being shot by the government, people can participate in a democratic space – remotely through pri-vate cell phone and broadcasting services. So all of a sudden, all these avenues of engaging in a political process have opened up – not because of some ingenious plan, but as a result of a variety of political, economic and technological factors.

Now many of these factors can also be ascribed to globalisation. Obviously the driving technologies were not developed in Africa, but rather imported from Swe-den, Finland or China. The capital necessary to fund the described changes came from stock markets or even venture capitalists from all over the world. So Africa is going through a bottom up-process that is driven from within as well as by civil societies on the outside, by the international community. The process that is dri-ving Africa towards increasing freedom has been carried not by some coordinated effort, but by a variety of people simply doing what they do best. Again, Kenya is a prime example of that development: When Kenya had its first election, our dictator of about 26 years actually won in a landslide. Now that was very puzzling to Kenyans as the country was really tired of his government – his win could not be rationally explained. But four years later, at the next elections, people suddenly had cell phones, and thereby every citizen all of a sudden became an election monitor. Wherever voting fraud was detected, people would call their independent radio stations and report on the government's misconduct. Thanks to technology, our dictator was soundly defeated and the people of Kenya won a battle for freedom and democracy.

I would go so far as to proclaim that the introduction of mobile communication to Africa is as significant as the invention of the wheel or fire. From a Western perspective, the importance of telecommunications is most probably difficult to fathom. One has to realize that just a few years ago, in Africa, telecommunications simply did not exist. Kenya, for example, had only 300'000 telephone lines – in a country of 30 Million people. Since Kenya had a huge Civil Service and the government was responsible for all aspects of the economy, most of these telephone lines where in government offices. Only very few additional wealthy people had a telephone connection at home. But today, only ten years later, the number of mobile phones in Kenya is 9 Million – and the number is growing faster and faster every day. Obviously, the more people own a handset and the bigger the telecom market, the cheaper it is to manufacture the handsets and the more attractive it gets to provide telecom services. It is simply a matter of economies of scale. This is why, currently, Africa is the fastest growing market in mobile telephony worldwide – simply because it had been so grossly underserved in the past.

A small anecdote might help clarify the extent to which the world's perception may have to change: So far, Africa has always been looked upon by the international community as something that needed to be helped, or even babysat. The common cry used to be: "What are we going to do about Africa?" The rest of the world was always the party that knows better and needs to fix the problem – which is a very static picture of today's Africa.

Very recently, I visited the US and was invited to a dinner party. There I met someone who can be assumed to be very well-educated as well as well-travelled. When told about my profession as a documentary film maker, I was asked about the subject of my films. I gladly explained that I was just preparing a film about the revolution of Africa's infrastructure through private initiative. I talked about the mobile telecommunication sector and the fact that it was the only sector that was developed entirely though private hands, and that it was in fact the only sector that could be said to be working properly as well. So the aim of my film would actually be to ask the question of how this example could be applied to other sectors, such as energy, water or healthcare. My conversation partner was quite flabbergasted when I told her that just because the private sector was allowed to develop, Africa has become the fastest growing telecom market in the world. (And Africa really has never led in anything else except perhaps for Kenyan runners, who are always leading the marathon.) So in the end, my acquaintance asked me: "Well, but... who are all these people calling?"

She simply could not imagine the extent of private economy development Africa is experiencing. In her mind, Africa was still this idyllic, prehistoric society where any kind of necessary conversation could simply be had by shouting to your neighbour. Who could we possibly be calling? Could anyone imagine what would happen to Western economies, if all means of telecommunication would simply disappear over night? Could we imagine how slow and difficult business would be? How much time and effort would be wasted on travel and coordination? And now imagine what would happen if all of a sudden a whole new technology of mobile communication was introduced – cheap and available to everyone. Now that is the kind of situation Africa finds itself in today – and not only in telecommunications.

Another example would be the banking industry. Barclays Bank or Standard Chartered Bank have been active in Kenya for a hundred years, but they only serve 0.1% of the market and mostly loan money to the government. Just imagine what kind of growth companies could experience if they could come up with the right model for banking that is suited to the local market – instead of just transplanting foreign business models? Again, government was a crucial factor in this sad development. Kenya is a country where the average person takes out loans for about 50$. But if an investor had, say, two million dollars and wanted to start a lending business, the Kenyan government would interfere and actually prohibit such an investment. For some reason, investors would be required to provide fifty million dollars as a deposit. Such rules are harmful, they tremendously raise the cost of capital, they inhibit industries, they certainly do not suit the local markets.

It is hardly surprising that the only significant organic business development under such circumstances would evolve in the black market. Such government interventions are the reasons, why most African countries have enormous informal sectors – sectors that basically cannot function and grow properly because they are blocked by law from a lot of necessary transactions and services. Now cases such as the telecommunications industry serve as an example of what is possible given the necessary amount of freedom. As people experience the enormous success in these sectors, increasingly, liberalisations are becoming politically feasible. Today, when the government wants to privatise a state corporation, we do not experience the same discussions we used to have ten years ago, when all the concern was about what will happen to Civil Service or the national assets being sold of to foreigners. Once people have seen the benefits of privatization, they are becoming more fashionable faster and faster – economically and politically. Of course, reforms are not only driven be good political or business sense – in fact, even here political corruption is a major factor.

Many countries have introduced term limits to their government positions, so politicians had to realize that they would not be in power forever. They also realized that there was a lot of money to be made in privatization. One example would be a recent IPO of a telecom company in Kenya, 70% of which were previously owned by the government, 30% were said to belong to a foreign investor. When the government announced that it would float its shares, the IPO was instantly over-subscribed – people were calling their relatives in the US to sign these shares. In the course of this IPO and its public discussion, journalists discovered that the foreign investor actually only owned 25% in the company – thereby, a whole 5% of the company were not accounted for. Obviously, whoever had been awarded these 5% in the company by the government will become very rich through the IPO. But these kinds of power and money grabbing are a small price to pay for getting companies out of the government's hands, for gaining political and economic freedom.

So today, for investors who are interested in high returns, Africa is the best place to invest. With political reforms and liberalizations, stock markets are soaring. The Kenyan stock market has grown 400% in the last four years – an investment of 5.000$ four years ago would have turned into 20.000$ today. The fact that we actually have IPOs at the Kenyan stock market can be regarded as a revolution. Kenyans for the first time are having a chance to experience what it is like to buy a stock today and sell it in six months' time, making a handsome profit in the way. That was certainly not an average Kenyan experience in the past. Africa is also profiting tremendously from the economic growth of China and India, with Dubai as a key trade centre. Dubai is a tariff free port, so goods that come from China and India via Dubai are only burdened by some warehouse charge. That is a key reason why Dubai attracts scores of business savvy Africans – many of them former Civil Service employees who have received a "golden handshake". It is actually some-what of a trend today to go to Dubai and trade – be it in mobile phones, be it in second hand cars from Japan. In fact, second hand cars have become another sector experiencing an incredible boom in Africa. It used to be that it was politically fashionable to close off our economies and develop "home-grown" industries.

Kenya, for example, tried to manufacture cars in the 70s – obviously an absurd proposition at the time. Since there was no local know how, the government invited General Motors (GM) to come and set up an assembly plant in Kenya. Of course, GM did not believe that such a plant could be profitable. Who was going to buy new cars in Kenya? Who would actually have that kind of money?

So our government promised to close the market so that people would have to buy cars produced locally by GM – in 1973, the Kenyan Parliament actually passed a law that stipulated that the import of a second hand vehicle would have to be expressly permitted by the managing director of GM Kenya. It is not hard to realize that poor people tend to buy used products. If a Kenyan would be able to afford a car, it would be a second hand vehicle at best. The result of the Kenyan law therefore was that Kenyans simply did not have cars. The only used cars in the country belonged to the rich that had bought new cars from GM and then passed it on to their relatives – used cars never actually came on the market. Accordingly, the Kenyan transportation industry was in shambles. Farmers couldn't buy tractors, although there was obviously a high demand for tractors. Without government interference, that market would have naturally evolved, tractors would have been flowing to the poorer parts of the world. Finally, five years ago, the absurd GM-law was eventually repealed – against strong opposition by GM. But the fact was that the law simply had to be removed: The black market in second hand cars had grown to be too huge.

By now, Japan exports about 3 million reconditioned cars per year, most of which go to Africa. Therefore, importing second hand cars from Dubai has become an enormous business, more than 100.000 cars are imported a year. The repeal of the GM-law and the ensuing liberalizations had further beneficial effects on Kenya. For example, as more and more cars are being used, traffic jams have become a political issue – the government is finally forced to invest in roads. Corruption has been dealt a blow because customs officials do not have to be bribed anymore. Also, the ports have been privatized as it simply had become too clogged under government supervision. The ports used to charge ships 15.000$ a day, while it could take up to 23 days to process its cargo. A cost that was then passed on to the consumers – just imagine the effect on the import of wheat and the cost of bread. So the repealing of the law banning the import of cars, again, triggered a whole domino effect of beneficial reforms and liberalizations.

Each liberalization today increases the pressure to follow up with another privatization – not only in Kenya, but in Ghana, in Nigeria and Rwanda and many other countries. The Rwandan government is currently privatizing faster than any other, because they are convinced that the future of their country is dependent on free markets, on evolving the economy from the government's hands. And they don't look back. Few people realize that in the past, the Rwandan government could only afford the genocides going on in Rwanda because it had a monopoly on all kinds of industries. In fact, part of the motivation for killing each other was the allure of those very few monopolized industries that were available in the country. Whoever ran the government assigned positions in Civil Service to their tribesmen only – and there simply were no successful businesses outside the Civil Service.

Today instead, because of this new trend of privatization and liberalization, there are alternative networks of power and wealth creation which will defuse the motivation for civil conflict within these countries. Today, citizens can be working for telecommunications companies or can be importing cars – or any of these other business options people have in successful countries – rather than fighting to be in the centre of political power. So there are many reasons to be optimistic in respect to Africa's future. Just five years ago, Kenya's economy used to "grow" at -1%, today, it is growing at 6%. And largely holds true for so many other African countries – just because of the reform dynamic in the past seven years, so many countries have managed to leave negative growth behind. Of course, 7% of a small economy is still a miserly growth in absolute terms, but it is indicative of the change that is happening in Africa.

Now the overall message has been that it is the private actors that generate wealth in Africa today – under the condition of freedom. Luckily, we see that this realization increasingly reaches the mainstream debate about aid and trade. The criticism of aid used to be at the very fringes of the discussion – today, it is at the centre of media attention. Suddenly, everybody is questioning the entire model of aid – while in the past, nobody dared to even discuss it. The people in the aid industry today can't help but take notice – obviously their jobs are at stake. Of course, nobody wants to stop it altogether. Many of these organizations have become such huge, mammoth enterprises. So the UN or USAID or DFID are certainly not about to shut themselves down. But the fact that even these organizations, this industry is discussing reforms clearly indicates that the issues have reached the mainstream and that we can have an open discussion about what paradigm, what model really works for the development of Africa: Private sector or central planning? Based on our recent experiences with liberalization and privatization, in short, with freedom, I am convinced that the whole central planning-aid paradigm is falling apart. Today, if you have a discussion with a group of averagely educated African people, you will not be able to make a case for closing down the economy unchallenged. And that is certainly very good news indeed.

Karl-Albrecht Immel

Die globale Zeche in Zahlen
Daten und Fakten zur Einen Welt

Summary

Die Kluft zwischen Arm und Reich wird weltweit tiefer. Internationale Statistiken liefern ein ernüchterndes Bild: Während China und ein paar weitere Schwellenländer gewaltige Wachstumsraten melden und mit ihren Devisenreserven die weltweiten Finanzmärkte aufmischen, gibt es in den restlichen Entwicklungsländern nur geringe Fortschritte im Kampf gegen Armut und Hunger, Krankheiten und Analphabetentum. Zudem bedrohen Umweltprobleme vor allem die Menschen in armen Ländern. Der wachsende Energiehunger reicherer Länder wird zunehmend zulasten der Nahrungsversorgung der Armen und auf Kosten des Weltklimas gestillt. Mittlerweile verbraucht die Menschheit deutlich mehr Ressourcen, als der Planet langfristig hergibt. Statt die notwendigen Mittel für die Sicherung der globalen Zukunft bereitzustellen, steigen seit ein paar Jahren wieder die Rüstungsausgaben. Und schließlich: Nur durch kühne Rechentricks gelingt es den Industriestaaten, ihre unzureichende Entwicklungshilfe zu kaschieren und steigende Entwicklungshilfeleistungen auszuweisen.

Der Bericht des Umweltprogramms der Vereinten Nationen vom Oktober 2007 („GEO-4") zeichnet ein düsteres Bild von der Zukunft der Erde. Allein in den zurückliegenden 20 Jahren, so das Fazit von rund 1.400 beteiligten Wissenschaftlern, haben Ressourcenverbrauch und Umweltverschmutzung, Klimawandel und Artensterben so dramatisch zugenommen, dass nicht weniger als das Überleben der Menschheit ernsthaft auf dem Spiel stehe. Zugleich reagiere die Politik „beklagenswert unangemessen" auf die weltweiten Herausforderungen[1]. „Umweltkrise" und Wasserknappheit, die „Entwicklungskrise" und der Hunger in der Welt oder die „Finanzkrise" und die dramatisch wachsende Kluft zwischen Arm und Reich sind nicht getrennte Entwicklungen, sondern nur unterschiedliche Facetten einer nicht nachhaltigen Weltentwicklung – so die Forscher.

---

1   UNEP, 2007: Global Environment Outlook 4

Die Kluft zwischen Arm und Reich vertieft sich

Globale Statistiken spiegeln immer weniger die Realität wider. Durchschnittswerte verdecken, dass die Schere zwischen den Extremen immer weiter aufgeht. Statistisch betrachtet ist der Anteil der Armen an der Weltbevölkerung gesunken, und die Globalisierung hat unterm Strich für mehr Wohlstand gesorgt. Zufrieden stellt die UNO in ihren Millenniumsberichten fest: Die Zahl der Menschen mit weniger als einem Dollar am Tag ist drastisch gesunken. Das Millenniumsziel sei erreichbar, die extreme Armut bis zum Jahr 2015 gegenüber 1990 zu halbieren[2].

Verändert man allerdings die Einkommensgrenze nur geringfügig, fällt der schöne Schein in sich zusammen: Noch immer müssen rund 2,6 Milliarden Menschen von weniger als zwei Dollar am Tag leben – fast genau so viele wie vor zehn Jahren. Das gesamte Jahreseinkommen dieser 2,6 Milliarden Menschen liegt bei rund 1,4 Billionen Dollar[3]. Zum Vergleich: Seit Mitte der 1990er Jahre hat sich die Zahl der Dollarmillionäre auf fast 10 Millionen mehr als verdoppelt. Ihr Vermögen belief sich 2006 auf mehr als 37 Billionen Dollar[4]. Anders ausgedrückt: Rein statistisch könnten 40 Prozent der Weltbevölkerung 26 Jahre lang von dem leben, was die reichsten 0,14 Prozent der Menschen besitzen.

Die weltweite Ungleichheit verstärkt sich auch in anderen Sektoren:

- Weltweit hungern über 850 Millionen Menschen – vor allem in ländlichen Regionen[5]. Seit ein paar Jahren steigt diese Zahl wieder. Andererseits leiden immer mehr Menschen an den Folgen von zu fettem oder zu viel Essen – nicht nur in den Industriestaaten, sondern zunehmend auch in den städtischen Mittel- und Oberschichten der ärmeren Länder.
- Etwa 780 Millionen Erwachsene können nicht lesen und schreiben. Das sind etwa 100 Millionen weniger als vor 15 Jahren. Der Rückgang ist allerdings fast ausschließlich auf Fortschritte in China zurückzuführen. Allein dort ist die Zahl der Analphabeten um 94 Millionen gesunken[6]. In den meisten anderen Ländern fallen die Fortschritte bescheiden aus. Doch für Menschen ohne Lese- und Schreibkenntnisse ist auf den Arbeitsmärkten immer weniger Platz.
- Millionen Menschen sterben jedes Jahr an typischen Armuts- und Tropenkrankheiten. Allein die Malaria fordert jedes Jahr rund eine Million Todesopfer, zu-

---

2 UNO, 2007: The Millennium Development Goals Report 2007
3 World Bank: World Development Indicators 2007 und frühere Jahrgänge
4 Merrill Lynch, 2007: World Wealth Report 2007
5 FAO, 2006: The State of Food Insecurity in the World 2006
6 UNESCO, 2007: EFA Global Monitoring Report 2007

meist Kleinkinder[7]. Neue Medikamente werden aber vor allem gegen Bluthochdruck und Übergewicht, gegen Appetit- und Schlaflosigkeit entwickelt. Über 100 Milliarden Dollar werden jährlich für die Erforschung von Arzneimitteln ausgegeben – über 90 Prozent davon für die Gesundheitsbedürfnisse der Menschen in den Industrieländern[8].

– Über eine Milliarde Menschen haben keinen Zugang zu sauberem Wasser. Die UNO schätzt, dass jährlich bis zu fünf Millionen Menschen an Krankheiten sterben, die durch verunreinigtes Wasser verursacht werden[9]. Zugleich steigt der Absatz von teurem Flaschenwasser rasant an – auf mittlerweile rund 200 Milliarden Liter pro Jahr[10]. Wollte eine durchschnittliche indische Familie ihren Trinkwasserbedarf mit Flaschenwasser decken, müsste sie dafür die Hälfte ihres Einkommens aufbringen.

– Noch nie wurden so viele Klimaschutzabkommen geschlossen und so viel Geld in Energie- und Umwelttechnologien gesteckt. Dennoch wird immer mehr CO_2 produziert. Nach vorsichtigen Schätzungen wird der Ausstoß von derzeit jährlich rund 27 auf über 40 Gigatonnen im Jahr 2030 steigen[11]. Die weltweiten Umweltfolgen sind unabsehbar. Für die Steigerung werden vor allem Entwicklungsländer verantwortlich sein, allen voran China. Doch selbst wenn sich dessen CO_2-Emissionen verdoppeln sollten, wird der Ausstoß pro Einwohner noch weit unter dem liegen, was die Industrieländer pro Kopf produzieren.

– Einige Schwellenländer mischen die weltweiten Waren- und Finanzmärkte auf, vor allem China, das mit rund 1.500 Milliarden Dollar mehr Devisenreserven angelegt hat als je ein Staat zuvor. Gleichzeitig klafft die Wertschöpfung pro Einwohner zwischen den reichen Ländern des Nordens und den am wenigsten entwickelten Ländern so weit auseinander wie noch nie in der Geschichte – finsterste Kolonialzeiten eingeschlossen. Mittlerweile ist das Bruttoinlandsprodukt pro Kopf in den Industrieländern rund 100 Mal höher als in den Least Development Countries. 1970 lag das Verhältnis noch bei etwa 20:1[12]. Auch innerhalb der einzelnen Länder wird die Kluft zwischen Arm und Reich immer tiefer – Russland und China sind dafür besonders eindrucksvolle Beispiele.

---

7 UNICEF, Press Center, 2007: Facts on Children – Malaria
8 Médecins sans Frontières, 2006: Campaign for Access to Essential Medecines
9 UNDP, 2006: Human Development Report 2006
10 Beverage Marketing Corp., 2007: The Global Bottled Water Market
11 IEA, 2007: World Energy Outlook 2007
12 Berechnet nach: UNCTAD-Handbook of Statistics, div. Jahrgänge und IWF: World Economic Outlook, div. Jahrgänge

Die Globalisierung

Mitte der siebziger Jahre wurde das System der festen Wechselkurse („Bretton-Woods-System") aufgegeben. Seither bestimmt der Markt die Devisenkurse. In insgesamt acht Runden des Allgemeinen Zoll- und Handelsabkommens GATT wurden nach dem Zweiten Weltkrieg weltweit nationale Zölle abgebaut. Und 1994 wurde schließlich die Welthandelsorganisation WTO gegründet. Seither wird der Handel mit Gütern und Dienstleistungen liberalisiert, Investitionen und andere Kapitalströme erleichtert, nationale Barrieren abgebaut. Seit 2006 stockt die globale Liberalisierung freilich. Die Entwicklungsländer haben die sogenannte Doha-Runde vorerst scheitern lassen – gar zu offensichtlich verteidigten die Industrieländer die Subventionen für ihre Agrarunternehmen und verlangten gleichzeitig die Öffnung der Märkte im Süden. Gar zu einseitig sollte der Schutz geistigen Eigentums zugunsten des Nordens geregelt werden. Doch die Globalisierung scheint unaufhaltsam.

Transnationale Konzerne

Anfang der neunziger Jahre operierten weltweit etwa 37.000 Transnationale Konzerne mit rund 175.000 ausländischen Niederlassungen. Heute gibt es bereits 77.000 Multis mit mehr als 770.000 Auslandstöchtern[13]. Diese Konzerne wickeln mittlerweile rund zwei Drittel des gesamten Welthandels ab. Ihre Jahresumsätze bewegen sich in Größenordnungen wie die Haushalte mittlerer Staaten. Ihre Lobby-Arbeit beeinflusst zunehmend die internationale Politik. Das gilt für Rohstoffkonzerne, die weltweit Öl fördern, Erze abbauen oder Wälder abholzen, aber auch für global tätige Handelsfirmen, die zum Beispiel die Lebensmittelmärkte dominieren.

Supermarktketten wie Wal-Mart, Carrefour, Tesco oder Metro erobern immer mehr Marktanteile. So wickelten sie zum Beispiel in Lateinamerika um 1990 gut 10 Prozent des Lebensmittelhandels ab. Heute sind es weit über 50 Prozent[14]. Leidtragende sind kleine Händler und Bauern. Längst diktieren die großen Lebensmittelkonzerne nicht nur die Preise, sondern auch die Anbaumethoden, den Pestizideinsatz, die Qualitätsstandards. Ausgeschlossen wird, wer sich etwa keinen Zementfußboden im Verpackungsraum leisten kann oder nicht die geforderte Buchhaltung beherrscht.

---

13 UNCTAD: World Investment Report 1993 und 2007
14 EED, 2007: Supermärkte auf dem Vormarsch im Süden – Bedrohung für die Kleinbauern?

Solche Betriebe müssen aufgeben oder sich als Vertragsbauern an bestimmte Abnehmer binden. Doch ein solcher Vertragsanbau ist oft nur der Beginn des Abstiegs. Am Ende expandieren die Zulieferfirmen – aus Vertragsbauern werden recht- und landlose Angestellte. Eine Studie für den Weltentwicklungsbericht 2008 der Weltbank zeigt, dass sich zum Beispiel im Senegal zwischen 2000 und 2005 der Anteil der Vertragsbauern in der Produktion grüner Bohnen halbierte und gleichzeitig die Zahl der Arbeiter auf das Dreifache stieg[15]. Die Globalisierung machte aus selbständigen Bauern mit eigenem Land in wenigen Jahren Arbeiter auf ihrem ehemaligen Land.

Die Finanzströme

Auf den entgrenzten Finanzmärkten werden immer gewaltigere Summen um den Erdball gejagt. Binnen 25 Jahren ist der weltweite Aktienbestand von damals drei auf heute über 45 Billionen Dollar gestiegen[16]. Der Handel mit Wertpapieren ist auf das zweihundertfache angestiegen. Aktien werden heute nicht mehr einige Jahre, sondern nur noch ein paar Monate oder gar Tage lang gehalten – Spekulanten dominieren die Märkte. Das wird besonders deutlich im Devisenhandel. Mittlerweile werden täglich rund zwei Billionen Dollar umgesetzt, meist in Form von Termingeschäften[17]. Statistisch betrachtet werden damit alle zwei Tage fast die gesamten Währungsreserven der Welt einmal umgeschlagen – meist mit Geschäften, die auf steigende oder fallende Kurse spekulieren. Nur ein Bruchteil des Devisenhandels wird noch zur Finanzierung von Welthandel oder Investitionen getätigt.

Immer wichtiger werden Hedgefonds. Sie stecken das Geld der Anleger zum Beispiel in Devisenspekulationen – oft hoch riskante und für die betroffenen Länder gefährliche Geschäfte. Immer häufiger übernehmen diese Fonds mithilfe zusätzlicher Kredite auch florierende Firmen, die dann um schneller Veräußerungsgewinne willen zerschlagen und in Einzelteilen wieder verkauft oder liquidiert werden. Am Ende eines solchen „Heuschreckenüberfalls" bleiben im besten Fall Anlegergewinne und Arbeitsplatzverluste übrig. Oft aber verlieren auch die Anleger und die kreditgebenden Banken ihren Einsatz. Das Anlagevermögen solcher Hedgefonds ist mittlerweile auf über 2.000 Milliarden Dollar gestiegen[18]. Die

15 World Bank, 2007: World Development Report 2008
16 World Federation of Exchanges: Annual Reports
17 Bank of International Settlements: Annual Reports
18 Wall Street Journal, 8.6.2006: Double Trouble Valuing the Hedge-Fund Industry

Weltbank räumt inzwischen ein, dass diese Fonds eine Gefahr für den gesamten Finanzmarkt darstellen. Dennoch werden sie kaum kontrolliert. Gefahren für die Weltwirtschaft drohen auch von anderer Seite. Die USA konsumieren mehr als sie produzieren. Längst übersteigen die Importe die Ausfuhren. Der Staat muss die Lieferländer mit immer neuen Dollaranleihen ruhigstellen. Aus dem einst weltgrößten Kreditgeber ist ein gigantischer Schuldner geworden. Täglich nehmen die USA fast zwei Milliarden Dollar Kredit auf – das sind 23.000 $ pro Sekunde[19]. Verlieren die Gläubiger das Vertrauen, etwa vor dem Hintergrund der amerikanischen Immobilienkrise, ziehen sie ihr Kapital ab – der Dollar gerät unter Druck. Zur Bezahlung der Importe werden noch mehr Kredite benötigt. Gehen die US-Importe drastisch zurück, gerät die gesamte Weltwirtschaft ins Wanken.

Zugleich haben China, Russland, Brasilien und andere Länder gewaltige Devisenreserven angehäuft. Dieses Geld wird zunehmend in neue Investitionsgesellschaften gesteckt, die sich auch an US-Finanz-Investmentfirmen beteiligen. Zudem werden unvorstellbare Summen aus Ölverkäufen angelegt. Allein der Staatsfond der Vereinigten Arabischen Emirate umfasst mittlerweile fast 900 Milliarden Dollar[20].

Angelegt werden solche Gelder überwiegend in den USA und der EU, weil die Finanzmärkte in den Entwicklungsländern noch zu unsicher oder zu schlecht organisiert sind. Die Folge: Selbst afrikanische Investoren setzen ihr Geld nicht in Afrika, sondern in Europa ein – Geld, das für die Entwicklung in Afrika dringend gebraucht würde. Längst übersteigen die Geldströme aus dem Süden in den reichen Norden die Investitionen in umgekehrter Richtung. Im Jahr 2006 war die Nettobilanz bei rund 650 Milliarden Dollar angekommen. Zum Vergleich: Noch Mitte der 1990er Jahre flossen umgekehrt netto rund 80 Milliarden Dollar von Nord nach Süd. Die UNCTAD spricht von einem „paradoxen Fluss von Finanzressourcen aus den armen in die reichen Länder"[21].

Unterdessen steigt die Auslandsverschuldung vieler Länder ungebremst an – im Jahr 2007 auf über drei Billionen Dollar[22]. Damit steht jeder Bürger des Südens statistisch betrachtet mit über 560 Dollar in der Kreide. Durchschnittlich geben die Entwicklungsländer jeden siebten Dollar aus Exporteinnahmen gleich wieder für den Schuldendienst aus. In Lateinamerika geht sogar ein Viertel der Ausfuhrerlöse für Zins und Tilgung drauf. In Indien verschlingen die Zinszahlungen dreimal so viel Geld wie die gesamten Bildungsausgaben, die Philippinen wenden für den

---

19   Die Zeit, 6.6.2007: Die Weltverbesserer
20   Morgan Stanley, zitiert nach: Institut der deutschen Wirtschaft 36/2007 – Puffer für schlechte Zeiten
21   UNCTAD: World Economic Situation and Prospect 2007
22   IMF, 2007: World Economic Outlook 2007

Schuldendienst das Sechsfache der Gesundheitsausgaben auf [23]. Bislang wenig beachtet: Viele Entwicklungsländer verschulden sich immer stärker auch bei Geldgebern im eigenen Land. Mittlerweile übertreffen die inländischen Verbindlichkeiten sogar die Schulden im Ausland.

Globaler Wettbewerb und internationales Recht

Der Welthandel wächst. Im Jahr 2006 wurden Waren und Dienstleistungen für über 12 Billionen Dollar exportiert. Der Anteil der Entwicklungsländer ist auf rund ein Drittel gestiegen[24]. Allerdings: Nur zwölf Entwicklungsländer sind für etwa 70 Prozent aller Exporte aus dem Süden verantwortlich. Zehn davon liegen in Asien. Die restlichen rund 150 Entwicklungsländer exportieren zusammen das restliche Drittel aller Waren aus dem Süden. Das sind etwa 10 Prozent aller weltweit insgesamt exportierten Güter. Viele Länder liefern noch immer vor allem Rohstoffe und Billigwaren. Dort fehlen nach wie vor die Investitionen für den Aufbau einer weiterverarbeitenden Industrie. Das gilt auch für viele afrikanische Länder, denen die Weltbank in den vergangenen Jahren hohe Wachstumsraten bescheinigt. Dieses Wirtschaftswachstum ist vor allem auf die höheren Erlöse aus Rohstoffverkäufen zurückzuführen. Nachhaltige Entwicklungen etwa bei der Infrastruktur oder dem Aufbau eigener Industriebetriebe sind leider selten. Sollten die Weltmarktpreise für Kupfer, Zink, Tropenholz oder Diamanten wieder sinken, droht der erneute Absturz.

Viele Rohstoff exportierende Länder leiden unter den Zollschranken im Norden. Die Industriestaaten beziehen etwa ein Drittel ihrer Importe aus Entwicklungsländern – diese bringen aber zwei Drittel der Zolleinnahmen[25]. Besonders berüchtigt: eskalierende Zölle. Je weiter verarbeitet ein Produkt, desto höher die Abgabe. Die EU lässt zum Beispiel Rohkakao praktisch zollfrei über die Grenze. Stellen aber zum Beispiel afrikanische Länder daraus selbst Schokolade her und wollen diese in Europa verkaufen, werden rund 30 Prozent Zoll fällig. Abgestufte Zölle sind nur ein Mittel, lästige Konkurrenz aus dem Süden fernzuhalten und so den Aufbau weiterverarbeitender Industrie dort zu behindern. Genau so wirkungsvoll sind Mengenbegrenzungen, Normvorschriften, jahreszeitliche Beschränkungen und die sog. Ursprungsregeln, nach denen die Exportländer lückenlos die Herkunft aller Zutaten oder Bestandteile einer Ware nachweisen müssen.

---

23   World Bank, 2007: World Development Indicators 2007
24   WTO, 2007: World Trade 2006
25   UNDP, 2005: Human Development Report 2005

Besonders umstritten sind Wettbewerbsverzerrungen durch Subventionen im Agrarsektor. Die Industriestaaten unterstützen ihre Landwirte mit jährlich rund 380 Milliarden Dollar[26]. Zum Vergleich: Die Entwicklungshilfe für die Landwirtschaft des Südens beläuft sich auf rund eine Milliarde Dollar. Insgesamt machen staatliche Beihilfen etwa ein Drittel des Gesamtwertes der Landwirtschaftsproduktion in der EU aus. In Japan erreichen sie sogar über 50 Prozent. Die subventionierten Agrarprodukte werden so billig auf den Weltmarkt geworfen, dass die Bauern in den Entwicklungsländern nicht mithalten können. Der jährliche Schaden für die Entwicklungsländer durch Agrarprotektionismus und Subventionen des Nordens wird auf über 70 Milliarden Dollar geschätzt[27].

Ein weiterer Stolperstein für die Doha-Runde ist der Streit um die Rechte an geistigem Eigentum. Die Entwicklungsländer wollen den Patentschutz vor allem für überlebensnotwendige Medikamente einschränken. Sie fordern das Recht, z.B. Aids-Medikamente nachzubauen – auch wenn der Patentschutz noch nicht abgelaufen ist. Zudem wollen sie solche Generika auch in andere Länder verkaufen dürfen, die sich den Aufbau einer eigenen Pharmaindustrie nicht leisten können. Dagegen verteidigen die Industrieländer bislang erfolgreich die Interessen „ihrer" Pharmaunternehmen.

Nahrung für alle

Die landwirtschaftlichen Nutzflächen der Erde lassen sich nicht unbegrenzt ausweiten. Seit 1990 hat die Weltbevölkerung um rund ein Viertel zugenommen, zugleich sind die Ackerflächen geringfügig geschrumpft. Durch verbessertes Saatgut, intensivere Bewässerung und verstärkten Einsatz von Dünger und Pestiziden konnten die Hektarerträge gesteigert werden. Unterm Strich hält aber die Steigerung der Getreideernten nicht mehr mit dem Bevölkerungszuwachs mit[28]. Doch noch immer werden deutlich mehr Nahrungskalorien produziert als für die Ernährung aller Menschen nötig wäre – rund 2.800 kcal pro Kopf und Tag. Würde die gesamte Getreideproduktion direkt als Nahrung eingesetzt und nicht zum Teil verfüttert oder zunehmend als Energiequelle genutzt, stünden pro Erdbewohner sogar täglich 3.600 kcal zur Verfügung[29]. Dennoch hungern weltweit über 850 Millionen

---

26   OECD, 2006: Agricultural Policies in OECD-Countries: At a Glance
27   UNDP, 2005: Human Development Report 2005
28   berechnet nach Daten aus FAOstat-online, 2007
29   Bundesforschungsanstalt für Landwirtschaft, 2004 – Folkhard Isermeyer (Hrsg.): Ackerbau 2025

Menschen. Nahrung ist längst zum ganz normalen Handelsgut geworden – nur wer zahlen kann, wird satt.

Allein in Südasien können sich rund 300 Millionen Menschen nicht ausreichend ernähren, das ist rund ein Fünftel der Bevölkerung. In Afrika südlich der Sahara hungert sogar ein Drittel der Einwohner[30]. Während jedoch im gesamten asiatischen Raum Fortschritte verzeichnet werden, stagniert die Entwicklung in Afrika. Dort sinkt auch der Selbstversorgungsgrad. Der Kontinent muss einen immer größeren Teil der benötigten Nahrungsmittel einführen. Dabei wird es immer schwieriger, diese Importe zu finanzieren, denn Lebensmittel haben sich in den vergangenen Jahren weltweit stark verteuert.

Weltweit werden jedes Jahr über zwei Milliarden Tonnen Getreide produziert. Doch davon werden nur etwa 12 Prozent grenzüberschreitend verkauft, das meiste wird in den Ernteländern selbst verbraucht. Für den gesamten Welthandel stehen nur etwa 110 Mio. Tonnen Weizen, rund 80 Mio. Tonnen Mais und 30 Mio. Tonnen Reis zur Verfügung[31]. Im Jahr 2007 wurden Nahrungsmittel für über 400 Milliarden Dollar importiert – das sind 5 Prozent mehr als im bisherigen Rekordjahr 2006. Dabei blieben die Mengen nahezu unverändert, nur die Preise sind gestiegen. Betroffen davon sind vor allem die am wenigsten entwickelten Länder (LDC), von denen die meisten in Afrika liegen. Sie mussten 2007 rund 90 Prozent mehr für Nahrungskäufe im Ausland ausgeben als noch im Jahr 2000. Zum Vergleich: die Rechnung der Industrieländer für Nahrungsimporte stieg im gleichen Zeitraum nur um 22 Prozent[32].

Vor allem Pflanzenöle und Getreide sind teurer geworden – eine Trendumkehr ist nicht in Sicht. Die weltweiten Vorräte sind drastisch geschrumpft und decken nur noch etwa den Bedarf von zwei Monaten[33]. Immer mehr Ackerflächen werden für die Produktion von Biokraftstoffen gebraucht. Dazu steigt die Nachfrage vor allem in Schwellenländern wie China oder Brasilien.

Um eine Nahrungskalorie in Form von Fleisch zu gewinnen, werden zwischen 6 und 17 Kalorien Futtergetreide eingesetzt. Jährlich werden rund 280 Millionen Tonnen Fleisch erzeugt – das ist mehr als doppelt so viel wie 1980. Allein in China ist die Fleischproduktion in den vergangenen 25 Jahren von 15 auf fast 80 Millionen Tonnen angestiegen. Alle afrikanischen Länder zusammen verbrauchen dagegen nur etwa 12 Millionen Tonnen Fleisch im Jahr[34]. Das International Food Poli-

30 FAO, 2006: The State of Food Insecurity in the World 2006
31 FAO, Nov. 2007: Food Outlook
32 FAO, Nov. 2007: Food Outlook
33 FAO, Nov. 2007: Food Outlook
34 FAO, Nov. 2007: Food Outlook

cy Research Institute rechnet damit, dass der jährliche Fleischkonsum pro Kopf in China weiter ansteigen wird. Wollte das Land dieses Fleisch selbst produzieren, müsste es schon bald mehr Getreide zu Futterzwecken importieren als derzeit international überhaupt gehandelt wird.

Der zunehmende Fleischkonsum verändert auch die Produktionsbedingungen. Inzwischen werden etwa die Hälfte des Schweine- und Geflügelfleisches und zunehmende Anteile des Rindfleisches großindustriell hergestellt. Riesige Tierfabriken brauchen verbrauchen pro Kilogramm Rindfleisch über 100.000 Liter Wasser. Rund 70 Prozent aller antimikrobiellen Arzneimittel in den USA werden an Rinder, Schweine und Geflügel verfüttert. Etwa 95 Prozent der weltweiten Sojaernte dienen als Tierfutter[35]. Der Trend zur großindustriellen „Veredelung" der Getreideernten scheint ungebrochen.

Gesundheit ist teuer

In den ärmsten Entwicklungsländern hat oft mehr als die Hälfte der Bevölkerung keinen Zugang zu Gesundheitsdiensten. Die WHO schätzt, dass allein in den 56 am schlechtesten versorgten Ländern über 4 Millionen zusätzliche Ärzte, Schwestern, Hebammen und Gesundheitshelfer gebraucht würden, um wenigstens eine Basisversorgung für alle sicher zu stellen[36]. Vielerorts fehlen das notwendige Geld und die ausgebildeten Fachkräfte. Allein Afrika verliert jedes Jahr etwa 20.000 Ärzte und Schwestern, die gut bezahlte Stellen in den Industrieländern antreten. Deshalb ist zum Beispiel in Ghana trotz vorhandener Budgets über die Hälfte der Stellen im Gesundheitswesen nicht besetzt[37]. Im nordenglischen Manchester praktizieren mehr Ärzte aus Malawi als in deren gesamten Heimatland tätig sind[38]. Im indischen Bundesstaat Kerala hat die US Commission on Graduates of Foreign Nursing Schools ein Prüfungszentrum eingerichtet, um gleich vor Ort Krankenschwestern für amerikanische Krankenhäuser zu rekrutieren[39].

Noch immer sterben jedes Jahr rund 15 Millionen Menschen an eigentlich vermeidbaren oder heilbaren Infektionskrankheiten. Die Tuberkulose fordert jeden Tag 5.000 Menschenleben[40], jährlich sterben fast eine Million Kinder an der Ma-

---

35   Worldwatch Institute, 2005: Vital Signs 2005
36   WHO Media Centre, 2007: Health Worker Crisis
37   UNU, 2006: International Mobility of Health Professionals
38   UNFPA, 2006: State of World population 2006
39   UNU, 2006: International Mobility of Health Professionals
40   WHO Media Centre, 2007: Tuberculosis

laria[41]. Die WHO spricht von typischen Armutskrankheiten. Es gibt aber auch Fortschritte. Die Pocken gelten als ausgerottet, und täglich erkranken nur noch etwa 10 Kinder an Polio – noch vor 20 Jahren gab es jeden Tag rund 1.000 neue Fälle von Kinderlähmung. In Afrika ist die Sterberate infolge Masern binnen weniger Jahre auf ein Viertel zurückgegangen[42]. Beinahe jedes dritte Kind wird ohne Hilfe eines Arztes, einer Hebamme oder Schwester geboren. In Indien und in den Ländern südlich der Sahara müssen sogar 6 von 10 Müttern ohne Geburtshilfe auskommen[43]. Dementsprechend viele Mütter sterben während Schwangerschaft und Geburt – weltweit etwa 530.000 im Jahr. Weitere 15 Millionen tragen schwere Gesundheitsschäden davon[44]. Während die Müttersterblichkeit in den Schwellenländern in den vergangenen Jahrzehnten deutlich zurückgegangen ist, gibt es in den ärmeren Ländern kaum Fortschritte.

Etwa alle drei Sekunden stirbt ein Kleinkind unter 5 Jahren – fast immer an einer eigentlich harmlosen Krankheit. In über der Hälfte dieser Todesfälle sind die Kinder unterernährt, ihr Körper ist zu schwach, um ausreichend Abwehrkräfte zu entwickeln. Nach Schätzungen der WHO ist jedes vierte Kleinkind in den Entwicklungsländern nicht ausreichend ernährt[45]. Weltweit ist die Kindersterblichkeit in den vergangenen 10 Jahren um rund 10 Prozent gesunken, in Lateinamerika und Südostasien sogar um 40 Prozent. Doch im globalen Durchschnitt sterben immer noch 8 von 100 Kindern, bevor sie 5 Jahre alt sind, in manchen afrikanischen Ländern sogar mehr als ein Viertel[46].

Als derzeit schlimmste Infektionskrankheit gilt Aids. Weltweit sind etwa 33 Millionen Menschen mit dem HI Virus infiziert. Mit dieser Zahl korrigierte die Weltgesundheitsorganisation WHO im Dezember 2007 frühere Angaben deutlich nach unten. Neue Erhebungsmethoden hätten vor allem in Indien und im südlichen Afrika zu einem realistischeren Bild geführt. Entwarnung ist freilich nicht angebracht: Jedes Jahr stecken sich 3 Millionen weitere Menschen an, rund 2 Millionen sterben. Betroffen ist vor allem Afrika mit über 22 Millionen Infizierten[47]. Dort verlieren täglich tausende Kinder einen Elternteil, rund 2.400 Kinder ihren Lehrer – Tag für Tag[48].

41   WHO, 2005: World Health Report – Make Every Mother and Child Count
42   WHO, 2007 in: The Lancet 2007; 369:191
43   World Bank, 2007: World Development Indicators 2007
44   Worldwatch Institute, 2003: Vital Signs 2003
45   WHO, 2005: World Health Report – Make Every Mother and Child Count
46   WHO, 2005: World Health Report – Make Every Mother and Child Count
47   UNAIDS/WHO: Aids Epidemic Update, Dec. 2007
48   UNAIDS/WHO: Aids Epidemic Update, Dec. 2006

Immer schneller breitet sich Aids auch in Osteuropa sowie in Zentral- und Südostasien aus. In Osteuropa einschließlich der ehemaligen Sowjetrepubliken ist die Zahl der Infizierten auf 1,6 Millionen gestiegen – eine Steigerung seit 2001 um 150 Prozent. In Vietnam haben sich die Aidsfälle binnen 5 Jahren verdoppelt, und nirgends breitet sich die Krankheit so rasch aus wie in Indonesien[49]. USAid schätzt, dass jährlich über 20 Milliarden Dollar gebraucht würden, um die notwendige Behandlung Aidskranker sicherzustellen. Kaum die Hälfte dieser Summe steht tatsächlich zur Verfügung. Immerhin bekamen in Afrika 2006 etwa eine Million Menschen antiretrovirale Medikamente – zehn Mal so viel wie drei Jahre zuvor[50].

Für die Gesundheit werden weltweit zwischen 3 und 4 Billionen Dollar im Jahr ausgegeben. Das ist etwa ein Zehntel des globalen Bruttosozialprodukts. Doch 88 Prozent dieser Ausgaben entfallen auf die 16 Prozent der Menschen, die in den Industrieländern leben[51]. In Afrika südlich der Sahara kommen 15 Ärzte auf 100.000 Einwohner, in Südasien sind es immerhin 50, in den Industrieländern dagegen 370. Ähnliches gilt für die Gesundheitsausgaben: In Afrika werden jährlich 45 Dollar, in Südasien sogar nur 27 Dollar pro Person aufgewendet. In den Industrieländern sind es fast 4.000 Dollar[52].

Verheerend für die Gesundheitssituation in vielen Ländern ist die unzureichende Versorgung mit Wasser und sanitären Einrichtungen. Rund 1,1 Milliarden Menschen haben keinen Zugang zu sauberem Wasser[53]. Das heißt, sie können sich nicht im Umkreis von einem Kilometer täglich 20 Liter Trinkwasser beschaffen. Die weitaus meisten Betroffenen leben in ländlichen Regionen: über 900 Millionen. Doch auch in den Städten steigt die Zahl der Menschen ohne ausreichende Wasserversorgung – vor allem in den rasch wachsenden Slums. Dort bezahlen die Armen vielerorts bis zu 10 Mal so viel für sauberes Wasser in Fässern wie die Wohlhabenden in den Stadtvierteln mit Anschluss an das Leitungsnetz. Das Entwicklungsprogramm der Vereinten Nationen schätzt, dass Durchfälle infolge verunreinigten Wassers jedes Jahr etwa sechsmal so viele Menschenleben fordern wie alle Kriege und Bürgerkriege zusammen[54].

Womöglich noch verheerender: Fast die Hälfte der Menschen in den Entwicklungsländern hat keinen Zugang zu einer Toilette. Rund 2,6 Milliarden Menschen müssen ihre Notdurft im Freien verrichten oder in Plastiktüten, die dann weggeworfen werden. In den Ländern südlich der Sahara und in Südasien haben sogar

---

49   UNAIDS/WHO: Aids Epidemic Update, Dec. 2007
50   UNAIDS/WHO: Aids Epidemic Update, Dec. 2007
51   World Bank, 2007: World Development Indicators 2007
52   World Bank: World Development Indicators 2006 und 2007
53   UNDP, 2006: Human Development Report 2006
54   UNDP, 2006: Human Development Report 2006

zwei von drei Einwohnern keinen Zugang zu sanitären Anlagen[55]. In vielen Ländern wird über diese sanitäre Katastrophe kaum geredet. Das Thema ist nicht gesellschaftsfähig. Dabei zeigen Studien aus Peru und Ägypten, dass die Installation einer Spültoilette im Haus die Überlebenschancen von Säuglingen um fast 60 Prozent erhöht. Mehr als die Hälfte aller Kinder, die im ersten Lebensjahr sterben, könnte allein durch den Einbau einer einfachen Toilette gerettet werden[56]. Der Mangel an Hygieneeinrichtungen hat nicht nur direkte Folgen für die Gesundheit, er untergräbt die menschliche Würde und gilt als eines der gravierendsten Entwicklungshemmnisse überhaupt.

Ohne Bildung keine Entwicklung

Bildung gilt als eine der wichtigsten Voraussetzungen für nachhaltige Entwicklungsfortschritte. Deshalb unternehmen viele Entwicklungsländer große Anstrengungen. Immer mehr Länder verzichten trotz schwieriger Kassenlage auf Schulgebühren. Gerade die armen Länder sind dabei aber weitgehend auf sich allein gestellt: Weniger als 5 Prozent der gesamten offiziellen Entwicklungshilfe entfallen auf die Grundbildung, und der Löwenanteil davon fließt nicht in die ärmsten, sondern in weiter fortgeschrittene Entwicklungsländer[57]. Viele Länder finanzieren kostenfreie Schulen derzeit mit den gestiegenen Einnahmen aus ihren Rohstoffexporten. Sollten die Rohstoffpreise wieder fallen, könnte damit Schluss sein.

Rund 780 Millionen Menschen über 15 Jahren können nicht lesen und schreiben. In den Entwicklungsländern ist jeder vierte Erwachsene Analphabet – nahezu doppelt so viele Frauen wie Männer[58]. Fortschritte gab es in den vergangenen Jahren vor allem in China. Dort ist die Zahl der Analphabeten binnen 15 Jahren um über 90 Millionen zurück gegangen. In Afrika südlich der Sahara ist zwar der Anteil auf unter 40 Prozent gesunken, die absolute Zahl aber auf mittlerweile über 140 Millionen gestiegen. In Südasien und in den arabischen Ländern gibt es heute praktisch genauso viele erwachsene Analphabeten wie 1990[59].

Im Rahmen der Millenniumsziele der Vereinten Nationen sollten bis 2015 alle Kinder eingeschult werden und zumindest die Grundschule abschließen. Das wird vor allem in Afrika und in Südasien nicht funktionieren. Fortschritte gibt es den-

55   UNDP, 2006: Human Development Report 2006
56   UNDP, 2006: Human Development Report 2006
57   UNESCO, 2007: EFA Global Monitoring Report 2007
58   UNESCO, 2007: EFA Global Monitoring Report 2007
59   UNESCO, 2007: EFA Global Monitoring Report 2007

noch: Vor 15 Jahren hatte etwa ein Viertel aller afrikanischen Kinder keine Chance, je eine Schule zu besuchen, heute können fast 90 Prozent zumindest zeitweise am Unterricht teilnehmen. Allerdings brechen vier von zehn Grundschülern in Afrika vorzeitig ab, z.B. weil sie arbeiten müssen[60].

Viele Länder südlich der Sahara haben in den vergangenen Jahren die Gebühren für Grundschulen abgeschafft. Das hat zu deutlich höheren Einschulungsraten geführt. Die Zahl der Schulanfänger ist in Afrika in den vergangenen fünf Jahren um fast ein Drittel gestiegen. Nach wie vor aber gibt es große Unterschiede – vor allem zwischen städtischen und ländlichen Regionen. Viele Regierungen fördern gezielt die städtischen Zentren und vernachlässigen den ländlichen Raum – auch bei der Versorgung mit Schulen und Lehrern.

Mädchen haben aufgeholt. Auf 100 Jungen mit abgeschlossener Grundschulbildung kommen mittlerweile 90 Mädchen. In Indien ist die Quote seit dem Jahr 2000 von 63 auf rund 78 Prozent gestiegen[61]. Wie wichtig Bildung für Mädchen auch im Kampf gegen Armut und für eine erfolgreichere Familienplanung ist, hat das Entwicklungsprogramm der Vereinten Nationen schon 1996 vorgerechnet: Statistisch betrachtet senkt ein zusätzliches Schuljahr für Mädchen die Kinderzahl um bis zu zehn Prozent und steigert den künftigen Verdienst um rund 15 Prozent[62].

Etwa 500 Millionen Schüler besuchen eine weiterführende Schule, und seit 1999 ist die Zahl der Studenten um etwa 40 Prozent auf über 130 Millionen gestiegen – vor allem in China und einigen Schwellenländern[63]. Die Entwicklung macht deutlich: Reichere Entwicklungsländer unternehmen gewaltige Anstrengungen, ihr Bildungssystem auszubauen, ärmere fallen immer weiter zurück. Während in China immer neue Studiengänge angeboten werden, kommt in Afrika nicht einmal jeder vierte Schüler über die Grundschule hinaus[64]. In den Industrieländern absolvieren junge Menschen im statistischen Durchschnitt etwa drei Jahre Studium oder berufliche Bildung, in Afrika sind es gerade acht Wochen[65].

Global wären mindestens 15 Millionen zusätzliche Lehrer nötig, um allen Kindern qualifizierten Unterricht in Klassen mit maximal 40 Schülern zu erteilen[66]. Derzeit sind viele Lehrer schlecht oder gar nicht ausgebildet und müssen oft 80 und mehr Schüler verschiedener Klassenstufen gleichzeitig unterrichten. Zudem werden Lehrer vielerorts sehr schlecht bezahlt. Schätzungen zufolge sind die Leh-

---

60   UNESCO, 2007: EFA Global Monitoring Report 2007
61   UNO, 2006: The Millennium Development Goals Report 2006
62   UNDP, 1996: Human Development Report 1996
63   World Bank, 2007: World Development Indicators 2007
64   World Bank, 2007: World Development Indicators 2007
65   UNRSCO, 205: Education for All
66   Global Campaign for Education, 2006: Every Child Needs a Teacher

rergehälter in den ärmsten Staaten (LDC) seit 1970 um die Hälfte gesunken – oftmals eine Folge rigoroser Auflagen von Weltbank und IWF[67]. In den Industrieländern gibt die Öffentliche Hand je Einwohner rund 1.650 Dollar im Jahr für Bildung aus, in Lateinamerika immerhin noch 160, in Afrika und Asien dagegen nur etwa 30 Dollar[68].

Etwa ein Drittel der über eine Milliarde jungen Menschen zwischen 15 und 24 Jahren geht zur Schule oder studiert. Zwei Drittel müssten arbeiten. Doch 85 Millionen sind offiziell arbeitslos, und weitere 300 Millionen verdienen weniger als zwei Dollar am Tag – meist in informellen Beschäftigungsverhältnissen[69]. Insgesamt ist etwa ein Viertel der Bevölkerung im Erwerbsalter unter 25 Jahre alt, doch diese Altersgruppe stellt 44 Prozent aller registrierten Arbeitslosen[70]. Besonders drastisch fällt die Bilanz in der arabischen Welt aus: In manchen Ländern sind dort über 60 Prozent der Arbeitslosen jünger als 25 Jahre. Und angesichts hoher Geburtenraten wächst dieser Anteil. Bis 2020 müssten in Nordafrika und im Nahen Osten rund 100 Millionen Arbeitsplätze geschaffen werden, um nur die derzeitige Beschäftigungssituation zu halten[71] – eine utopische Vorstellung, die aber deutlich macht, welch sozialpolitischer Sprengstoff sich in dieser instabilen Region ansammelt.

Wachsende Umweltprobleme

Weltweit sind sich fast alle Forscher einig: Ein großer Teil der globalen Umweltprobleme ist die Folge menschlicher Eingriffe in die Naturkreisläufe. Klimaveränderung und Artensterben, Bodenverlust und Gewässerverschmutzung – erdgeschichtlich betrachtet hat noch nie eine Spezies die Erde so nachhaltig verändert wie der Mensch. Unzählige Einzelstudien und zuletzt der Abschlussbericht des Weltklimarates IPCC warnen vor bislang unvorstellbaren Folgen, falls Energieverbrauch, CO_2-Produktion und die Ausbeutung des Planeten so weitergehen wie bisher.

---

67   Oxfam, 2006: In the Public Interest: Health, Education, and Water and Sanitation for All
68   World Bank, 2007: World Development Indicators 2007
69   ILO, 2006: Facts on Youth Employment
70   ILO, 2007: Global Employment Trends
71   World Bank, 2007: World Development Indicators 2007

Der ökologische Fußabdruck[72]

Der irdische Lebensraum ist beschränkt. Etwa ein Viertel der Erdoberfläche gilt als produktive Land- oder Meeresfläche. Bei gut sechseinhalb Milliarden Menschen stehen pro Erdbewohner rechnerisch knapp 1,8 Hektar Fläche zur Verfügung, um alle überlebensnotwendigen Funktionen zu erfüllen – von der Nahrungsproduktion und Wasserversorgung über Wohn- und Verkehrsflächen, Energiegewinnung und Bergbau bis hin zur Müllentsorgung und der natürlichen Produktion von Sauerstoff. Doch derzeit braucht ein Durchschnittsmensch etwa 2,2 Hektar. Der „ökologische Fußabdruck ist höher als die zur Verfügung stehende Biokapazität – die Menschheit lebt deutlich über ihre Verhältnisse.

Noch 1960 hatte die Erdbevölkerung nur etwa die Hälfte der verfügbaren Biokapazität genutzt, heute bräuchten wir bereits etwa eineinviertel Planeten, um längerfristig unseren Lebensstil beibehalten zu können, und schon in 50 Jahren könnten die Menschen zwei Planeten benötigen, um ihren Bedarf zu decken. Dann würde weltweit eintreten, was schon heute in den USA und der Europäischen Union gilt: Deren Einwohner beanspruchen mehr als doppelt so viel Lebensraum, als ihnen geografisch zur Verfügung steht. Ein US-Bürger braucht etwa 9,6 Hektar, im Land selbst sind aber nur 4,7 ha pro Einwohner vorhanden. Umgekehrt ist das Verhältnis in Lateinamerika: Dort beansprucht ein Mensch etwa 2 Hektar – zur Verfügung stehen 5,4 ha. Bedrohlich wirkt auch die Bilanz in Asien. Dort stehen angesichts der großen Bevölkerungszahl in der Region nur 0,7 ha pro Person zur Verfügung, doch die Menschen benötigen im statistischen Durchschnitt 1,3 ha – Tendenz stark steigend.

Die Wissenschaftler des WWF haben sehr zurückhaltend gerechnet. Die künftigen Auswirkungen von vermehrtem CO_2-Ausstoß, Waldzerstörung und Wüstenwachstum, sinkenden Grundwasserpegeln und steigendem Meeresspiegel, saurem Regen und Artensterben sind gar nicht berücksichtigt. Was der WWF im ökologischen Fußabdruck zusammenfasst, deckt sich mit zahllosen Einzelstatistiken von UNO, Weltbank und Wirtschaftsverbänden. In den Ländern mit hohem Einkommen[73] leben etwa 16 Prozent der Menschheit. Sie sind für rund die Hälfte des weltweiten Energieverbrauchs verantwortlich[74], fahren 70 Prozent aller Autos und

---

72   WWF, 2006: Living Planet Report 2006
73   nach Weltbankkriterien: Länder mit jährlichem Bruttonationaleinkommen über 10.750 $/Einwohner
74   World Bank, 2007: World Development Indicators 2007

stellen drei Viertel aller Fluggäste[75]. Sie verbrauchen 70 Prozent des weltweiten Papierbedarfs[76] und den größten Teil aller mineralischen Rohstoffe[77].

Energie, Treibhausgase und Klimawandel

Allen politischen Absichtserklärungen und dem Kyoto-Protokoll zum Trotz: Der weltweite Energieverbrauch und die CO_2-Emissionen steigen ungebremst weiter. Die Nachfrage nach Öl steigt jedes Jahr um gut ein Prozent, der Gasverbrauch legt um über drei Prozent zu, und der Kohleeinsatz steigt sogar um mehr als 6 Prozent pro Jahr[78]. Fast 90 Prozent des weltweiten Primärenergiebedarfs werden durch diese drei Energieträger gedeckt[79]. Bis 2030 wird der Bedarf nach Schätzungen der Internationalen Energieagentur um mindestens 50 Prozent steigen[80]. Dementsprechend wird auch immer mehr CO_2 produziert werden.

Derzeit entfällt auf die Entwicklungsländer knapp die Hälfte des globalen Energieverbrauchs, in 20 Jahren werden es bereits fast 60 Prozent sein[81]. Die Experten der Internationalen Energieagentur (IEA) rechnen sowohl in Asien als auch in Afrika und Lateinamerika bis zum Jahr 2030 mit nahezu einer Verdoppelung des Energiebedarfs, in den Industrieländern wird der Einsatz von Primärenergie um etwa ein Drittel steigen. Allein China und Indien werden die Einfuhr von Erdöl bis 2030 mehr als verdreifachen[82]. Global betrachtet verbessert sich die Energieeffizienz der Wirtschaft seit dem Jahr 2000 kaum noch. In den Jahrzehnten zuvor war das Verhältnis von erwirtschaftetem Sozialprodukt und Energieeinsatz stetig gestiegen, seit 1970 um rund 50 Prozent[83].

Als eines der drängendsten Umweltprobleme gilt der globale Klimawandel, der zu einem großen Teil auf die Produktion von Treibhausgasen zurückgeführt wird. 1997 wurde im japanischen Kyoto ein Zusatzprotokoll zur Klimarahmenkonvention beschlossen. Darin verpflichteten sich die Industrieländer, den Ausstoß von Treibhausgasen bis 2012 gegenüber dem Basisjahr 1990 deutlich zu verringern. Kaum ein wichtiges Land hat diese Selbstverpflichtung auch nur annä-

75 World Bank, 2007: World Development Indicators 2007
76 FAO, 2006: Forestat-online, 2007
77 International Lead and Zinc Study Group, Statistics 2007 und London Metal Exchange, 2006
78 IEA, 2006: Key World Statistics 2006
79 BP Statistical Review of World Energy 2007
80 IEA, 2007: World Energy Outlook 2007
81 IEA, 2006: Key World Statistics 2006
82 IEA, 2007: World Energy Outlook 2007
83 Worldwatch Institute, 2006: Vital Signs 2006-2007

hernd eingehalten. Statt weniger CO_2 wird deutlich mehr produziert[84]. Und nach den Prognosen der IEA wird der CO_2-Ausstoß bis 2030 von derzeit 27 auf über 40 Gigatonnen steigen[85].

Das Eis an den Polen und im Hochgebirge schmilzt immer schneller. Der Meeresspiegel steigt heute doppelt so schnell wie noch vor 20 Jahren. Der Lebensraum von Hunderten Millionen Menschen an den Küsten ist bedroht[86]. Mit den steigenden Luft- und Wassertemperaturen nimmt auch die Zahl extremer Wetterlagen zu. Die Zahl wetterbedingter Naturkatastrophen steigt. Noch bis in die 1980er Jahre verzeichneten die großen Rückversicherungsgesellschaften im Durchschnitt weltweit jedes Jahr ein bis zwei große Wetterkatastrophen mit tausenden Toten und Obdachlosen. Seit den 1990er Jahren werden jährlich bis zu acht solcher Orkane, Überschwemmungen oder Erdrutsche registriert. Die volkswirtschaftlichen Schäden infolge solcher wetterbedingter Naturkatastrophen haben sich in den vergangenen 20 Jahren mehr als versechsfacht[87].

Die Abholzung der Wälder

Knapp ein Drittel aller Landflächen der Erde sind bewaldet. Jede Minute werden mindestens 25 Hektar Wald gerodet. Zwischen 1990 und 2005 wurden weltweit fast zwei Millionen Quadratkilometer Wald abgeholzt – eine Fläche von der Größe Mexikos. Gleichzeitig wurden 700.000 km^2 wieder aufgeforstet – mehr als zwei Drittel davon in China. Unterm Strich sind damit die jährlichen Waldverluste leicht zurückgegangen[88]. Dramatisch bleibt die Situation in Afrika und Lateinamerika. Dort sind in den vergangenen 15 Jahren netto jeweils rund 640.000 Quadratkilometer Wald verschwunden. In Asien außerhalb Chinas schrumpfte der Wald in diesem Zeitraum um 400.000 Quadratkilometer.

Ein Teil des Waldes wird illegal abgeholzt, um Platz für Äcker und Weiden zu schaffen. Zudem steigt der Bedarf an Brennholz. Immer mehr Wald fällt aber auch den kommerziellen Interessen großer internationaler Firmen zum Opfer. Wo Erzlagerstätten und Erdölfelder ausgebeutet werden, stören die Bäume und vielerorts muss der Wald riesigen Plantagen zum Anbau von Soja und Biobrennstoffen weichen. Allein im brasilianischen Amazonasgebiet verschwinden täglich etwa 7.000

---

84   UNFCCC, 2006: GHG Data 2006
85   IEA, 2007: World Energy Outlook 2007
86   IPCC, 2007: Climate Change 2007
87   Münchener Rück, 2007: Topics Geo 2006
88   FAO, 2006: Global Forest Resources Assessment 2005

Hektar Wald für neue Weideflächen und Sojapflanzungen. In Brasilien wird mittlerweile auf über 18 Millionen Hektar Fläche Soja angebaut, drei Viertel des hier erzeugten Sojaschrots werden als Viehfutter in die EU exportiert.

In Indonesien und Malaysia wird der Wald vor allem für den Anbau von Ölpalmen gerodet. Palmöl ist Bestandteil von Waschmitteln, Margarine und Schokolade – meist deklariert als „pflanzliches Fett". Zudem wird unvermindert Rundholz geschlagen, umetikettiert und über chinesische Umschlagplätze in alle Welt verkauft. Schätzungen zufolge stammen in Deutschland rund ein bis zwei Drittel des importierten Tropenholzes aus solchen illegalen Einschlägen[89].

Rund 40 Prozent des weltweit industriell geschlagenen Holzes werden zu Papierprodukten aller Art verarbeitet – von Pappkartons bis zu Zeitungen. Nur für Papiertaschentücher und Toilettenpapier werden täglich rund 270.000 Bäume gefällt[90]. Noch 1970 wurden weltweit rund 130 Millionen Tonnen Papier produziert, heute sind es über 320 Millionen und schon 2015 sollen es rund 440 Millionen Tonnen sein[91]. 2006 wurden allein in Deutschland über 280 kg je Einwohner produziert[92].

Deutschland verbraucht mehr Papier und Karton als ganz Afrika und Südamerika zusammen. In deutschen Büros und Haushalten werden jährlich rund 800.000 Tonnen Din A4-Blätter verbraucht. Hierzulande werden jedes Jahr 200 Millionen Schulhefte verkauft, nur 5 Prozent davon aus Recyclingpapier[93]. Würde übrigens jeder Chinese eines Tages so viel Papier verbrauchen wie ein US-Amerikaner, dann müssten jährlich fast 1,6 Milliarden Kubikmeter Holz zusätzlich gefällt werden – etwa so viel wie derzeit die gesamte globale Holzernte[94].

Wasser und Boden

Rund zwei Drittel des globalen Wasserverbrauchs entfallen auf die Landwirtschaft. Etwa ein Siebtel aller Äcker wird künstlich bewässert. Für das Mittagessen eines durchschnittlichen Europäers werden größenordnungsmäßig etwa 10.000 Liter

---

89   Bundesforschungsanstalt für Forst- und Holzwirtschaft, 2006: Die Tropenholzeinfuhr der Bundesrepublik Deutschland 1960-2005
90   WWF, 2006: Kein Kahlschlag für Papier
91   WWF, 2006: Kein Kahlschlag für Papier
92   Verband deutscher Papierfabriken e.V., 2007: Kennzahlen deutscher Zellstoff- und Papierfabriken
93   Initiative 2000 plus NRW: Kritischer Papierbericht 2005
94   Greenpeace, 2006: Sharing the Blame: Global Consumption and China's Role in Ancient Forest Destruction

Wasser benötigt[95]. Vielerorts lassen sich die bewässerten Flächen kaum noch erweitern – mangels zusätzlichen Wassers. Deshalb setzt das UN-Umweltprogramm verstärkt auf die Förderung moderner Bewässerungssysteme mit geringeren Verdunstungsverlusten.

Vor allem in China und Indien könnte der Wasserbedarf der Landwirtschaft durch die ehrgeizigen Pläne zum vermehrten Anbau von Biokraftstoffen dramatisch steigen. Das Internationale Institut für Wasserwirtschaft schätzt, dass für einen Liter Ethanol aus Mais rund 2.400 Liter Wasser für die künstliche Beregnung eingesetzt werden müssen. In Indien würden pro Liter Ethanol aus Zuckerrohr sogar 3.500 Liter Wasser gebraucht. Werden in den beiden Ländern die Pläne realisiert, bis 2030 fast ein Zehntel des nationalen Kraftstoffverbrauchs durch heimischen Biosprit zu decken, könnte das verheerende Auswirkungen auf die Wasserbereitstellung für die klassische Landwirtschaft haben[96] – und damit auf die Nahrungsversorgung vor allem der ärmeren Bevölkerung.

Immer schwieriger wird auch die Versorgung der Städte mit Trinkwasser. Lokales Oberflächen- oder Grundwasser reicht meist nicht mehr. Das Wasser muss aus immer weiter entfernten Reservoirs herangeschafft werden. Zugleich geht in vielen Städten ein Drittel des Trinkwassers durch undichte Leitungen verloren[97]. In den trockeneren Regionen der Erde werden immer mehr Brunnen gebohrt. Das führt oft zu dramatisch sinkenden Grundwasserhorizonten. Zudem reichern sich im Grundwasser Haushalts-, Agrar- und Industriegifte an. In Bangladesh wurden in den vergangenen 20 Jahren mehr als vier Millionen Brunnen angelegt. Sie versorgen heute etwa 95 Prozent der Bevölkerung. Hohe Arsenkonzentrationen führten dort zur schlimmsten Massenvergiftung in der Geschichte[98].

Viel Wasser könnte auch in der Wirtschaft eingespart werden. Derzeit verbraucht die Industrie ein Fünftel des weltweiten Wasserbedarfs. In ihrem Weltwasserbericht 2006 schätzen die Experten der UNO, dass die Produktion bei konsequentem Einsatz bereits existierender moderner Techniken mit 40 bis 90 Prozent weniger Wasser auskommen könnte. Doch die meisten Unternehmen werden nur umstellen, wenn sich daraus auch finanzielle Vorteile ergeben.

Ohne Äcker keine Nahrung – doch durch Erosion, Versalzung und Versiegelung verschwinden jährlich bis zu sieben Millionen Hektar landwirtschaftlicher Nutzfläche. Infolge Überweidung und zu intensiven Ackerbaus, Abholzung, Industrieerweiterungen, Siedlungsbau und neuer Verkehrsflächen geht so alle fünf Jahre

---

95 IBWA, 2006: How Much Water Do We Use?
96 IWMI, 2007: Biofuels: Implications for Agricultural Water Use
97 UNESCO, 2006: 2nd UN World Water Development Report
98 UNESCO, 2006: 2nd UN World Water Development Report

eine Fläche von der Größe Deutschlands verloren[99]. Drei Viertel aller afrikanischen Felder sind durch Bodenabtrag gefährdet. Die Ernten könnten schon in den nächsten 15 Jahren um ein Drittel sinken[100]. In manchen Ländern der früheren Sowjetunion sind mehr als ein Viertel aller bewässerten Flächen versalzen[101]. In China gilt ein Viertel der Landesfläche als ernsthaft geschädigt – betroffen sind die Siedlungsgebiete von mehr als 400 Millionen Chinesen[102].

Die biologische Vielfalt

Jedes Jahr sterben mehrere zehntausend Tier- und Pflanzenformen aus – etwa jede Viertelstunde eine. Schätzungen zufolge wird das natürliche Artensterben durch menschliche Eingriffe mindestens 100 bis 1.000fach beschleunigt[103]. Von den wahrscheinlich 10 bis 30 Millionen Tier- und Pflanzenarten sind bisher knapp zwei Millionen beschrieben worden. Allein 2006 wurden über 40.000 Arten evaluiert – 40 Prozent davon sind „vom Aussterben bedroht", darunter ein Viertel aller Säugetiere und jede dritte Amphibienart[104]. Als Hauptgründe gelten die Zerstörung ursprünglicher Wälder, intensive Landwirtschaft, Kriege und die Verschmutzung von Böden, Wasser und Luft. Infolge ausgedehnter Monokulturen verschwindet auch die Vielfalt traditioneller Kulturpflanzen. So sind zum Beispiel in China binnen hundert Jahren rund 10.000 Weizensorten und in Indien etwa 30.000 Reisarten verschwunden. In den USA sind über 90 Prozent aller Mais-, Kohl- und Erbsensorten unwiederbringlich verloren gegangen. Die FAO macht dafür die moderne Landwirtschaft mit der Konzentration auf wenige Hochertragssorten verantwortlich[105]. Gleichzeitig aber werden die ursprünglichen Sorten dringend gebraucht, um mit deren Genen die modernen Nutzpflanzen weiter zu entwickeln.

Ähnliches gilt für die Tierhaltung. Von den etwa 7.000 bekannten Nutztierrassen sind allein in den vergangenen hundert Jahren wahrscheinlich rund 1.000 ausgestorben[106]. Die meisten dieser verschwundenen Arten kamen nur in eng begrenzten Regionen vor. Weltweit nur etwa 400 Nutztierrassen werden in Züchtungsprogram-

99   FAO, zitiert nach: BMZ: Medienhandbuch Entwicklungspolitik 2006/2007
100 IFDC-Report, 2006: Global Leaders Plan for an African Green Revolution
101 UNCCD, 2007: Combating Land Degradation/Desertification in Central and Eastern Europe
102 UNCCD, 2007: Combating Land Desertification in Asia
103 IUCN, 2006: Red List of Threatened Species
104 IUCN, 2006: Red List of Threatened Species
105 FAO, 1996: Report on the States of the World's Planet and Genetic Resources for Food and Agriculture
106 FAO, 2006: The State of Agricultural Biodiversity in Livestock Sector

men weiterentwickelt – fast ausschließlich in den Industrieländern. In den Entwicklungsländern werden immer mehr lokale Rassen durch importierte Hochleistungsrassen verdrängt. Bedroht sind meist gerade jene Rassen, die sich besonders gut an extreme Lebensbedingungen angepasst hatten wie die klimatisch widerstandsfähigen Renitelo-Rinder auf Madagaskar oder das sibirische Jakuten-Rind, das selbst bei Temperaturen von minus 60 Grad Celsius überlebt.

Krieg und Frieden

Die Rüstungsausgaben in aller Welt steigen – zwischen 1996 und 2006 um nahezu 40 Prozent[107]. Damit ist nach zwischenzeitlichen Abrüstungsbemühungen wieder das Niveau von 1988 erreicht. Fast die Hälfte aller Verteidigungsausgaben entfallen auf die USA. Dort werden immer mehr Gelder zusätzlich zum eigentlichen Verteidigungsetat für den „globalen Krieg gegen den Terrorismus" bereitgestellt. Studien zufolge werden die USA bis 2016 allein für den Krieg im Irak weit über 2,2 Billionen Dollar ausgeben haben[108]. Derzeit liegen die US-Ausgaben allein für die Kriege in Afghanistan und dem Irak bei monatlich rund 10 Milliarden Dollar – mehr als alle Entwicklungsprogramme der Vereinten Nationen pro Jahr aufwenden können. Diese Rüstungsausgaben gelten als wesentlicher Grund für die dramatische Verschlechterung der amerikanischen Finanz- und Wirtschaftsdaten in den vergangenen Jahren. Der Anteil der Rüstungsausgaben am Bruttosozialprodukt ist in den vergangenen zehn Jahren in allen Regionen der Erde gefallen (außer in Nordamerika). Allerdings geben die Entwicklungsländer noch immer durchschnittlich fast 14 Prozent ihrer Staatsausgaben für die Verteidigung aus. In der EU liegt dieser Anteil bei weniger als fünf Prozent[109].

Auch der internationale Waffenhandel nimmt zu – nach SIPRI-Schätzungen von rund 37 Milliarden Dollar im Jahr 2000 auf bis zu 56 Milliarden Dollar im Jahr 2005. Der Export von Waffen aller Art macht damit etwa ein halbes Prozent des Welthandels aus. Stark gestiegen ist die Zahl privater Firmen im Rüstungsgeschäft. Vor allem in Lateinamerika und Europa sind in den vergangenen Jahren fast alle einst staatlichen Unternehmen privatisiert worden. Die hundert größten Waffenproduzenten haben ihre Verkäufe auf insgesamt 268 Milliarden Dollar gesteigert (2005)[110]. Viele Rüstungsfirmen liefern immer häufiger nur Komponenten,

---

107 SIPRI-online, 2007: Table on World and Regional Military Expenditure
108 SIPRI-online, 2007: Recent Trends in Military Expenditure
109 World Bank, 2007: World Development Indicators 2007
110 SIPRI, 2007: SIPRI Yearbook 2007

die dann in Ländern endmontiert werden, die kaum Exportkontrollen vornehmen. Auf diese Weise lassen sich vor allem die in Nordamerika und der EU gültigen Waffenexportbestimmungen umgehen und Waffen problemlos auch in Kriegsgebiete oder an geächtete Regimes liefern[111].

Die Zahl der Kriege und Bürgerkriege ist seit den 1950er Jahren deutlich zurückgegangen, Dauer und Ausmaß allerdings nicht. Betroffen sind vor allem arme Staaten. Ein Drittel aller Staaten mit niedrigem Entwicklungsindex („Human Development Index" des UNDP) war in den vergangenen 15 Jahren Schauplatz eines Bürgerkriegs[112]. Statistisch betrachtet steigt in Entwicklungsländern das Risiko eines bewaffneten Konflikts mit sinkender Wirtschaftskraft. Konkret: Bricht das Wirtschaftswachstum um fünf Prozent ein, steigt die Wahrscheinlichkeit eines Waffengangs um 50 Prozent[113].

Flucht, Vertreibung, Migration

Weltweit sind schätzungsweise 40 Millionen Menschen auf der Flucht – vor Krieg, Verfolgung und Hunger[114]. Viele leben unter oft unmenschlichen Bedingungen in Flüchtlingslagern außerhalb ihres Heimatlandes. Die meisten – etwa 24 Millionen Menschen – suchen Zuflucht innerhalb ihres eigenen Landes. Nur gut ein Viertel dieser Binnenflüchtlinge wird vom Flüchtlingshilfswerk der Vereinten Nationen betreut[115]. Allein innerhalb des Sudan sind über fünf Millionen Menschen auf der Flucht, vor allem Frauen und Kinder.

Bürgerkriegsflüchtlinge sind freilich nur ein kleiner Teil der Menschen, die ihre Heimat verlassen haben. Unzählige Menschen wurden und werden vertrieben, weil sie Infrastrukturmaßnahmen, Industrieansiedlungen oder auch nur den Expansionswünschen großer Plantagen oder Bergwerke im Weg sind. Verlässliche Schätzungen zu ihrer Gesamtzahl gibt es nicht. Seit 1950 haben allein bis zu 80 Millionen Menschen ihre Dörfer und Städte verlassen müssen, weil sie Staudammprojekten weichen mussten[116]. Eine angemessene Entschädigung haben nur ganz wenige bekommen. Vor allem in Asien und Afrika sind auf diese Weise Millionen Familien verelendet. Nutznießer solcher Großprojekte sind übrigens oft große internationale Konzerne – sei es, dass sie am Bau von Staudämmen oder der Liefe-

---

111   Ai, IANASA, Oxfam, 2006: Arms without Borders: Why a Global Trade Needs Global Controls
112   UNDP, 2005: Human Development Indicators 2005
113   Macartan Humphreys, 2003: Economics and Violent Conflicts
114   UNHCR, 2007: UNHCR auf einen Blick
115   IDMC-online, 2007: Facts and Figures at a Glance
116   World Commission of Dams, 2000: Dams and Development

rung der Turbinen verdienen, sei es, dass sie direkt Bergbauprodukte vermarkten oder Plantagen betreiben lassen.

Immer mehr Menschen verlassen auch ihre ländlichen Heimatregionen und versuchen, sich in den ständig wachsenden Städten eine neue Existenz aufzubauen. 2007 gab es weltweit erstmals genau so viele Stadt- wie Landbewohner. Schon im Jahr 2030 werden voraussichtlich fünf der dann acht Milliarden Menschen in Städten wohnen[117]. Unabsehbar sind die Probleme, die sich daraus für die Wasserversorgung der Städte, die Luftverschmutzung und die Bereitstellung von Nahrungsmitteln, Arbeitsplätzen, Gesundheitsdiensten und Schulen ergeben.

Unmittelbar bekommen die Industrieländer den Migrationsdruck im Süden zu spüren, wenn die Menschen ihr Heimatland verlassen, um Asyl in einem reichen Land zu finden. Verglichen mit den enormen Flüchtlingszahlen innerhalb Afrikas, Asiens und Lateinamerikas gelangen freilich nur wenige Flüchtlinge nach Europa und Nordamerika. Rigorose Grenzkontrollen und ein immer restriktiveres Asylrecht haben zum Beispiel in Deutschland dazu geführt, dass die Zahl der Asylanträge von rund 150.000 im Jahr 1997 auf mittlerweile etwa 30.000 pro Jahr gesunken ist[118]. Dessen ungeachtet bereiten in Europa die Flüchtlingsströme vor allem über das Mittelmeer insbesondere Spanien, Italien und Malta zunehmend Probleme. In den Industrieländern willkommen sind dagegen Fachkräfte aus dem Süden. Gefragt sind vor allem medizinisches Personal, Wissenschaftler und Computerfachleute. Aus manchen Entwicklungsländern sind mittlerweile über 80 Prozent der Graduierten ausgewandert[119] – ein „brain drain", dessen Ende und dessen Folgen noch nicht abzusehen sind.

Weltweit leben etwa 200 Millionen Menschen außerhalb ihres Heimatlandes, also rund drei Prozent der Weltbevölkerung – darunter viel mehr Akademiker aus Entwicklungsländern, als das ihrem Bevölkerungsanteil entsprechen würde. Viele dieser ausgewanderten Fachkräfte schicken regelmäßig Geld nach Hause – insgesamt mehr als das Doppelte der gesamten offiziellen Entwicklungshilfe[120]. Rechnet man allerdings die Ausbildungskosten und den wirtschaftlichen Schaden infolge Fachkräftemangels in den Entwicklungsländern, bleibt unter dem Strich ein beträchtliches Minus – sozusagen Entwicklungshilfe des Südens für den Norden.

---

117   UN-Habitat, 2006: The State of the World's Cities 2006/7
118   Bundesamt für Migration und Flüchtlinge-online, 2007: Statistik 2007
119   World Bank, 2005: International Migration, Remittances and the Brain Drain
120   World Bank, 2006: Global Economic Prospects 2006

Entwicklungshilfe

Seit 2001 ist die offizielle Entwicklungshilfe (ODA) der Industriestaaten an die Entwicklungsländer kräftig gestiegen – von damals knapp 70 auf über 100 Milliarden Dollar im Jahr 2006[121]. Das bedeutet freilich kaum zusätzliches Geld für Entwicklungsaufgaben. Die höhere Entwicklungshilfe kommt im Wesentlichen durch statistische Kunstgriffe zustande. Der größte Teil der Steigerungen beruht auf einmaligen Schuldenerlassen. So wurden 2005 und 2006 allein für die Streichung von Schulden Nigerias insgesamt 18 Milliarden Dollar als ODA verbucht. Diese Schuldenerlasse wurden auf einen Schlag angerechnet. Da die Kredite ursprünglich auf Laufzeiten von 20 Jahren und mehr angelegt waren, spart Nigeria jährlich weniger als eine Milliarde Schuldendienst ein. Zudem hat das Land die Schuldenstreichung teuer erkauft. Im Gegenzug musste es binnen sechs Monaten Restschulden von 12 Milliarden Dollar zurückzahlen – unterm Strich also eine gewaltige „negative Budgethilfe"[122].

Manche Schuldenstreichung bringt auch keine Etatentlastung, weil das Land zuvor gar keinen Schuldendienst geleistet hat – das gilt zum Beispiel für die rund 15 Milliarden Dollar, die dem Irak erlassen wurden. Zudem stammten diese Schulden aus Anleihen, mit denen Saddam Hussein nicht nur entwicklungsrelevante Projekte finanziert hatte. Sie werden jetzt nachträglich zur Entwicklungshilfe umdeklariert.

Interessant wird sein, wie die solchermaßen aufgeblähte Höhe der Entwicklungshilfe in den kommenden Jahren aufrecht erhalten wird – die großen Schuldenerlasse sind vorbei. Statistisch wurde die Entwicklungshilfe schon in den vergangenen Jahrzehnten immer wieder aufpoliert. Seit 1979 werden jedwede Verwaltungskosten angerechnet. 1984 kamen die Kosten für Studenten aus Entwicklungsländern dazu. Noch heute gilt: Wenn an einer deutschen Universität 10 Prozent der Studenten aus Entwicklungsländern kommen, dann werden 10 Prozent aller Kosten dieser Uni als Entwicklungshilfe angerechnet – völlig unabhängig davon, was diese Studenten studieren und ob sie je in ihr Heimatland zurückkehren. Seit 1994 gelten sogar die Hilfsmaßnahmen für Flüchtlinge und die Kosten für Asylverfahren als Entwicklungshilfe, mittlerweile sogar inklusive entstehender Abschiebekosten. Auch Verpflichtungsermächtigungen werden angerechnet – egal ob das Geld jemals abgerufen wird. Kritisch sind auch gebundene Kredite im Rahmen sogenannter Mischfinanzierungen: Wird nur ein Viertel der gewährten Summe als nichtrückzahlbarer Zuschuss vergeben, gilt die gesamte Summe als Ent-

---

121 OECD, 2007: Net ODA in 2006
122 tdh, dwhh, 2007: Die Wirklichkeit der Entwicklungshilfe

wicklungshilfe. Mit solchen gebundenen Krediten können Entwicklungsländer in den Industrieländern einkaufen.

Im Jahr 2006 stellten die Industrieländer 0,3 Prozent ihres Bruttosozialprodukts als Entwicklungshilfe zur Verfügung – zieht man davon noch Schuldenerlasse, Asylkosten und Studienplatzkosten ab, bleiben sogar 0,2 Prozent übrig – Tendenz fallend[123]. 1960 hatte der Anteil bei 0,5 Prozent gelegen. Das damals von der UN-Vollversammlung ausgerufene 0,7-Prozent-Ziel wird ohne Rechenkunststücke vorerst Utopie bleiben.

Doch in diese Lücke stößt seit ein paar Jahren ein neuer Global Player: China. Anhaltende Wachstumsraten von jährlich über 10 Prozent und gewaltige Devisenreserven ermöglichen der Regierung in Peking riesige Investitionen – nicht nur in den Industrieländern, sondern auch in Afrika, Asien und Lateinamerika. Chinesische Unternehmen investieren in Bergwerke und Textilfabriken, bauen Straßen, Eisenbahnlinien, Raffinerien und Krankenhäuser. Zudem werden Prestigeobjekte finanziert, von Luxushotels in Sierra Leone bis hin zum neuen Amtssitz des Präsidenten von Gabun. China importiert Öl, Kupfer, Eisenerz, Holz, Kaffee, Tabak – schlicht alles, was die rasend schnell wachsende Wirtschaft im Land braucht. Die Importzölle für hunderte Rohstoffe aus Entwicklungsländern wurden praktisch auf Null gesenkt[124]. Umgekehrt überschwemmen chinesische Textilien, Spielwaren und Elektronikerzeugnisse den Weltmarkt. Waffen werden auch in problematische Länder wie den Sudan oder Simbabwe geliefert.

Heftig kritisiert werden die Kredite, die China zum Beispiel nach Afrika vergibt. Westliche Geldgeber drängen auf die Einhaltung von Menschenrechten oder definieren, was entwicklungspolitisch sinnvolle Vorhaben sind. Chinesische Geldgeber stellen meist keine Fragen und fordern höchstens die Nichtanerkennung Taiwans. Gerade entschuldete Länder stürzen sich in neue finanzielle Abhängigkeiten – diesmal nicht von westlichen Industrieländern oder Weltbank und IWF.

Fazit

Die einzelnen Organisationen der Vereinten Nationen wollen Erfolge vorweisen. Deshalb prognostiziert die FAO immer wieder voreilig Rekordernten oder ändert die Bewertungskriterien für die „Zerstörung" von Waldflächen, so dass statistische Fortschritte beim Schutz der Wälder gemeldet werden können. Neue Kriterien der internationalen Arbeitsorganisation ILO sorgen dafür, dass statistisch die Kinder-

---

123   OECD, 2007: Net ODA in 2006
124   Xinhua, 5.2.2007: Announcement of Vice Commerce Minister Wei Jianguo

arbeit zurückgeht. Die Weltbank zählt immer weniger „absolut" Arme, und die WHO korrigiert aufgrund „optimierter Erhebungsmethoden" die Zahl der Aids-Kranken drastisch nach unten. Ähnliches gilt für die DAC-Statistik der Industrieländer, die mit Hilfe immer neuer Tricks steigende Summen bei der Entwicklungshilfe vorrechnen.

Die Vereinten Nationen haben sich mit den Millenniumszielen hohe Ziele gesteckt. Doch selbst mit geschönten Statistiken wird kaum eines der Ziele tatsächlich erreicht werden – jedenfalls nicht bis 2015 und erst recht nicht, wenn man die Fortschritte in China ausklammert. Die Erfahrung lehrt: Technische Lösungen allein können soziale Probleme nicht nachhaltig lösen – das funktioniert weder im Gesundheitsbereich durch neuartige Medikamente noch im Bildungssektor durch die Entwicklung billiger Laptops oder im Umweltschutz mit dem Bau von Drei-Liter-Autos. Wo die Menschen nicht in der Lage sind, sich selbst zu helfen, lässt sich Fortschritt nur in sehr engen Grenzen organisieren. Wer hungert, wird auch künftig sein Gratis-Mosquitonetz gegen Nahrung eintauschen – allen UN-Zielen zur Eindämmung der Malaria zum Trotz.

Teil II

Ökumenische Perspektiven

Fritz Erich Anhelm

Konfession gegen Professionalisierung?
Ökumene und kirchliche Entwicklungsverantwortung in Globalisierungsprozessen

Summary

Von seiner Entstehung her hat der Kirchliche Entwicklungsdienst eine besondere Nähe zur Ökumenischen Bewegung. Dies gilt besonders für seine normativ-konzeptionelle Orientierung, differenziert sich auf den organisatorischen Ebenen jedoch mehr und mehr aus. Unter den Voraussetzungen der Globalisierung ist kirchliches Entwicklungshandeln praktisch auf säkulare Partner verwiesen. Auch konzeptionell hat es sich mit Anforderungen von Global Governance auseinanderzusetzen. Der Artikel untersucht die damit verbundenen Orientierungsprobleme und spricht sich dafür aus, Vernetzungen nicht nur kampagnebezogen im internationalen Bereich, sondern auch projektbezogen in regionalen und lokalen Kontexten anzustreben.

Wer es einfach mag, kann das Stichwort „Globalisierung" den schnell vergänglichen Metaphern des Zeitgeistes zuordnen. Das hilft, zur Tagesordnung des am nächsten Liegenden überzugehen. Wer sich damit nicht zufrieden gibt, stößt auf eine Komplexität von Widersprüchen und Entsprechungen, die bisheriger Orientierung Rätsel aufgeben.

Wie war die Welt im Zeitalter der Ost-West-Bipolarität doch noch in Ordnung. Das Freund-Feind-Bild stimmte selbst da, wo es demonstrativ in Frage gestellt wurde. Sicher gab es Ungerechtigkeit und Unfrieden. Aber je nach aufgesetzter Brille konnte Schuld eindeutig zugeschrieben oder zurückgewiesen werden. Das haben wir hinter uns. Haben wir es?

Die Bipolaritäten leben weiter: Das Reich der Freiheit wird gegen die Achse des Bösen in Stellung gebracht. Sie hat sich zwar verschoben, ist aber neu benannt. Zivilisationen, Kulturen und Religionen befinden sich im Kampf. Der Konflikt, den Ost-West noch unterdrückte, macht sich nun als Nord gegen Süd und umgekehrt Luft. Und wer gegen all das den Dialog propagiert, ist vom Gegensatz schon infiziert. Befriedigend wirkt das nicht, ist auch zu offensichtlich populistische Reduktion von Komplexerem. Dies gilt ebenso für die totalitären Varianten. Ein Imperium und sein militärischer Komplex beherrschen die Welt, die unter dem neoliberalen Joch marktwirtschaftlicher Ideologie ächzt. So wird Widerstand provoziert: als Terrorismus, den niemand wollen kann, der Gutes möchte, und als Protest, der sich gegen schlechte Faktizität gut anfühlt.

Ökumenisches Entwicklungsdenken zwischen Dogma und Pragmatismus

Die gegenwärtige ökumenische Diskussion um Globalisierung ist nicht frei von Mustern solcher Art. Da erscheint das mächtige Imperium mit seinem neoliberalen Finanz- und Marktinstrumentarium als Wirtschaft des Todes, der die Wirtschaft für das Leben widerständig zu trotzen habe. Was aber eine Wirtschaft für das Leben ist, wo sie sich empirisch erfahren lässt, was ihre Gestaltungselemente sind und ihre Dynamik antreibt, bleibt angesichts der Macht des Faktischen unscheinbar blass. Die Konzeptionierung entwicklungspolitischen Handelns – um die es in diesem Band geht – findet in der Ideengeschichte theologischer Weltdeutung immer ausreichend normative Bezüge. Gerechtigkeitsvorstellungen, Friedenshoffnungen und Schöpfungsglaube sind zwar verwundbar in der Zeit. Ihr Geltungsanspruch entwertet sich dadurch aber nicht. Wo die Ideen allerdings zur Tat werden, die Konzeption operationalisiert werden soll, bricht sich das oft an den herrschenden Wirklichkeiten oder sucht nach windgeschützten Nischen. Es sei denn, schon die Konzeption nimmt das Faktische im Maße seiner besseren Gestaltbarkeit in sich auf. Dies im Zeitalter der Globalisierung neu auszubuchstabieren, ist in der ökumenischen Diskussion bisher freilich kaum anzutreffen.

Der weitreichendste politologische Ansatz einer Zusammenschau globaler Entwicklungen, der Empirie mit normativer Orientierung zu verbinden sucht, findet sich denn auch nicht in der gegenwärtigen ökumenischen Diskussion, sondern in den Untersuchungen zu Global Governance. Insbesondere die Stiftung für Entwicklung und Frieden hat diesen Begriff als Fokus ihrer Arbeit gewählt. Global Governance oder Weltinnenpolitik erscheint hier in den Dimensionen einer multilateralen Mehrebenenpolitik (von global bis lokal) und als Vernetzung unterschiedlichster Akteure (nationale bis internationale Regierungsorganisationen und Nichtregierungsorganisationen jeder Art). Ihr Zusammen- oder Gegeneinanderwirken meistens in asymmetrischen Konstellationen gibt Auskunft über das Gestaltungs- und Steuerungspotenzial von Entwicklungen, positiv wie negativ. Die normativen Orientierungen dazu speisten sich aus den Forderungen der großen UN-Konferenzen der 90er Jahre, vor allem aus der zu Umwelt und Entwicklung 1992 in Rio de

Janeiro, die das Konzept der Nachhaltigkeit propagierte. Es verknüpft die Handlungsfelder Ökonomie, Soziales und Ökologie. Dieses normative Konzept hat eine Vorgeschichte, die bis in die siebziger Jahre zurückreicht. Neben seiner säkularen Ausformung (Brandt-Bericht 1980, Brundtland-Kommission) hatte die mit dem Ökumenischen Rat der Kirchen verbundene Ökumenische Bewegung daran einen kaum zu unterschätzenden Anteil. Die ökumenische Ethik der siebziger Jahre formulierte die Perspektive einer „just, participatory and sustainable society". Der Konziliare Prozess der 80er Jahre nahm diese Vorgabe in seiner Thementrias „Gerechtigkeit, Frieden und Bewahrung der Schöpfung" auf und wirkte weit in das säkulare Feld hinein. Auch von der Entwicklungsdenkschrift der Evangelischen Kirche in Deutschland (1973) aus zieht sich der rote Faden der ökumenischen Gerechtigkeitsdiskussion. Sie reagierte auf die Forderungen der entkolonialisierten Kirchen des Südens. Dieser Faden wurde kaum weniger straff, als sich herausstellte, dass in den Entwicklungsdekaden der 80er und 90er Jahre gute Absicht und böse Wirklichkeit immer weiter auseinanderklafften. Die ökumenische Bewegung blieb bis heute diesem normativen Ansatz treu. Aber er steckt fest im Schema einer noch immer bipolar verstandenen Nord-Süd-Perspektive.

Dagegen relativierte sich die ursprüngliche Normativität des Global-Governance-Ansatzes zunehmend an der analytischen Ergründung dessen, was ist. Prozessbeobachtung rangierte bald vor Wertorientierung. Hat die normative Erstarrung der Ökumenischen Bewegung ihren Grund in ihrer Entprofessionalisierung, d.h. im Verzicht auf Expertise zugunsten konfessorischer Profilierung, so gründet die normative „Entwertung" des Konzepts der Global Governance in seiner Professionalisierung, d.h. im strategischen Bemühen, ausdifferenzierten Einzelphänomenen auf die steuerbare Spur zu kommen.

Kirchliche Entwicklungspolitik findet sich so zwischen ökumenischer Fundamentalkritik am neoliberalen Wirtschaften (mit ausdrücklich biblisch-apokalyptischen Bezügen) und reformistisch bestimmten Handlungsstrategien von Global Governance eingespannt. Führt der biblizistische Dogmatismus ins politische Abseits, nimmt der professionelle Pragmatismus systemisch gefangen. Sich von Beidem frei halten zu wollen, hätte zum einen den Bruch mit Teilen der eigenen Constituency bedeutet, zum anderen den Verlust der Anschlussfähigkeit an die aktuelle Gestaltungsdiskussion. In ihrer normativen Ausrichtung hielt sich kirchliche Entwicklungspolitik daher eher zum ökumenisch-kirchlichen Kontext, folgte praktisch jedoch den in den faktischen Prozessen erkannten Optimierungsstrategien.

Durch den schon in den neunziger Jahren einsetzenden Bedeutungsverlust der Ökumenischen Bewegung für das internationale Agenda-Setting wird dieser Spagat allerdings kaum als solcher empfunden. Die Gerechtigkeitsökumene im Muster des Nord-Süd-Konflikts als Legitimationshintergrund entwicklungsbezogenen Handelns erweist sich angesichts der empirischen Wirklichkeit zunehmend als wenig aussagefähig. Je mehr sich kirchliche Entwicklungspolitik selbst professionalisierte, umso mehr sah sie sich auf Begründungen verwiesen, die ihren ökumenischen Bezug zwar nicht verleugnen, aber dennoch ein eigenes Profil herausbilden müssen. Die ökumenische Gerechtigkeits-, Friedens- und Schöpfungsdogmatik reformuliert sich darin so, dass sie für die strategisch-pragmatischen Steuerungslogiken von Global Governance kompatibel wird.

Gerechtigkeit, Frieden und Bewahrung der Schöpfung und die Realität

Was aber sind die Veränderungen, die dies erfordern? Sie liegen in der Multipolarität der unterschiedlichen Aspekte eines Globalisierungsprozesses, der sich in seinen Auswirkungen allgemein normativen Interpretationen entzieht. Dies soll anhand einiger beispielhafter Trends aufgezeigt werden. Dabei folge ich der bisherigen Thementrias ökumenischer Orientierung.

Die bedeutendste Veränderung entwickelt sich durch die geradezu tektonische Gewichtsverschiebung in den weltweiten Verteilungsprozessen, die nun nicht mehr ideologisch, sondern ökonomisch bestimmt ist. Der Neoliberalismus des Westens wirkte jenseits der Bipolarität faktisch als Wirtschaftsförderungsprogramm für weite Teile Asiens, aber auch Lateinamerikas und Osteuropas. Dabei sind nicht nur China, Indien, Brasilien und Russland im Begriff, die Finanz- und Warenmärkte zu erobern und die kurze Episode des US-amerikanischen Unilateralismus durch multilaterale politisch-ökonomische Konstellationen abzulösen.

Diese Dynamik hat ebenso mittlere und kleinere Länder erfasst und fördert nun anders als noch in den 80er und 90er Jahren die Herausbildung einer wachsenden globalen Mittelschicht. Dort wachsen auch die sozialen Asymmetrien, da große Teile der Bevölkerungen von den neuen Verteilungsprozessen nicht erreicht werden. Das Gerechtigkeitsproblem stellt sich zunehmend als ein innergesellschaftliches und weniger als eines auf der internationalen Ebene, auch wenn das im Bewusstsein noch längst nicht so angekommen ist, dass es die Fixierung politischen und wirtschaftlichen Handelns auf internationale Konkurrenzfähigkeit relativiert. In der Tendenz gilt dies auch für manche afrikanische Länder, wobei Afrika insgesamt am Ende der internationalen Umverteilungsprozesse rangiert.

Wenn sich die Umverteilungsprobleme aber stärker in die einzelnen Gesellschaften hinein verlagern, wächst die Bedeutung der Nationalstaaten im Hinblick auf ihre soziale Verantwortung. Failing States werden für die internationale Gemeinschaft zu Risikofaktoren und zur Belastung. Vom Kongo über Somalia und den Sudan, von Palästina über den Libanon bis Afghanistan und zum Balkan zieht sich die Linie gescheiterter sozialer Integrationsprozesse und ihrer Folgen. Der oft konstatierte Rückgang des Einflusses von Nationalstaaten mag angesichts wachsender regionaler und globaler Regierungsorganisationen und Regime im Kontext internationaler Politik seine Berechtigung haben. Bezogen auf Prozesse des sozialen Ausgleichs wirken internationale Standards aber nur da, wo sie im Rahmen nationaler politischer Verantwortung auch Umsetzungschancen haben, d.h. staatlich durchgesetzt werden können.

Angesichts dieses Kontextes hat entwicklungspolitisches Handeln in seiner Gerechtigkeitsdimension zwei Optionen. Die erste richtet sich auf Wirtschaftsförderung und versucht, sie mit Initiativen zur Herausbildung sozialer Infrastrukturen zu verbinden. Private-Public-Partnership-Projekte zwischen staatlichem Entwicklungshandeln und international agierenden Unternehmen sind Ausdruck dieser Option. Die zweite richtet sich auf direkte Armutsbekämpfung und Katastrophenhilfe und bedient sich – ebenfalls mit einem starken Anteil staatlicher Finanzierung – zumeist zivilgesellschaftlicher Akteure, darunter auch der kirchlichen Entwicklungsdienste. Die staatliche Förderung folgt inzwischen beiden Optionen, wobei die erste deutlich an Gewicht zunimmt.

In der Verlagerung von Prozessen sozialen Ausgleichs von der internationalen Ebene in die einzelnen Gesellschaften spiegelt sich auch der veränderte Charakter gewalttätiger Auseinandersetzungen. Das Erschrecken vor internationalem Terrorismus verdeckt dessen zumeist regionale und innergesellschaftliche Ursachen. Was die internationale Aufmerksamkeitsökonomie durch mörderisch-spektakuläre Anschläge auf Unbeteiligte gefangen nimmt – und damit Dank einer nun global hoch vernetzten Medienindustrie auch Erfolg hat – entpuppt sich bei näherem Hinsehen als bürgerkriegsähnliches Phänomen. Es hat immer auch und oft vorrangig innergesellschaftliche soziale und machtpolitische Gründe. Sie machen sich an ethnischen und/oder religiösen Identitäten fest. Läuft dies mit strategischen Interessen der Weltmächte zusammen, sind diese zwar involviert (z.B. durch militärisches Eingreifen und die Versorgung der Kontrahenten mit Waffen). Dennoch versuchen sie die Konflikte regional zu begrenzen, um deren Steuerbarkeit zu sichern. Wie schwierig schon das ist, zeigen die Beispiele des Irak, Afghanistans, Sudans, Somalias, von Israel-Palästina und all der anderen Länder, wo Failing States nicht in der Lage sind, den inneren Frieden durch sozialen und politischen Ausgleich aufrecht zu erhalten oder herbeizuführen.

Hier hat der kurzlebige Unilateralismus der USA zusätzlich eine unrühmliche Rolle dadurch gespielt, dass er mit völkerrechtlich nicht sanktionierten „präventiven" Militäraktionen – wie beim Irak – das Versagen erst provozierte. Der Streit um den Vorrang von Völker- (Nichteinmischung) oder Menschenrecht (Humanitäre Intervention) wird sich voraussichtlich wegen der zunehmenden sozialen Disparitäten in einzelnen Gesellschaften noch zuspitzen. Interventionen mit hegemonialem Interesse und dessen Durchsetzung mit militärischen Mitteln erweisen sich angesichts der Machtkonstellationen zwischen den Akteuren am Ort als kaum noch problemlösend.

Entwicklungspolitisches Handeln in seiner friedensfördernden Dimension ist daher auf zivile Konfliktbearbeitung verwiesen. Sie hat sich sowohl präventiv als auch nach militärischen Interventionen als unverzichtbar erwiesen. Sie steht jedoch immer in Gefahr, durch die Militarisierung von Konflikten ausgehebelt zu werden. Zudem ist ihre materielle und personelle Basis im Verhältnis zu der der militärischen Akteure alles andere als angemessen. Nirgends wird die kompensatorische Funktion von Entwicklungspolitik deutlicher als hier. Dennoch wird ihre Bedeutung in dem Maße zunehmen, wie sich zeigt, dass die militärische Karte der Intervention nicht länger sticht.

Was schließlich die ökologische Partitur des Planeten angeht, gibt es keinerlei Grund zur Entwarnung. Die neuen ökonomischen Umverteilungsprozesse sind äußerst ressourcenintensiv. Insbesondere der Kampf um die fossilen Ressourcen – insbesondere Öl – geht in eine neue Runde. Sie weist kurzfristig Gewinner aus (z.B. Russland, Zentralasien) und wird zugleich auf dem Rücken vor allem afrikanischer Staaten (Sudan, Nigeria, Angola) ausgetragen. Der wirtschaftlich initiierte Nachholbedarf in den neuen industriellen Zentren droht die – ohnehin durch Boykott unterlaufenen – Vereinbarungen zum Abbremsen des Klimawandels auszuhebeln. Auch das Problem der Wasserversorgung spitzt sich regional konfliktreich zu. Trotz aller Bemühungen um alternative Energien, den Schutz der Artenvielfalt und biologische Landwirtschaft, ist keine Trendwende in Sicht, die Hoffnungen auf ökonomisch-ökologische Nachhaltigkeit begründen könnte, solange betriebswirtschaftliche Borniertheit externe Kosten nationaler und internationaler Politik überantwortet und diese das akzeptiert.

Auch hier rangiert der nationale Vorteil vor der Notwendigkeit ökologisch verträglicher Gestaltung. Nationalstaaten sind keineswegs bereit, sich einer globalen Disziplinierung zu unterwerfen. Die gegenwärtige Nachhaltigkeitsrhetorik überspielt, was sich praktisch in gegenläufigen Prozessen austobt. Flüchtlingsströme, die vom Zusammenwirken ökonomischer Vernachlässigung und sozialer Asymmetrie, militärischer Intervention und ökologischer Zerstörung angetrieben werden, ungebremste Landflucht in Megastädte, globale Verbreitung neuartiger Seuchen machen überdeutlich, dass sich mit der Globalisierung bisher weder Folgeabschätzungen unabgestimmten bis widersprüchlichen Handelns noch Steuerungsinstrumente für die wirksame Gestaltung oder gar Umorientierung laufender Prozesse verbinden.

Nachhaltigkeitsforderungen – wie sie gerade auch in entwicklungsbezogenen Konzepten vertreten werden – bleiben daher abstrakt oder richten sich auf abgrenzbare Handlungsschritte (Projekte), deren Auswirkungen im Zusammenhang und in den widersprüchlichen Logiken von Ökonomie, sozialer Kohäsion und Ökologie unbegriffen und ungestaltet bleiben. Der Katalog der Millenniumsziele der Vereinten Nationen ist dafür ein sprechendes Beispiel. Jedes Ziel macht für sich Sinn. Aufeinander bezogen, werden die Ziele zu einer komplexen Überforderung für die handelnden Akteure und brechen sich zudem an der Unterschiedlichkeit ihrer Interessen.

Mainstream, Pfingstler, Religionen und Global Governance

Vor diesem Hintergrund wirkt die konzeptionelle Schwäche der globalen ökumenischen Bewegung in Richtung einer Marginalisierung der existierenden institutionellen Netzwerke, insbesondere des Ökumenischen Rates der Kirchen. Diese Schwäche hat viele Gründe.

Einer der wesentlichen liegt in der Rekonfessionalisierung nationaler Mitgliedskirchen. Auch darin spiegeln sich innergesellschaftliche Verteilungsprozesse, in diesem Fall bezogen auf Mitgliedszahlen, Finanzierungs- und Restrukturierungsprobleme und öffentliche Wahrnehmung. Konfessionelle Profilbildung wird zwar nicht gegen ökumenische Orientierung in Stellung gebracht, bindet aber so viele Ressourcen, dass genau dies die Folge ist. Das gilt insbesondere für die Mainstream-Kirchen, die bisher die größten Finanziers der globalen Ökumene waren, sich nun aber auch als Inspiratoren für differenziertere Positionierungen der globalen Ökumene und als deren Multiplikatoren zurückziehen. Globale Ökumene wird als konfessionsübergreifend zunehmend entinstitutionalisiert – bei gleichzeitiger Überbetonung konfessioneller Repräsentanz in entscheidungsgeschwächten Gremien.

Ein weiterer Grund ist das rapide Anwachsen pfingstlerisch und evangelikal geprägter Bewegungen abseits der Mainstream-Kirchen. Diese Bewegungen entwickeln sich organisatorisch und theologisch ebenso außerhalb der traditionellen ökumenischen Netzwerke und bleiben zahlenmäßig inzwischen kaum hinter ihnen zurück. In Lateinamerika, Afrika, Teilen Asiens, aber auch Osteuropas und den USA, dem Ursprungsland der meisten dieser missionskräftigen Bewegungen, bildet sich neben der römisch-katholischen Weltkirche, dem Mainstream-Protestantismus und den orthodoxen Traditionen ein vierter Faktor heraus, der wegen seiner oft fundamentalistischen theologischen und politisch zum Teil ultrakonservativen Positionen bei gleichzeitiger Affinität zu neoliberalen Wirtschaftsideologien ökumenisch nur sehr bedingt als integrationsfähig angesehen werden kann. Er tritt vor allem da auf, wo sich im Zusammenwirken von staatlicher Unregierbarkeit und sozialen Disparitäten massive Probleme gesellschaftlicher Kohäsion zeigen.

Auch der zunehmend wichtiger werdende, sich global stärker artikulierende sonstige religiöse Kontext der christlichen Ökumene ist ein Grund für deren Orientierungsschwäche. Die Ausdifferenzierungen des Islam in Segmente mit politisch-strategischen Intentionen und religiös-konservativen Positionen einerseits und modernisierungsoffenen, säkular-pluralistischen Optionen andererseits vollziehen sich unter äußerst konfliktträchtigen Spannungen, die dem Dialog nur bedingt zugänglich sind. Religionskulturelle Widerständigkeit gegen globale kulturelle Nivellierungsprozesse unter westlicher Dominanz findet sich darüber hinaus in fast allen Religionen vom Hinduismus bis zum Shintoismus. Dass der konfessorische Profilierungsdrang in „aufgeklärteren" Mainstream-Kirchen auch als Reflex darauf begriffen werden muss, kann nur verneinen, wer sich gegenüber den globalen religionspolitischen Entwicklungen blind stellt.

Wir haben es also auch religionspolitisch mit einem globalisierten Wirkungszusammenhang zu tun, der die Frage der lokalen Koexistenz in religionspluraler werdenden Gesellschaften ebenso aufwirft wie die Fragen, die die globale Mitverantwortung der Religionen für Gerechtigkeit, Frieden und Schöpfungsbewahrung betreffen. Das Verhältnis von Religion und Politik aktiviert in diesem Zusammenhang nicht nur alte (für gelöst gehaltene) Probleme positiver und negativer Religionsfreiheit neu. Auch für die Religionen selbst ergibt sich daraus ein Gestaltungsproblem für ihre Beziehungen untereinander und ihre gemeinsame Rolle in der Gesellschaft, gegenüber dem (National-)Staat und in den internationalen Beziehungen.

Die jüngste Friedensdenkschrift der Evangelischen Kirche in Deutschland versucht unter dem Begriff des „gerechten Friedens" globale Anforderungen positionell zu beantworten und Orientierungshilfe zu leisten. Ihrem eigenen Anspruch entsprechend, müsste dem eine „Entwicklungsdenkschrift" folgen, die daraus Konsequenzen für das entwicklungspolitische Handeln der Kirchen zieht und sie im

Kontext von Global Governance und religionspluralen Minder- und Mehrheitssituationen reflektiert.

Entwicklungsverantwortung jenseits ökumenischer Enge

Auch eine professionalisierte kirchliche Entwicklungsarbeit wird nicht ohne normative Bezüge auskommen. Ob diese sich weiterhin aus ökumenischen Kooperationsnetzen speisen oder stärker aus einer multilateral agierenden, säkular verstandenen Mehrebenenpolitik (Global Governance), hängt daran, welche Vermittlungsleistungen die kirchlichen Träger dieser Arbeit mit vollziehen, erbringen oder auch nur zulassen. Das Zusammenwirken von Politik, Wirtschaft und Zivilgesellschaft (wobei Kirchen der letzteren Akteursgruppe angehören) weist viele – vielleicht nicht nur gewollte – Brüche auf. Es bedarf daher der bewussten Reflexion von Synergien, die quer zu den jeweiligen Logiken der einzelnen Handlungsfelder liegen, um Trends setzen zu können, die gerechteren, friedlicheren und schöpfungsgemäßeren Entwicklungen dienen.

Was sich in internationalen cross-sektoral und institutionell vernetzten Kampagnen (Verschuldung, HIV-Aids, Landminen, Armutsbekämpfung u.a.), durch die Verbindung von säkularem und kirchlich/ religiösem Engagement als möglich erweist, müsste in den oft lokal angebundenen Projekten der Entwicklungsdienste als Möglichkeit erst noch erprobt werden. Das sollte über die Konfrontation zivilgesellschaftlicher Akteure mit denen in Politik und Wirtschaft hinausreichen. Wo Entwicklungsarbeit nicht nur in geduldeten Nischen agieren will, wird sie mit den politischen Akteuren kooperieren müssen, die den Rahmen setzen und an Selbstverpflichtungen von Unternehmen (Corporate Social Responsibility) anknüpfen, die globale Mitverantwortung auch praktisch beweisen.

Dass dies ein hohes Maß an Beharrlichkeit, kritisch-konstruktiver Kompetenz und dogmatischer Bescheidenheit erfordert und nicht nur erfolgsgekrönt ist, darf kein Grund sein, sich gegen die Öffnung allzu kirchlich gepolter Beziehungsmuster zu sperren. Solche Beziehungsmuster bis in konfessionelle Verengungen hineintreiben zu lassen, kann nicht im Interesse einer kirchlichen Entwicklungspolitik liegen, die sich ihrer Weltverantwortung auch in lokalen Zusammenhängen bewusst ist. Im Gegenteil: Erst die Öffnung für Akteursnetzwerke vor Ort überwindet den Rückzug auf das „Eigene" und die Konflikte, die gerade daraus entstehen.

Global verstandene Ökumene wird sich den Zusammenhang und die Spannung zwischen der Einheit der Kirchen und der Einheit der Menschheit immer neu vergegenwärtigen müssen. Was das unter den neuen Macht- und Ohnmachtskonstellationen sich globalisierender Beziehungen bedeutet, ist nicht allein am Zustand der Kirchen selbst abzulesen. Es scheint in einzelnen (national organisierten) Gesellschaften auf, ruft Reaktionen in den multilateralen internationalen Akteurskoalitionen hervor, und macht sich an den Konflikten fest, die Gewalt provozieren. Sie sind der Lakmustest für gescheiterte Global Governance. Sie überlagern das Gelingende und stellen es in den medialen Schatten. Deshalb bedarf Scheitern wie Gelingen geistlicher und zugleich profaner Aufklärung, also der theologisch-ethischen Interpretation ebenso wie der weltlichen Expertise. Erst beides zusammen schützt vor Ideologisierung einerseits und Fatalismus andererseits.

Globale Ökumene ist auf über den kirchlichen Raum hinaus geöffnete Akteursnetzwerke auf lokaler und regionaler Ebene angewiesen. Wenn sie sich auf solche Praxis berufen kann, wird sie auch unter den globalen Gesprächspartnern als handlungs- und gestaltungsfähig wahrgenommen, über die bloße Repräsentanz kirchlicher Interessen hinaus, die sich bereits mehr und mehr an den ökumenischen Institutionen vorbei artikulieren, was – wenn überhaupt – nur den konfessionellen Großfamilien Vorteile bringt.

Inzwischen existieren Netzwerke von kirchlichen und nichtkirchlichen Entwicklungsorganisationen zumeist auf nationaler Ebene wie der Verband Entwicklungspolitik Deutscher Nichtregierungsorganisationen e.V. (VENRO). International oder gar global gibt es bei den Regierungsorganisationen (Vereinte Nationen, EU) registrierte Entwicklungs-NGOs in verschiedensten Zusammenschlüssen oder das Weltsozialforum und kampagnenbezogene Netzwerke.

Oft taucht dort der Ökumenische Rat der Kirchen als Partner neben den kirchlichen Entwicklungsorganisationen auf. Dies weist auf das ungeklärte Verhältnis zwischen Ökumene und Entwicklungsverantwortung in globalen Gestaltungszusammenhängen hin. Auf das Selbstverständnis der einzelnen Organisationen wirkt es sich eher diffus aus. Was da für die Zukunft zu klären ist, ist der offenen Diskussion nur schwer zugänglich. Werden sich Ökumene und kirchliche Entwicklungsverantwortung nicht nur organisationspolitisch voneinander trennen? Der Trend spricht dafür. Damit wird die Ökumenische Bewegung noch stärker als schon bisher zu einer Ökumene der Kirchen verengt, während die kirchliche Entwicklungsverantwortung als Zweig des zivilgesellschaftlichen Engagements der Kirchen aus diesen hinauswächst und sich seine Partner im säkularen Feld sucht.

Schon die Ökumene von „Glaube und Kirchenverfassung" und die „Gerechtigkeitsökumene" haben nie wirklich zueinander gefunden. Genau hier hatte der Prozess für Gerechtigkeit, Frieden und Bewahrung der Schöpfung seine „konziliare" Bruchstelle. Der gegenwärtige Zustand der Ökumene der Kirchen wie auch das Anforderungsprofil, das den kirchlichen Entwicklungs-, Friedens- und Menschenrechtsorganisationen aus einer sich globalisierenden Welt erwächst, legen nahe, dass sich die zu beobachtende Auseinanderentwicklung ohne bewusste Anstrengung nicht länger aufeinander beziehen lässt. Ein Rekonfigurationsprozess, der unterschiedliche Rollen respektiert und sie zugleich als Kommunikationszusammenhang begreift, wird nur dann eine Chance haben, wenn sich die festgefahrene Globalisierungsdiskussion der ökumenischen Bewegung aus ihrem dogmatisch-ideologischen Ghetto befreit und sich die nationalen Großkirchen aus ihren institutionellen Überlebensängsten emanzipieren.

Dabei könnten beide von einer kirchlichen Entwicklungspolitik lernen, die auch da, wo sie es selbst noch nicht realisiert, längst im Dreieck der Kooperation zwischen Politik, Wirtschaft und Zivilgesellschaft angekommen ist. Sich darauf einzustellen steht allerdings auch vielen der kirchlichen Partner in den „Ländern des Südens" noch bevor. Die neue globale Konstellation wird von ihnen verlangen, sich stärker auf den eigenen innergesellschaftlichen Entwicklungs-, bzw. Auseinanderentwicklungskontext zu konzentrieren als ihre Perspektiven von bilateralen Nord-Süd-Partnerschaften abhängig zu machen. Die Chancen von Global Governance liegen in lokalen und regionalen Vernetzungen. Die globale Vernetzung kann helfen, in sozialen und ökologischen Asymmetrien und bei gewaltförmigen Auseinandersetzungen mit den Akteuren vor Ort aushaltbare Lösungen zu finden und zu stabilisieren. Im Dreieck von Politik, Wirtschaft und Zivilgesellschaft wird Krisenprävention so zu einer vorrangigen Aufgabe von Entwicklungspolitik, gerade wo dieses Dreieck selbst zur Entstehung der Krisen beiträgt.

Die Leitidee des „gerechten Friedens" ist auch normative Vorgabe für entwicklungsbezogenes Handeln. Inwieweit die Ökumene der Kirchen dieser theologisch begründeten Leitidee, die auf eine nachhaltige Zukunft der bewohnten Erde zielt, gewachsen ist, wird sich daran zeigen, ob sie sich nicht nur global, sondern auch vor Ort als bündnisfähig erweist.

Klaus Wilkens

Kirchliche Weltverantwortung im Licht der Ökumene
Identitätsverlust durch Öffnung für die Außenwelt?

Summary

In den evangelischen Kirchen in Deutschland wächst die Sorge, man könnte auf dem Markt der Religionen nicht mehr erkennbar sein mit dem, was einen prägt und auszeichnet. So kommt es zu Bemühungen, das eigene Profil zur Geltung zu bringen, nicht selten gepaart mit der Tendenz, sich von denen, die anders sind, abzugrenzen. In diesem Zusammenhang gibt es auch die Befürchtung, man könnte durch eine aktive Mitwirkung an der Ökumene die eigene Identität aufs Spiel setzen.

Der folgende Text vertritt demgegenüber die These: Kirchen, die sich in der Ökumene anderen Kirchen gegenüber öffnen und dabei lernen, sich mit den Augen der anderen zu sehen, fangen an, sich mit den für sie grundlegenden Überzeugungen von ihrem Kontext her neu zu verstehen; sie profilieren sich in der ökumenischen Begegnung in einer Weise, die es ihnen ermöglicht, den Anfragen und Herausforderungen der Gegenwart gerecht zu werden. Was das angesichts der Globalisierungsproblematik konkret bedeuten kann, wird abschließend an einem Handlungsmodell verdeutlicht.

Evangelische Kirche in Deutschland und Ökumene

Welche Bedeutung die Impulse, die von den Veranstaltungen der ökumenischen Bewegung in den letzten Jahren ausgegangen sind, für unseren Bereich haben, das lässt sich nur dann ermessen, wenn man sich vor Augen führt, welche Rolle die Ökumene in der Evangelischen Kirche in Deutschland (EKD) und ihren Gemeinden spielt. Hier hat es in den letzten Jahren einige Signale gegeben, die ein bezeichnendes Licht auf die derzeitige Situation werfen. Ich möchte auf drei Vorgänge hinweisen, die mir in diesem Zusammenhang bedeutsam erscheinen:

- Bei der Begegnung mit Papst Benedikt XVI im August 2005 in Köln hat sich der Ratsvorsitzende der EKD, Bischof Dr. Wolfgang Huber, dafür ausgesprochen, „die derzeitige ökumenische Situation als eine Phase der ‚*Ökumene der Profile*‘ zu kennzeichnen".[1] Vor der Synode der EKD stellte er dazu im November 2005 fest, die „Ökumene der Profile" bedeute aus evangelischer Sicht, „die sich aus der Besinnung auf die protestantischen Wurzeln ergebenden Einsichten klar und gelassen zu verdeutlichen".[2] Das Interview, das ich mit ihm am Rande der ÖRK-Vollversammlung in Porto Alegre führte, zeigt, dass es nicht Hubers Absicht ist, wieder mehr auf Abgrenzung als auf Gemeinsamkeit zu setzen.[3]

– Die breite Resonanz, die dieser Begriff gefunden hat, weist aber doch darauf hin, dass in kirchlichen Kreisen in dieser Richtung gedacht wird. Ein so renommierter Kenner der Ökumene wie Harding Meyer, der ehemalige Direktor des Instituts für ökumenische Forschung in Straßburg, sagt dazu: „An die Stelle der Dialog- und Konsens-Ökumene müsse, so kann man hören, eine ‚Ökumene der Profile‘ oder gar eine ‚Differenz-Ökumene‘ treten. All diese Eindrücke und Einschätzungen akkumulieren und verstärken sich gegenseitig. Sie drohen zu *schaffen*, wovon sie reden: das Ende der Dialog-Ökumene".[4]

– Im Juli 2006 hat der Rat der EKD ein *Impulspapier* unter dem Titel „Kirche der Freiheit. Perspektiven für die evangelische Kirche im 21. Jahrhundert" veröffentlicht, das einen Zukunftskongress im Januar 2009 vorbereiten soll, der Leitlinien für eine Reformdekade bis zum Jubiläumsjahr der Reformation 2017 erarbeiten soll. In diesem Papier wird die Ökumene lediglich im Vorwort erwähnt. Dort heißt es: „Der Dialog der Religionen, die weltweite Ökumene, die internationale Vernetzung der Evangelischen Kirche in Deutschland und das gemeinsam verantwortete weltweite Gerechtigkeitshandeln ... werden in diesem Text nicht eigens thematisiert, obgleich sie ebenfalls zentrale Herausforderungen unserer Kirche darstellen werden" (Seite 8). Die Kirche wird hier, so Konrad Raiser,[5] als ein Dienstleistungsunternehmen gesehen, das sich im Wettbewerb behaupten will und muss. Und darum stehe die Sorge um Profil und Erkennbarkeit, um Qualitätssicherung und Kompetenz im Vordergrund. Hier

1   Pressemeldung der EKD vom 19. August 2005.
2   Presseportal der EKD vom 6.11.2005 „Lebendige Kirche gestalten Rat der EKD legt schriftlichen Bericht vor"
3   Siehe „der überblick – Zeitschrift für ökumenische Begegnung und internationale Zusammenarbeit" Nr.1/2006; Seite 88f.
4   Harding Meyer: „Stillstand oder Kairos? Zur Zukunft des evangelisch-katholischen Dialogs" in ‚Stimmen der Zeit‘, Nr.10/2007; Seite 689.
5   Konrad Raiser: „Ökumene und Weltverantwortung werden externalisiert" in: EINS Entwicklungspolitik, Nr.17/2006, Seite 23.

stellt sich die Frage, ob eine Reform der EKD und ihrer Gliedkirchen von den ökumenischen Beziehungen, den Prozessen und Anstößen aus der Ökumene absehen kann. Müssen wir uns im Zeitalter der Globalisierung auf eine Provinzialisierung der Kirche einstellen?

- Schließlich sei auf die *„Handreichung des Rates der EKD"* verwiesen, die im November 2006 unter dem Titel „Klarheit und gute Nachbarschaft. Christen und Muslime in Deutschland" vorgelegt wurde.[6] Sie möchte einen erkennbaren Beitrag leisten „zu einem Dialog auf allen Ebenen, der Vertrauen zueinander wachsen lässt und ein gemeinsames Handeln in den Spannungsbereichen gesellschaftlicher Integration zu tragen vermag" (Seite 14).

- Dieses Ziel hat die Handreichung, wie die zahlreichen Reaktionen von den verschiedensten Seiten zeigen, deutlich verfehlt. Das liegt vor allem auch daran, dass der Missionsgedanke in der evangelischen Positionsbestimmung eine dominante Rolle spielt und der Eindruck erweckt wird, jede Einladung zum Dialog mit evangelischen Christen sei eine Form der Mission.[7] Sodann hat die durchgängige Argumentationsweise der Handreichung, die den Idealen des christlichen Glaubens Negativbeispiele islamischer Praxis vornehmlich aus außereuropäischen Ländern gegenüberstellt, Empörung ausgelöst. Fazit: „Es scheint, als ob die EKD mit einer Abgrenzung gegenüber pauschal als ‚islamisch' bezeichneten Positionen ihr Profil schärfen und sich damit auf Kosten der Muslime in Deutschland profilieren müsse"[8].

Nun gibt es neben diesen Verlautbarungen auf der Leitungsebene der EKD durchaus auch Erklärungen, Initiativen und Impulse auf allen kirchlichen Ebenen in Deutschland, die keineswegs darauf zielen, das eigene Profil durch Abgrenzung zu wahren und zur Geltung zu bringen. So plädierte z.B. der Leitende Bischof der Vereinigten Evangelisch-Lutherischen Kirche Deutschlands (VELKD) auf deren Generalsynode im Oktober 2007 in Goslar für eine „Ökumene der Toleranz". Er bezog sich dabei nicht ausdrücklich auf Bischof Hubers Begriff von der „Ökumene der Profile", grenzte sich aber doch deutlich davon ab, indem er erklärte, die Profilierung der eigenen Religion dürfe nicht den gesamten ökumenischen Prozess

---

6   Kirchenamt der EKD (Hrsg.). EKD Texte 86.
7   Auf Seite 16 der Handreichung heißt es z.B.: „Die christliche Gemeinde begegnet Menschen, die solche Gewissheit (nämlich der Gewissheit der Rechtfertigung durch Gottes Gnade; Verf.) nicht haben, mit der Bitte und Einladung, sich auch mit Gott versöhnen zu lassen. Einladung und Bitten sind die Grundformen christlicher Mission".
8   Yasemin Karakaşoğlu in Jürgen Micksch (Hg.): „Evangelisch aus fundamentalem Grund. Wie sich die EKD gegen den Islam profiliert". Frankfurt/Main 2007, Seite 241.

bestimmen. Denn eine solche Profilierung könne als Ausgrenzung missverstanden werden.

Den erwähnten programmatischen Erklärungen des Rates der EKD ist gleichwohl eine besondere Bedeutung beizumessen. Denn sie sind möglicherweise auch als eine Reaktion auf die ständigen Vorhaltungen aus Gesellschaft und Politik zu verstehen, mit denen insbesondere die Kirchenleitungen aufgefordert werden, sich auf das „Wesentliche" zu konzentrieren und sich aus den weltlichen Angelegenheiten herauszuhalten. Aber die in den EKD-Erklärungen angesprochenen Fragen sind nicht nur ein Thema auf der Ebene der kirchlichen Leitungsgremien. Vielmehr werden sie von der gemeindlichen Basis aufgegriffen, mitgetragen und verstärkt. Neben zahlreichen verheißungsvollen ökumenischen Einzelinitiativen hat man es hier in wachsendem Maße mit einer Haltung zu tun, die Gerhard Rein in einem Essay für den WDR auf „die unter uns verbreitete Angst vor Fremden" zurückführt. [9] Er sagt dazu:

> „Wenn man sich aufeinander einließe, könnte es sich ja herausstellen, dass der Fremde gar nicht so feindlich ist, wie man befürchtet hatte, und dass eigene Überzeugungen durch die Begegnung mit dem Fremden ins Schwanken geraten könnten. Aber dem sich auszusetzen ist im Augenblick nicht besonders populär. Abgrenzung, nicht Offenheit bestimmt unser Denken. Wir sehnen uns lieber zurück in eine vertraute Vergangenheit als in eine offene Zukunft. Von einem Aufbruch in andere Kulturen und Religionen kann keine Rede mehr sein. Wir schließen unsere Fenster wieder".

Und er kommt zu dem „besorgniserregenden" Schluss: „Die ökumenische Bewegung ist in den Kirchen Deutschlands gestorben. Wir brauchen sie offensichtlich nicht mehr. Wir wollen uns nicht mehr herausfordern lassen. Wir sind uns selbst genug. Wir ziehen uns auf vertrautes Terrain zurück". Ein zu hartes oder ein unzutreffendes Urteil?

Diese Frage mag offen bleiben. Klarheit aber muss herrschen, wenn es um die Frage geht, ob Kirchen ihr Profil und ihre Identität dadurch bewahren und zur Geltung bringen können, dass sie darauf bedacht sind, sich mit den für sie konstitutiven Erkenntnissen und Grundsätzen von anderen abzugrenzen. Das hätte m.E. zur Folge, dass sie den Herausforderungen, denen sich heute auch die Kirchen gegenüber sehen, nicht gerecht werden können. Zu denken ist hier z.B. an die Integration ausländischer und vor allem muslimischer Mitbürger und Mitbürgerinnen (vgl. dazu den Beitrag von Klaus Lefringhausen zu Migration und Integration in diesem Band), aber auch an die Umtriebe rechtsextremistischer Kreise, die sich aggressiv abgrenzen gegenüber allem, was sie für „undeutsch" halten, und damit Gewaltbereitschaft fördern.

Aber es geht auch um die Rolle der Kirchen in den gesellschaftlichen Auseinandersetzungen, die durch die gegenwärtigen Weltgesellschaftskrisen ausgelöst worden sind. Theodor Leuenberger beschreibt diese Auseinandersetzungen und die sich daraus ergebenden Folgerungen folgendermaßen:

> „Begrenzt ist vor allem die Dialogfähigkeit mit andersartigem Denken. ... Wir erleben immer stärkere Ausfälle an wirklicher Kommunikation zwischen den verschiedenen Fronten. Die Positionshaltung tritt dann an die Stelle der Gesprächshaltung. ... Es gibt eine Art Allianz der Dialogverweigerer über alle Fronten hinweg. ... Nicht eine die divergierenden Kräfte und Mächte umgreifende und aufhebende Institution oder Weltanschauung (ist gefragt), nicht eine überall gültige ‚Wahrheits- und Ordnungstotalität‘, sondern die Freiheit und Fähigkeit, im offenen und multikulturellen Gespräch neues Denken und Handeln zu erproben".[10]

Den Kirchen stellt sich heute die Frage, ob sie in diesen Auseinandersetzungen eine heilsame Unruhe verbreiten und konstruktive Beiträge zur Entwicklung neuer, tragfähiger Konzepte leisten können, die den Herausforderungen der Gegenwart entsprechen und dem Wächteramt der Kirchen gegenüber Politik und Gesellschaft gerecht werden.

Eine ökumenische Herausforderung: Öffnung statt Abgrenzung

Ich bin davon überzeugt, dass die Kirchen diesen Herausforderungen nur dann gerecht werden, wenn sie sich ökumenisch profilieren, anders gesagt: wenn ihr Reden und Handeln, ja ihr ganzes kirchliches Leben durch eine einladende Offenheit gegenüber anderen Kirchen und Religionen, auch gegenüber Andersartigen und Fremden geprägt ist. Das schließt eine entschlossene Absage an alle Tendenzen der Abgrenzung und Abschottung ein.

Die 9. Vollversammlung des Ökumenischen Rates der Kirchen (ÖRK), die im Februar 2006 in Porto Alegre (Brasilien) stattfand, hat in diesem Sinne eindeutige Richtungshinweise gegeben.

Ein erster Schwerpunkt dieser Vollversammlung war dem Thema „Christliche Identität und religiöse Pluralität" gewidmet. In einem bemerkenswerten Grundsatzreferat dazu betonte der Erzbischof von Canterbury, Rev. Dr. Rowan Douglas Williams (Kirche von England), christliche Identität sei nicht durch einen nach außen zu vertretenden, auf Abgrenzung bedachten Absolutheitsanspruch, sondern nur in einem offenen, einladenden Prozess gewährleistet:

---

9 Gerhard Rein: „Zurück in die vertraute Vergangenheit"; Essay für den WDR, gesendet am 19. August 2006.
10 Theodor Leuenberger: „Europa Weiter Denken", in: POLITIK. Forschung und Wissenschaft, Band 28, Berlin 2007; Seite 15 und 17.

„Christ sein heißt nicht, Anspruch auf absolutes Wissen zu erheben, sondern die Perspektive zu beanspruchen, die die zutiefst in unserem Innern verwurzelten Verletzungen und Ängste verwandeln und so die Welt auf der wichtigsten Ebene verändern wird. ... Ausschließlichkeit ist hier sicherlich unmöglich, und zwar als Ausschließlichkeit eines Systems von Ideen und Schlussfolgerungen, die jemand für endgültig und absolut hält. ... Kein Christ verfügt über eine Art Landkarte, die anzeigt, wo genau die Grenzen dieses Ortes (des Ortes Jesu, Vf.) zu ziehen sind, oder einen Schlüssel, um andere aus- oder einzusperren".[11]

Dazu kamen weitere, eindrucksvolle Stellungnahmen aus anderen Kirchen und Weltregionen.[12]

Schon vorher hatte der Moderator des ÖRK, seine Heiligkeit Aram I. (Armenische Apostolische Kirche) in seinem letzten Bericht als Moderator für eine Öffnung der Kirchen und gegen jede Form der Abschottung plädiert. Denn die Kirchen seien heute herausgefordert,

„über ihre institutionellen Grenzen hinauszugehen, ihre traditionellen Ausdrucksformen zu transzendieren und die Menschen an der Basis einzubeziehen. ... Die Kirche kann nicht länger als in sich abgeschlossene Realität in ihrer ,Festung' bleiben; sie muss in Interaktion mit ihrem Umfeld treten.... Damit will ich einer dynamischen und entschlossenen Abkehr vom Egozentrismus hin zu dialogischer Interaktion, von der Konzentration auf Selbstperpetuierung hin zu missionarischer Arbeit, vom re-aktiven hin zum pro-aktiven Engagement das Wort reden".[13]

Auf der 3. Europäischen Ökumenischen Versammlung in Sibiu (Rumänien) hat Andrea Riccardi, der Gründer der Gemeinschaft von Sant' Egidio, genauso argumentiert: „Die heutigen Herausforderungen kann man nur im Kontext von weiten Horizonten begreifen".[14] Und seine Rede an die Teilnehmenden aus den europäischen Kirchen war ein einziger Appell, „nicht mehr für sich zu leben".

Auf der Vollversammlung in Porto Alegre ist es nicht bei den erwähnten Stellungnahmen verschiedener Repräsentanten der Weltchristenheit geblieben. Viel-

---

11 In deiner Gnade, Gott, verwandle die Welt. Offizieller Bericht der Neunten Vollversammlung des Ökumenischen Rates der Kirchen Porto Alegre 2006; herausgegeben von Klaus Wilkens. Frankfurt/Main 2007; Seite 210f.

12 So berichtete Anna May Chain (Baptistische Konvention von Myanmar) aus ihrem persönlichen Erleben davon, dass Muslime, Buddhisten und Katholiken in der Zeit bitterster Verfolgung zu ihren Nächsten wurden, an der Stelle Jesu für sie da waren und ihr halfen, ihren Ort und ihre Identität als Christin zu finden (Berichtsband, Seite 216 ff.). In einer eigenwilligen theologischen Reflexion kam Assaad Elias Kattan (Griechisch-Orthodoxes Patriarchat von Antiochien und dem ganzen Orient) zu der Feststellung, dass das Kreuzesgeschehen uns in die Lage versetzen kann, Fremdheit, Zerrissenheit und Schweigen in die Identität des „Fremdlings" Jesu zu integrieren, der sich nicht nur mit uns Christen, sondern auch mit jenen Menschen identifiziert, die uns fremd vorkommen, zu welchem Kulturkreis sie auch gehören mögen (Berichtsband, Seite 219 ff.).

13 Berichtsband, Seite 112ff. und 114f.

14 Siehe im Internet *www.eea3.org* unter „Dokumente" Dokument 106-07.

mehr hat die Vollversammlung die wiederholten Aufrufe zu einer Öffnung der Kirchen in einer ganzen Reihe von Beschlüssen aufgegriffen, die darauf zielen, dass sich diese Öffnung in der zukünftigen Programmarbeit des ÖRK konkret niederschlägt und damit die Voraussetzung für eine verstärkte Kommunikation und Interaktion der Kirchen mit ihrem gesellschaftlichen, kulturellen und kirchlichen Umfeld geschaffen werden. Zu nennen sind hier u.a. die Beschlüsse

- zur Fortführung und Verstärkung des interreligiösen Dialogs, der als „einer der bedeutendsten Arbeitsbereiche des ÖRK" bezeichnet wird, „mit dem er Vorbildfunktion für seine ökumenischen Partner und die Mitgliedskirchen haben kann";[15]
- zur Weiterverfolgung der Auseinandersetzung mit den Herausforderungen der wirtschaftlichen Globalisierung im Rahmen des sogenannten AGAPE-Prozesses u.a. durch einen „ständigen Dialog zwischen religiösen, wirtschaftlichen und politischen Akteuren";[16]
- zur aktiven Mitwirkung an den Programmen im Rahmen der Dekade zur Überwindung der Gewalt mit dem Ziel, einen breiten Konsultationsprozess zu veranlassen, aus dem eine ökumenische Erklärung über „gerechten Frieden" hervorgeht und der hinführt zu einer vom ÖRK organisierten internationalen ökumenischen Friedensversammlung zum Abschluss der Dekade im Jahr 2010;[17]
- zum Widerstand gegen das Konzept des „Kriegs gegen den Terror" und zur Ermutigung interreligiöser Initiativen, alternative Reaktionen auf Terrorismus zu mobilisieren, die sich nicht auf Gewalt gründen, und eine aktive Rolle bei der Konfliktprävention einzunehmen;[18]
- zur Kommunikation und Interaktion des ÖRK und seiner Mitgliedskirchen mit den Vereinten Nationen.[19]

Diese Beschlüsse der Vollversammlung haben Folgen gehabt: Die Programmarbeit des ÖRK wurde durch eine neue Struktur der Programm-Abteilungen und der Leitung der Zentrale in Genf umgestaltet, und die Schlüsselpositionen in der Leitung der Zentrale wurden neu besetzt.[20]

---

15 Berichtsband, Seite 180.
16 Berichtsband, Seite 193. Zu diesem Programmvorschlag sh. meine Empfehlungen weiter unten in diesem Aufsatz.
17 Berichtsband, Seite 193.
18 Berichtsband, Seite 346f.
19 Berichtsband, Seite 348 ff.
20 So leiten seit kurzem Pfarrerin Elenora Giddungs Ivory (Presbyterianische Kirche in der USA) den neuen Programmbereich „Öffentliches Zeugnis: Macht hinterfragen, für Frieden eintreten" und Pfarrer Dr. Shanta Premawardhana (Baptistische Kirche in Sri Lanka, später USA) den neuen Programmbereich „Interreligiöser Dialog und interreligiöse Zusammenarbeit".

Offenheit durch ökumenische Begegnung

Die Anstöße aus der Ökumene zur Öffnung der Kirchen kommen angesichts der zunehmenden Tendenzen in vielen Kirchen, sich auf sich selbst zurückzuziehen und sich abzugrenzen, zur rechten Zeit. Wie kann es dazu kommen, dass die Kirchen diese Anstöße aus der Ökumene aufgreifen und umsetzen? Dass Kirchen sich für ihr religiöses, gesellschaftliches, kulturelles und politisches Umfeld öffnen, lässt sich sicherlich nicht durch kirchenleitende Beschlüsse verordnen. Aber es ergibt sich da, wo sie aktiv teilhaben an der ökumenischen Bewegung.

Aber was heißt „Ökumene"? Einen wesentlichen Aspekt von „Ökumene" hat Paul Gerhard Seiz, der die entwicklungsbezogene Bildungsarbeit in der EKD maßgeblich geprägt hat, so formuliert: Es gehe darum, sich mit den Augen der anderen, die anders sind, sehen zu lernen. Das heißt, wer in der Ökumene anderen begegnet, lässt sich ein auf einen Blickwechsel, einen Paradigmenwechsel und wird frei vom Gefangensein in den eigenen, tradierten Denkschemen. In der Ökumene geht es also um eine „Konversion", nicht als einmaligen Akt, sondern als fortdauernden Prozess. Diese „Konversion" vollzieht sich freilich nur da, wo Ökumene mehr ist als ein freundliches, Schulter-klopfendes Tête-à-Tête. Denn zu dem besagten Paradigmenwechsel kommt es nur da, wo die Ökumene Begegnungen ermöglicht, die dazu verhelfen, sich selbst vom anderen her sehen zu lernen. Das schließt ein, dass man sich in solchen Begegnungen einander stellt und sich gegenseitig kritisch befragt und herausfordern lässt.

„Mutual accountability" (gegenseitige Rechenschaftslegung) gilt darum nach den Statuten des ÖRK zurecht als ein wesentlicher Aspekt ökumenischer Gemeinschaft. Die damit intendierte Streitkultur ist allerdings bei den letzten ökumenischen Versammlungen deutlich zu kurz gekommen oder umgangen worden. Die 5. Weltkonferenz des ÖRK für Glauben und Kirchenverfassung (Santiago de Compostela 1993) hatte darum allen Grund, diesen Aspekt ökumenischer Gemeinschaft erneut zu bekräftigen. In ihrer Botschaft heißt es: „Heute erfordert die Einheit (der Kirchen; Vf.) Strukturen für die gegenseitige Rechenschaft" (Absatz 9).[21]

---

21 Siehe auch den Bericht der Sektion II, Absatz 31.4. und den Bericht der Sektion III, Absatz 31 in Günther Gaßmann und Dagmar Heller (Hg.): „Santiago de Compostela 1993"; Beiheft zur Ökumenischen Rundschau Nr.67. Frankfurt am Main 1994; Seite 233 und 243.

Ökumene und der Entwicklungsdienst der Kirchen

Was folgt aus alledem für die kirchliche Entwicklungsarbeit? Sie verdankt sich nicht zuletzt einem entscheidenden Impuls aus der Ökumene. Denn es waren die Aufrufe der 4. Vollversammlung des ÖRK in Uppsala 1968, die die Kirchen dazu gebracht haben, Entwicklungsdienst als zentrale Aufgabe der Kirchen selbst zu begreifen. Das führte dazu, dass die EKD-Synode 1968 beschloss, sich nicht nur mit Spenden, sondern mit kirchlichen Haushaltsmitteln an den Entwicklungsaufgaben zu beteiligen und den Kirchlichen Entwicklungsdienst (KED) mit einer eigenen Stabsstelle im EKD-Kirchenamt zu gründen.

Um ihre Entwicklungsarbeit sachgerecht auszurichten, blieben die Kirchen auf die Ökumene angewiesen. Denn hier kam es ja in besonderer Weise darauf an, sich selbst mit den Augen der anderen, auch der Andersartigen und Fremden sehen zu lernen. Die Denkschrift der EKD, die 1973 unter dem Titel „Der Entwicklungsdienst der Kirche. Ein Beitrag für Frieden und Gerechtigkeit in der Welt" erschien und noch immer die maßgebliche Grundlage dieses Dienstes ist, hat diesen Zusammenhang deutlich benannt. In dem Abschnitt „Ökumenische Anregungen" heißt es: „Die Neubesinnung auf den Welt- und Sendungsauftrag der Kirche kann heute nur im ökumenischen Kontext geschehen. ... Die Kirchen in den Industrieländern beginnen nun, sich selbst von der Lage der Menschen in den Entwicklungsländern her neu zu verstehen" (Absatz 11).

Dieses neue Selbstverständnis geht verloren, so ist zu befürchten, wenn sich kirchliche Entwicklungsarbeit aus ihrem ökumenischen Kontext löst. Sie ist dann unweigerlich der Gefahr ausgesetzt, Leit- und Zielvorstellungen, die ihrem eigenen Erfahrungshintergrund entstammen und die sich in ihrem eigenen Umfeld bewährt haben mögen, auf ihre Partner in der Entwicklungszusammenarbeit, die in einem völlig anderen kulturellen Kontext leben, zu projizieren oder sie ihnen gar – etwa mit finanziellem Druck – aufzuoktroyieren. Das aber wäre, wie man weiß, das Ende einer sachgerechten Entwicklungszusammenarbeit.

Profilverlust durch Einsatz für soziale Gerechtigkeit?

Es bleibt aber doch zu fragen, ob die Kirchen ihr spezifisches, kirchliches Profil verlieren, wenn sie sich in ihrer Entwicklungsarbeit nicht mit Programmen mit erkennbar „christlichem" Charakter profilieren wollen. Tatsächlich ist ja diese Arbeit nicht auf Programme der Nächstenliebe und Nothilfe beschränkt, sondern verfolgt das Ziel, die Lebensbedingungen der Menschen in den Partnerländern durch strukturelle Veränderungen der gesellschaftlichen, politischen und wirtschaftlichen Verhältnisse zu verbessern. Kirchliche Entwicklungsarbeit ist also ein Handeln im Bereich der *justitia civilis*, im Bereich des Vorletzten, wie Dietrich Bonhoeffer sagte. Sie ist folglich vergleichbar mit dem und nicht zu unterscheiden von dem, was andere, die gleiche Ziele verfolgen, auch tun. Der Entwicklungsdienst der Kirchen ist darum auf Kooperation mit anderen angelegt. Denn als „Anwalt für Gerechtigkeit in der Welt", so stellt die Entwicklungsdenkschrift der EKD von 1973 klar, „arbeiten (sie) dabei mit allen Menschen *unbeschadet ihrer religiösen, politischen oder weltanschaulichen Überzeugungen* zusammen, die gleiche Ziele verfolgen" (Absatz 72; Hervorhebung vom Vf.).

Hat aber diese Offenheit und Kooperationsbereitschaft kirchlicher Entwicklungsarbeit nicht zur Folge, dass das Profil und die Erkennbarkeit der evangelischen Kirche Schaden nimmt? Das ist ganz sicher nicht der Fall, wenn und solange sich die Kirchen darüber im Klaren sind, dass sie im Eintreten für Gerechtigkeit in der Welt durchaus bei ihrer Sache sind und dass „der christliche Glaube ... im entwicklungspolitischen Engagement unter den heutigen Umständen eine entscheidende Bewährungsprobe" findet (Entwicklungs-Denkschrift der EKD, Absatz 68). Andrea Riccardo hat diesen unauflöslichen Zusammenhang von christlichem Glauben und dem Eintreten für Gerechtigkeit in der Welt auf der Europäischen Ökumenischen Versammlung in Sibiu in dem prägnanten Satz zusammengefasst: „Spirituelle Männer und Frauen verzichten nicht darauf, die Welt aufzurichten".[22]

Heute stellt sich jedoch die Frage, ob und inwieweit die EKD und ihre Gliedkirchen es noch als ihre Sache ansehen, mit ihrer Entwicklungsarbeit für Gerechtigkeit in der Welt einzutreten. Wenn man z.B. die Finanzierung dieser Arbeit betrachtet, dann zeigt sich, dass der Anteil staatlicher Zuschüsse zu den Gesamtmitteln der kirchlichen Weltdienste, der im Jahr 1972 noch rund 32 % betrug, auf 50,6 % im Jahr 2006 angestiegen ist.[23] Droht hier nicht eine Abhängigkeit der kirchlichen Entwicklungsarbeit von staatlichen Rahmenbedingungen? Dabei ist zu bedenken, dass kirchliche Haushaltsmittel einschließlich Spendenmitteln von Brot für die Welt durch die staatlich geförderten Projekte in erheblichem Maße gebunden werden. Denn für jedes dieser staatlich geförderten Projekte müssen Eigenmittel in Höhe von 25 % aufgebracht werden.

Diese Sorge verstärkt sich noch angesichts der Tatsache, dass die EKD ihre Verantwortung für die kirchlichen Weltdienste in beträchtlichem Maße ausgela-

---

22 Siehe im Internet *www.eea3.org* unter „Dokumente", Dokument 106-07.
23 So Eberhard le Coutre in seinem Artikel „Kirchensteuer für die Dritte Welt?" in: *der überblick*, Nr.4/2007, Seite 125.

gert, also an eine Serviceagentur, den Evangelischen Entwicklungsdienst (EED), delegiert hat. Die Stabsstelle im Kirchenamt, in der zeitweise drei Oberkirchenräte und ein Assistenzreferent tätig waren, wurde demgegenüber auf eine halbe Oberkirchenratsstelle reduziert. Die Wirksamkeit der „Kammer der EKD für Kirchlichen Entwicklungsdienst", deren Geschäftsführung vorher bei der Stabsstelle im Kirchenamt lag, war damit erheblich eingeschränkt.

> „Eine entsprechende Grundsatzabteilung beim EED wurde nicht geschaffen. Das hatte u.a. zur Folge: Verlagerung der Verlautbarungskompetenz der EKD für Äußerungen zu globalen politischen, wirtschaftlichen und entwicklungsbezogenen Fragen weg von Synode, Rat und Kirchenamt der EKD hin an den Vorstand des EED. ... Reduzierung der ökumenischen Kompetenz der EKD".[24]

Es trat also genau das ein, was Jürgen Moltmann schon 1995 beschrieben hat: „Das Prinzip der Delegation hat die Gemeinden der Christenheit unmündig gemacht, von ihren besten Gaben und Aufgaben entfremdet und die Christen zu ehrenamtlichen Mitarbeitern von Amtsträgern gemacht, die ‚Seelen betreuen'".[25]

Wenn Kirchen Aufgaben, die in den Bereich der kirchlichen Weltverantwortung fallen, an Serviceagenturen delegieren und selbst darauf verzichten, mit öffentlichen Erklärungen ihrer Leitungsorgane, mit ihrer Verkündigung und mit ihrer Bildungs- und Öffentlichkeitsarbeit für Aufgaben kirchlicher Weltverantwortung einzutreten, dann ziehen sie sich nicht nur aus den öffentlichen Auseinandersetzungen um die gegenwärtigen Weltgesellschaftskrisen zurück. Dann ist auch nicht mehr erkennbar, was eigentlich die Kirchen veranlasst, sich mit ihren Hilfswerken für mehr Gerechtigkeit in der Welt einzusetzen. Dann droht hier in der Tat ein Profil- und Identitätsverlust. Dann ist zwar deutlich und unbestritten, dass die kirchlichen Hilfswerke keine karitativen Hilfen leisten, sondern mit ihren Entwicklungsprojekten für mehr Gerechtigkeit in der Welt eintreten, aber was der Beweggrund für ihre Hilfstätigkeit ist, ist nicht mehr deutlich. Dann lässt sich nicht mehr sagen: Zwar ist das, was *wir* in der Entwicklungsarbeit *betreiben*, nicht *caritas*; aber was *uns* in dieser Arbeit *treibt*, ist die *caritas* Gottes, die in Jesus Christus offenbar geworden ist.

---

24 Eberhard le Coutre in: *der überblick*, Nr. 4/2007; Seite 124.
25 Jürgen Moltmann: „Das Reich Gottes in der modernen Welt: Jenseits von Modernismus und Fundamentalismus" in Jahrbuch Mission 1995 „Fundamentalismus", herausgegeben vom Verband evangelischer Missionskonferenzen. Hamburg 1995; Seite 156.

Ökumene im Übergang

Dass das Engagement für die Ökumene in unseren Kirchen abgenommen hat und auf allen kirchlichen Ebenen in dieser Hinsicht eine spürbare Ernüchterung und Verdrossenheit zu beobachten ist, liegt freilich auch an der Ökumene selbst. Ein Beispiel: Die „Gemeinsame Erklärung zur Rechtfertigungslehre", die am 31. Oktober 1999 von der katholischen und den evangelisch-lutherischen Kirchen offiziell angenommen wurde, hatte auf beiden Seiten große Erwartungen geweckt. Aber diese Erwartungen wurden enttäuscht, nicht nur weil die Erklärung keine spürbare Annäherung der Kirchen zur Folge hatte, sondern vor allem auch, weil die vatikanische Glaubenskongregation bald danach mit der Erklärung „Dominus Jesus" den evangelischen Kirchen das Kirche-Sein „im eigentlichen Sinn" absprach.[26]

Ein ähnliches Schicksal haben die Erklärungen und Studienergebnisse erlitten, die die Kommission des ÖRK für Glauben und Kirchenverfassung vorgelegt hat, der auch die katholische Kirche angehört. Zwar sind diese Dokumente ein deutlicher Beleg für den „ökumenischen Indikativ", nämlich dafür, „dass zwischen den Kirchen das Gemeinsame größer ist und tiefer reicht als das Trennende".[27] Aber auch diese „Konsense schweben gleichsam unverbindlich in der akademischen Luft" und haben kaum zu mehr Gemeinschaft unter den Mitgliedskirchen des ÖRK geführt.[28]

Aber fällt dieses Defizit nicht auf die ÖRK-Mitgliedskirchen selbst zurück? Schon 1993 hat Landesbischof Dr. Klaus Engelhardt als Ratsvorsitzender der EKD in seinem Bericht vor der EKD-Synode in Osnabrück gesagt:

> „Der theologische Konsens im Grundsätzlichen hat bislang kaum zu mehr Gemeinschaft zwischen den getrennten Kirchen geführt. ... Sind es wirklich nach wie vor bestehende Unterschiede in Glaubens- und Lehrfragen, die uns hindern, auf dem Weg zur Koinonia (Gemeinschaft) voranzugehen? Oder wollen wir uns nur die Mühe mit den anderen ersparen? Wollen wir lieber allein und unter uns bleiben, solange es eben noch allein geht?"

Wenn es darum geht, die Gemeinschaft unter den getrennten Kirchen zu stärken, dann geht es heute in der Tat in erster Linie nicht darum, weitere theologische Konvergenz- oder Konsensdokumente zu erarbeiten.[29] Es muss vielmehr darum

---

26 Mit ihrer Erklärung „Antworten auf Fragen zu einigen Aspekten bezüglich der Lehre über die Kirche" vom 29. Juni 2007 hat die Glaubenskongregation diese Feststellung in noch schrofferer Form wiederholt.

27 Harding Meyer, a.a.O.; Seite 690.

28 Harding Meyer, a.a.O.; Seite 689.

29 Die vorliegenden Konsensdokumente sind zusammengefasst in: Harding Meyer, Hans Jörg Urban, Lukas Vischer (Hg.): Dokumente wachsender Übereinstimmung. Sämtliche Berichte und Konsenstexte interkonfessioneller Gespräche auf Weltebene; Paderborn und Frankfurt/Main 1982. Siehe auch Anmerkung 33.

gehen, die erreichten Übereinstimmungen in Glaubens- und Lehrfragen in lebendige, kirchliche Praxis umzusetzen. Genau dazu hat die 5. Weltkonferenz für Glauben und Kirchenverfassung 1993 in Santiago de Compostela aufgerufen. In ihrer Botschaft heißt es: „Die Kirchen haben jetzt die Aufgabe, diese Konvergenzen in ihr Leben hineinzunehmen" (Absatz 6).[30] Darauf dringt auch Harding Meyer in seinem Plädoyer für eine Fortführung der theologischen Dialoge zwischen den getrennten Kirchen, weil Dialogmüdigkeit und Verdrossenheit aufkomme, wenn der durch diese Dialoge gewonnene Zuwachs an Gemeinsamkeiten von den Kirchenleitungen unbeachtet bleibt und nicht rezipiert wird.[31]

Es kommt aber auch darauf an, die Gemeinsamkeiten, die in der Ökumene erzielt worden sind, für die Gemeinden erfahrbar zu machen. Die Ökumene-Kommission der EKD hat dazu schon im Januar 1995 ganz praktische Vorschläge in einer Beschlussvorlage für den Rat der EKD erarbeitet (z.B. ökumenische Taufgedächtnis-Gottesdienste, ökumenische Taufurkunden mit einer Nennung der Kirchen, die die beurkundete Taufe offiziell anerkennen). Vorgeschlagen wurde auch, die von der ÖRK-Kommission für Glauben und Kirchenverfassung vorgelegte ökumenische Auslegung des Glaubensbekenntnisses von Nizäa-Konstantinopel [32] für die Gemeindearbeit nutzbar zu machen und eine ökumenische, deutsche Textfassung dieses altkirchlichen Glaubensbekenntnisses in seiner ursprünglichen Gestalt anzustreben.[33] Dieser Vorschlag ist der Grund dafür gewesen, dass der Rat der EKD sich nicht in der Lage sah, die Empfehlungen der Ökumene-Kommission aufzugreifen.

Wenn der Ökumenische Rat der Kirchen in die Welt hineinwirken und Weltverantwortung aktiv wahrnehmen soll, dann muss er über ein breites Fundament ökumenischer Grundüberzeugungen verfügen. Doch hat Landesbischöfin Margot Käßmann sicherlich recht, wenn sie in ihrem Bericht über die 3. Europäische Ökumenische Versammlung in Sibiu sagt, dass „wir in Europa nur gemeinsam glaubwürdig wirken können. Unsere Dialogpartner interessieren sich herzlich wenig für unsere Differenzen, sie wollen ,die Kirchen' als Gegenüber, und die Kirchen Afrikas,

---

30 Günther Gaßmann und Dagmar Heller (Hg.): „Santiago de Compostela 1993 – Fünfte Weltkonferenz für Glauben und Kirchenverfassung", Beiheft zur Ökumenischen Rundschau Nr.67, Frankfurt/Main 1994; Seite 215.

31 Harding Meyer: Stillstand oder Kairos? In „Stimmen der Zeit", Nr.10/3007; Seite691f.

32 Gemeinsam den einen Glauben bekennen: eine ökumenische Auslegung des apostolischen Glaubens, wie er im Glaubensbekenntnis von Nizäa-Konstantinopel (381) bekannt wird; Studiendokument der Kommission für Glauben und Kirchenverfassung. Frankfurt am Main 1991.

33 Die Kirchen des Westens haben zuerst im 6. Jahrhundert das „filioque" in das Bekenntnis eingefügt, um klar zu stellen, dass der Heilige Geist aus Gott, dem Vater, „und dem Sohn" hervorgeht. Alle orthodoxen Kirchen halten an der ursprünglichen Fassung des Bekenntnisses fest.

Asiens und Lateinamerikas sehen ‚die europäischen Kirchen' in der Pflicht, gemeinsam in der Globalisierungsfrage parteilich zu sein, für Gerechtigkeit einzutreten".[34]

Die Ökumene vor der Globalisierungsproblematik

Damit sind wir bei dem Thema, das die 9. Vollversammlung des ÖRK im Februar 2006 in Porto Alegre am meisten bewegt hat. Das ist verständlich, wenn man sich vor Augen führt, dass sich in der Globalisierungsfrage drei kolossale Herausforderungen bündeln:

– Da sind die dramatischen Probleme der Verarmung und Verelendung ganzer Bevölkerungsgruppen und Gesellschaften. Für sie ist die wirtschaftliche Globalisierung zu einer Frage auf Leben und Tod geworden.

– Damit vermischt sich der konfliktträchtige Zusammenprall von Zivilisationen, Traditionen und Kulturen, den Huntington prognostiziert hat. So hat die globale Ausbreitung westlicher Konsummuster weithin auch die Einebnung und Überfremdung traditioneller Lebensstile und Kulturen und damit den Verlust angestammter, eigener Identität zur Folge. Das wiederum kann zur Bildung militanter, fundamentalistischer Gegenkulturen führen.

– Schließlich sind die Akteure der Weltwirtschaft, die „global players" zu nennen, die außerhalb aller ordnungspolitischen Rahmenbedingungen agieren und sich allein von ihren Rendite-Interessen leiten lassen. Einer dieser Akteure ist z.B. der amerikanische Pensionsfonds „Fidelity", der über ein Kapitalvermögen von weit mehr als eintausend Milliarden Dollar verfügt – das ist etwa das Dreifache des deutschen Bundeshaushalts.[35]

Angesichts dieser Problematik hatte bereits die 8. Vollversammlung des ÖRK 1998 in Harare beschlossen, „Christen und Kirchen sollten über die Herausforderung der Globalisierung aus der Perspektive des Glaubens nachdenken".[36] Der weltweite Diskussionsprozess, der daraufhin in Gang kam, machte deutlich, dass sich die Weltchristenheit in dieser Frage in zwei unversöhnliche Lager auseinander divi-

---

34   Margot Käßmann: „Kein Durchbruch, aber eine wichtige Begegnung", in: Haus kirchlicher Dienste der Evang.-luth. Landeskirche Hannovers (Hg.): Ökumenische Akzente 2007; Seite 8.

35   So Ernst Ulrich von Weizsäcker in seinem Referat „Wer schöpft die Werte?" auf der Veranstaltung „WirtschaftsWerte" auf dem Deutschen Evangelischen Kirchentag im Mai 2005 in Hannover.

36   Siehe den Berichtsband von dieser Vollversammlung „Gemeinsam auf dem Weg", hg. Von Klaus Wilkens, Frankfurt am Main 1999; Seite 352f.

dieren könnte, nämlich in das Lager derer, die in der „neoliberalen Globalisierung"
einen Bekenntnisfall sehen, der dazu nötigt, dieses Wirtschaftssystem als unchrist-
lich zu verurteilen und zu überwinden, und in das Lager derer, die sich herausgefordert sehen, das bestehende Wirtschaftssystem im Dialog mit den Regierungen,
den internationalen Institutionen (IWF, Weltbank, WTO) und der Wirtschaft ord-
nungspolitisch zu steuern und menschenwürdiger zu gestalten.

So schien auch für die Globalisierungsdebatte in der Ökumene zu gelten, was
nach dem Bericht der UN-Weltkommission zur sozialen Dimension der Globalisierung von der öffentlichen Meinung allgemein gilt: Sie „ist in den ideologischen
Gewissheiten festgefahrener Standpunkte erstarrt und in viele Einzelinteressen
zersplittert".[37]

In leidenschaftlichen Debatten kam es jedoch zu einer Reihe bemerkenswerter
Verlautbarungen weltchristlicher Institutionen. So heißt es in der Erklärung „Bund
für wirtschaftliche und ökologische Gerechtigkeit" der 24. Generalversammlung
des Reformierten Weltbundes in Accra/Ghana im August 2004 :

> „Wir glauben, dass die Integrität unseres Glaubens auf dem Spiel steht, wenn wir uns ge-
> genüber dem heute geltenden System der neoliberalen wirtschaftlichen Globalisierung aus-
> schweigen oder untätig verhalten. Darum bekennen wir vor Gott und einander: ... Wir
> glauben, dass Gott über die ganze Schöpfung regiert. ... Darum sagen wir Nein zur gegen-
> wärtigen Weltwirtschaftsordnung, wie sie uns vom globalen neoliberalen Kapitalismus auf-
> gezwungen wird. Nein aber auch zu allen anderen Wirtschaftssystemen, – einschließlich
> der Modelle absoluter Planwirtschaft, – die Gottes Bund verachten, indem sie die Notlei-
> denden, die Schwächeren und die Schöpfung in ihrer Ganzheit der Fülle des Lebens berau-
> ben. Wir weisen jeden Anspruch auf ein wirtschaftliches, politisches und militärisches Im-
> perium zurück, das Gottes Herrschaft über das Leben umzustürzen versucht, und dessen
> Handeln in Widerspruch zu Gottes gerechter Herrschaft steht" (Absatz 16, 18 und 19).

Doch dass die Plenarsitzung der ÖRK-Vollversammlung in Porto Alegre kaum aus
der Sackgasse herausführen würde, in der sich die Globalisierungsdiskussion fest-
zufahren schien, war zu erwarten. Das lag nicht nur an der problematischen Anlage
der Plenarsitzung zu diesem Thema, sondern auch an der inhaltlichen Vorbereitung dieser Sitzung durch den Stab des ÖRK. Zu ihr gehörte ein Hintergrundpapier
zur „Alternativen Globalisierung im Dienst von Menschen und Erde (AGAPE)",
das die fundamental-kritische Verurteilung der Globalisierung undifferenziert do-
kumentierte, und ein als Gebet formulierter AGAPE-Aufruf, mit dem die Kirchen
aufgefordert wurden, sich zu einer alternativen Globalisierung zu bekennen.

Ein positives Ergebnis hatte die Plenarsitzung zur Globalisierung jedoch. Bischof Dr. Wolfgang Huber, der diese Sitzung moderierte und der in seinem einfüh-

---

37 Report of the World Commission on the Social Dimension of Globalisation; englischer Gesamt-
bericht und deutsche Zusammenfassung im Internet: www.ilo.org/public/wcsdg/

renden Referat für eine differenzierte Sicht der Globalisierungsproblematik ein-
trat,[38] stellte am Schluss als Ergebnis dieser Plenarsitzung mit besonderer Deut-
lichkeit heraus: Mit dieser Sitzung ist der vom ÖRK angestoßene Diskussionsprozess zur Globalisierung nicht etwa zum Abschluss gekommen, sondern es ist ein
erster Anfang gemacht worden. Die Vollversammlung hat dann auch beschlossen,

> „dass eine Weiterverfolgung des AGAPE-Prozesses unternommen und ausgeweitet werden
> soll, in Zusammenarbeit mit anderen ökumenischen Partnern und Organisationen, um (1)
> eine theologische Reflexion über diese Themen zu führen, die sich aus der Mitte unseres
> Glaubens heraus ergeben, (2) solide politische, wirtschaftliche und soziale Analysen durch-
> zuführen, (3) einen ständigen Dialog ziwschen religiösen, wirtschaftlichen und politischen
> Akteuren zu unterhalten und (4) praktische, positive Ansätze aus den Kirchen auszutau-
> schen".[39]

Handlungsmöglichkeit für den ÖRK: Ein Dialogprogramm zur Globalisierung

Meines Erachtens sollte geprüft werden, ob der Zentralausschuss des ÖRK die
konzeptionelle Planung und praktische Durchführung eines globalen Dialogpro-
gramms zur Globalisierung in die Wege leiten kann.

Wie könnte ein solches Programm aussehen? Es sollte ein nach Erdteilen regional strukturiertes Programm sein, das von ÖRK-Mitgliedskirchen der jeweiligen Region geplant und veranstaltet wird und in einem Pilotprojekt anläuft. Die
Veranstalter hätten zunächst die Aufgabe, sich mit potentiellen Dialogpartnern aus
Kirchen, Politik, Wirtschaft und Zivilgesellschaft über eine gemeinsame, verbindliche Planung des Programms zu verständigen und dessen Anlage, Struktur, Inhalte
und Ziele festzulegen.

Dabei müsste unter ihnen auch Einvernehmen darüber erzielt werden, dass man
nicht einem „deduktiven" Dialogansatz folgen werde, der die jeweiligen Grund-
satzpositionen der Dialogpartner zum Ausgangspunkt und zum Inhalt des Dialogs
machen würde. Es dürfte also in einem solchen Dialog nicht um die Versuche gehen, von denen eingangs die Rede war, nämlich das eigene Profil zur Geltung zu
bringen und sich selbst erkennbar zu machen. Vielmehr müsste man von einem
„induktiven" Dialogansatz ausgehen. Das heißt, dass man – bei Wahrung der jeweils eigenen Grundsatzposition – die konkrete Problemsituation der Region zum
Ausgangspunkt des Dialogs macht, sich um eine sachbezogene, differenzierte Analyse der Ursachen und Folgen der Probleme und ihrer Zusammenhänge mit der
wirtschaftlichen Globalisierung bemüht und sich schließlich darauf konzentriert,

---

38   Siehe im Berichtsband den Abschnitt 5.3, Seite 261 ff.
39   Siehe Berichtsband, S.193

Schnittmengen konkreter Handlungsmöglichkeiten zur Lösung der festgestellten Probleme zu erkunden, die mit den legitimen Eigeninteressen der Dialogpartner vereinbar sind. Ein solches Pilotprogramm, das mit parallel laufenden, vertraulichen Dialogreihen anlaufen könnte, sollte ein bis zwei Jahre dauern. Es sollte abschließen mit einer öffentlichen Konsultationsveranstaltung, bei der die Partner die erreichten Ergebnisse des Dialogs präsentieren und zur Diskussion stellen.

Die Aufgabe, mit einem solchen Dialogprogramm eine aufgeschlossene, problemorientierte Kommunikation zwischen unterschiedlichen Gruppierungen zu ermöglichen, ist dem Ökumenischen Rat – so meine ich – geradezu auf den Leib geschrieben. Denn er bringt dafür von seiner Struktur, seinen Aufgaben- und Zielvorstellungen und seiner Mitgliedschaft her alle Voraussetzungen mit. Er muss diese Aufgabe nur entschlossen angehen und müsste dabei von seinen Mitgliedskirchen tatkräftig bestärkt und unterstützt werden. Ohne Frage würde der ÖRK, wenn er sich dieser Aufgabe stellt, aufs Neue Relevanz gewinnen und in seiner Außenwirkung über den Kreis der Insider hinaus wieder wahrgenommen werden. Dann würde sicherlich auch in unseren Kirchen die Gewissheit wachsen, dass das gilt, womit Landesbischöfin Margot Käßmann ihren Bericht über die 3. Europäische Ökumenische Verssammlung in Sibiu schließt: „Es gibt keine Alternative zur ökumenischen Bewegung".[40]

---

40 Margot Käßmann: a.a.O. S.10.

Teil III

Kirchliche Perspektiven

Warner Conring

Globalisierung und Religionen
Christliche Impulse für weltweite Entwicklung

Summary

*Die Globalisierung – ein umstrittenes Thema auch in den Kirchen – hat zwiespäl-
tige Auswirkungen auf die Religionen. Einige lassen sich schon erkennen und
benennen. Der christliche Glaube hat in der antiken Welt einen Vorläufer der
modernen Globalisierung erlebt und ging aus dem damaligen Prozess als Gewinner hervor. Damals hat er seine gemeinschaftsbildende Kraft und seine Fähigkeit
zur Orientierung in einer unübersichtlichen Situation ausbilden und bewähren
können. Die heutige Situation kennt das Nebeneinander verschiedener neu erstar-
kender Religionen. Es gibt sowohl Konkurrenz der Religionen wie Kooperation.
Der Evangelische Entwicklungsdienst befindet sich in einer Position, in der er die
Chance hat, religiös aufgeladene Konfliktpotenziale zu entschärfen und friedliche
Kooperationen unter den Religionen einzuüben. Zusammenarbeit mit islamischen
Hilfsorganisationen könnte beispielhaft in der Katastrophenhilfe beginnen.*

Das Thema Globalisierung ist heftig umstritten. Auf der Neunten Vollversammlung des Ökumenischen Rates der Kirchen (ÖRK) in Porto Alegre im Febr. 2006
stand dieses Thema als Explosivstoff im Hintergrund. Eine 1½ -stündige Plenarsitzung ohne Diskussion war dem Thema gewidmet, denn es erschien von vornherein
aussichtslos, die gegensätzlichen und zum Teil sehr schroffen Analysen zu versöhnen und gemeinsame Positionen zu formulieren. Immerhin wurde auf Vorschlag
des Programmausschusses, der Schwerpunkte für die Arbeit des ÖRK in den nächsten Jahren bearbeitete, von der Vollversammlung beschlossen, den Diskussionsprozess über die Globalisierungsfragen fortzusetzen und zu erweitern, und zwar
„in Zusammenarbeit mit anderen ökumenischen Partnern und Organisationen, um
(1) eine theologische Reflexion über diese Themen zu führen, die sich aus der
Mitte unseres Glaubens heraus ergeben, (2) solide politische, wirtschaftliche und
soziale Analysen durchzuführen, (3) einen ständigen Dialog zwischen religiösen,

wirtschaftlichen und politischen Akteuren zu unterhalten und (4) praktische, positive Ansätze aus den Kirchen auszutauschen"[1]

Dazu möchte dieser Artikel einen Beitrag leisten, indem er besonders den Blick auf die Religionen in der globalisierten Welt richtet und dabei nach der speziellen Rolle der christlichen Kirchen fragt. Dabei werden Hinweise aus einem kürzlich erschienenen Themenheft der „Ökumenische Rundschau" aufgenommen, das sich auch mit dieser Thematik beschäftigt[2], und mögliche Folgerungen für die Konzepte der kirchlichen Entwicklungsdienste gezogen.

Globalisierung bringt Entwurzelung und Verunsicherung

Globalisierung wird hier als ein breiter, nicht nur ökonomischer, sondern auch politischer und kultureller Prozess verstanden, wie er in dem Berichtsband „Eine faire Globalisierung – Chancen für alle schaffen" dargestellt ist, der 2004 von der Internationalen Arbeitsorganisation (ILO) herausgegeben worden ist[3]. Der Bericht ist von einer sehr hochkalibrigen Weltkommission in zwei Jahren erarbeitet worden und spiegelt den Stand der Debatte innerhalb der Familie der UN-Organisationen. Aus Deutschland hat Ernst-Ulrich von Weizsäcker an dem Bericht mitgearbeitet. Dieser Bericht folgt weder der Sichtweise derjenigen, die von der Globalisierung die Lösung aller wesentlichen Weltprobleme erwarten („the hyperglobalists"), noch derjenigen, die die Globalisierung gegenwärtig für einen Mythos halten, der mehr verspricht, als er halten kann („the sceptical thesis"), noch derjenigen, die die Globalisierung mythisch übersteigern und für einen Angriff auf die Lebensgrundlagen der Menschheit halten. Er folgt eher der sogenannten „transformationalist thesis"[4]: Er analysiert die Auswirkungen der weltweiten Informationsströme, der Kommunikations- und Transportsysteme, der Märkte und der internationalen Rechtsordnungen, registriert oft Widersprüche, aber auch Fortschritte. Globalisierung wird hier nicht als ein von vornherein negatives Phänomen beur-

---

1   „In deiner Gnade, Gott, verwandle die Welt". Offizieller Bericht der Neunten Vollversammlung des Ökumenischen Rates der Kirchen Porto Alegre 2006, herausgegeben von Klaus Wilkens, Lembeck-Verlag. Frankfurt am Main 2007, Seite 193. Zur schwierigen Vorgeschichte dieses Beschlusses siehe auch im selben Band in der „Bilanz aus persönlicher Perspektive" von Klaus Wilkens Seite 64-68.

2   Heft 3/2007 Lembeck-Verlag. Frankfurt am Main Juli 2007.

3   „Eine faire Globalisierung, Chancen für alle schaffen", Weltkommission zur sozialen Dimension der Globalisierung, 168 Seiten, Genf 2004, auch als Download im PDF-Format verfügbar unter www.ilo.org.

4   „The Global Transformation Reader: An Introduction to the Globalization Debate", eds. David Held and Anthony McGrew, Cambridge UK, Polity Press, 2006

teilt, sondern als eine geschichtliche Epoche gesehen, die für die Menschen sowohl befreiende Impulse wie bedrohliche Potenziale enthält.

Wer die Auswirkungen der Globalisierung auf die Religionen in den Blick nehmen will und zugleich nach ihren Reaktionen darauf fragt, tut gut daran, zunächst ihre Wirkungen auf einzelne Menschen zu betrachten. Da fallen die großen Migrationsströme auf. Es gibt heute freiwillige und erzwungene Migrationen und alle Schattierungen dazwischen, es gibt viele Pull- und Push-Effekte, die von politischen und ökonomischen Fakten ausgehen, aber auch von Hoffnungen und Träumen. Menschen geraten in Bewegung, verlassen ihre Heimat allein oder in Gruppen, ziehen in die großen Ballungszentren im eigenen Land oder in andere Länder und Kontinente und finden sich inmitten fremder Kulturen wieder.

Entwurzelung ist ein weit verbreitetes Phänomen. Sie tritt nicht nur bei Migranten auf, sie kann auch Menschen ohne Ortswechsel erreichen, verursacht durch Modernisierungsschübe. Auch der Sesshafte erlebt heute vermehrt das Zerbrechen alter Sicherheiten. Beispielsweise kann darauf hingewiesen werden, dass sehr viele Menschen in den letzten dreißig Jahren in Deutschland durch den Strukturwandel auf dem Land zur Aufgabe ihrer bäuerlichen Existenz gezwungen wurden. Ganze Erwerbszweige fallen weg, und damit werden viele Menschen ohne ihr Zutun entwurzelt und ganz elementar verunsichert. Andererseits öffnen sich neue Erwerbszweige. Eine größere berufliche Flexibilität ist gefordert, so nennt man das heute umschreibend.

Globalisierung bedeutet: Viele einzelne Menschen in allen Teilen der Welt werden ohne ihr Zutun davon betroffen. Das lässt sich nicht regional abgrenzen. An vielen Orten sind die Veränderungen sehr krass. In der arabisch-islamischen Welt kann zum Beispiel gleichzeitig ein unvorstellbarer Reichtum und Luxus wie in der Golfregion beobachtet werden – neben extremer Verarmung und inneren Konflikten an anderen Orten. Noch verwickelter ist die Lage in Afrika und Lateinamerika. Hier überwiegen die katastrophalen Elemente bei weitem. Aber es gibt auch positive Entwicklungen. Auffällig ist: Am negativsten sind die Auswirkungen dort, wo sich Regierungen und Gesellschaften gegen die internationalen Trends abzuschotten versuchen. Nordkorea und Simbabwe sind offensichtliche Beispiele.

In China und Indien sind die phantastischen Auswirkungen der Globalisierung unübersehbar dominierend, aber es gibt auch dort Schattenseiten. Das heißt: Man sollte nicht zu schnell Gewinner und Verlierer pauschal auf bestimmte Kontinente, Länder oder Bevölkerungsgruppen verteilen. Die Prozesse sind verwickelt, Statistiken beweisen fast alles. Aber viele menschliche Schicksale sind betroffen, eine breite Relativierung herkömmlicher Sicherheiten ist zu beobachten, eine tiefe Verunsicherung ist die Folge.

Bedeutungszuwachs der Religionen

Gleichzeitig mit der Globalisierung findet ein beachtlicher Bedeutungszuwachs der großen Weltreligionen statt. Dabei handelt es sich um ein weltweites Phäno- men. In Europa ist das erst später als in anderen Teilen der Welt sichtbar geworden. Dabei ist wichtig zu sehen: Die großen Weltreligionen sind nicht mehr in dem Zustand, in dem sie immer waren, sie verändern ihr Gesicht und wohl auch ihre Inhalte. Man kann sagen: Die Globalisierung verändert sie. Genauer gesagt: Die Begegnung und Konkurrenz mit anderen Religionen und besonders mit den christ- lichen Missionen und Kirchen bewirkt Veränderungen. Denn mit der Globalisie- rung einher geht auch eine Pluralisierung der Religionen, wie es sie bisher nicht gab.

In Deutschland haben viele Theologen lange an der These von der religionslos gewordenen Welt festgehalten, der Theorie, dass die Religionen durch die Moder- nisierungsschübe und besonders durch die Globalisierung an Bedeutung verlieren. Dazu kam die lange Nachwirkung der These von Karl Barth, Religion sei ein Auf- stand gegen Gott und eigentlich Sünde. Säkularität sei das Gebot der Stunde (Heinz Zahrnt). „Selbstsäkularisation der Kirche", hat Bischof Huber diese Denkrichtung kürzlich genannt, die zwar den christlichen Glauben erneuern, aber die Religion aufgeben wollte. Sie hat sich als nur partiell richtig erwiesen, sie hat die Lebens- kraft der Religionen unterschätzt.

Die Rückkehr der Religion ist heute auch in Deutschland spürbar, sie lässt sich sogar soziologisch messen. Wolfram Weimer hat die offenkundigen Tendenzen beschrieben[5] und die Umfragezahlen interpretiert. Er sieht die Wiederkehr der Religionen und des Glaubens als eine weltweite Tatsache und spricht von einer „neuen Ernsthaftigkeit", die heute zu beobachten sei. Auch Konrad Raiser beschreibt den Bedeutungszuwachs der Religionen im Kontext der Globalisierung und ver- mutet einen Zusammenhang mit dem „Maß von elementarer Sicherheit oder Unsi- cherheit des menschlichen Lebens".[6]

Als Stipendiat kam ich 1958 nach Indien und lernte die Welt der Religionen kennen. Ich hörte damals zum ersten Mal von der Renaissance der Weltreligionen. Im theologischen College in Bangalore studierten wir die Neuformierung des Hin- duismus, der sich durch die christliche Mission herausgefordert sah und neuartige, dem Christlichen ähnliche Impulse entwickelte. Diese Bewegung hat später auch den Islam erfasst. Ich weiß noch, wie evangelische Kirchenführer aus Afrika da-

---

5   Wolfram Weimer, „Credo – Warum die Rückkehr der Religion gut ist", Deutsche Verlags-Anstalt. München 2005
6   Ökumenische Rundschau Heft 3/2007 Seite 297

von berichteten, dass der Islam neuerdings ähnlich aufträte wie die christliche Mission früher, mit Schulen und Gesundheitszentren, finanziert von Saudi-Arabien. Das war in den achtziger Jahren.

Dann folgte die politische Instrumentalisierung der großen Religionen, die heute noch zu beobachten ist: Sie werden als Instrumente im politischen Kampf missbraucht. Im Iran kam durch Chomeinis Revolution der „Islamismus" an die Macht. Selbstmordattentäter in Palästina und Terroristen in Ägypten werden dort als Märtyrer gefeiert. Andere islamische Richtungen und Länder sehen das anders. Was ist Glaube, was Missbrauch? Was ist das wahre Gesicht des Islam? Auch in Indien gibt es eine aggressive Militanz in manchen Teilen der Hindu-Gesellschaft, die politisch geschürt und gesteuert wird.[7] Selbst in bestimmten Bereichen des Buddhismus gibt es diese Erscheinung[8].

Antike Parallelen

Was sind die Chancen des christlichen Glaubens in der globalisierten Welt der Religionen? Dazu zuerst ein Blick zurück in die Geschichte der Kirche, in eine Epoche, die von einem Pluralismus der Religionen gekennzeichnet war. Christoph Markschies hat in einem Vortrag[9] auf drei Faktoren hingewiesen, die die rasche Ausbreitung des Christentums in der antiken Welt wesentlich mitbewirkt haben. Die antike Welt war in gewisser Weise ein erster Versuch einer Globalisierung. Die Christen haben, so Markschies, diese Welt gewonnen durch (1.) die Sozialdiakonie an ihren Mitgliedern und an Religionsfremden, (2.) ihre Kompetenz in Heilungsfragen und (3.) durch die typisch christliche Verbindung von Einfachheit und

---

7   EMW Informationen Nr. 121 zum Thema „Christen in der indischen Nation", und Nr. 122 zum Thema „Kairos in Indien", Hamburg 1999

8   „The Revolt in the Temple", Composed to Commemorate 2 500 Years of the Land, the Race, and the Faith, Sinha Publications, Colombo 1953. Dieses Buch von 700 Seiten versucht, den Anspruch der Mehrheitsbevölkerung der buddhistischen Singhalesen auf Alleinherrschaft in Sri Lanka aus der Religion und Geschichte zu begründen. Hier spricht ein aggressives und nationalistisches buddhistisches Selbstverständnis, das allen anderen Menschen und Religionen das Recht auf Mitgestaltung streitig macht.

9   Christoph Markschies: Die Chancen des Christentums im ersten und im einundzwanzigsten Jahrhundert, Vortrag am 12. Juni 2004, 1. Mitteilungsheft der hessischen Genossenschaft des Johanniter-Ordens, Dez. 2004 Weiterführende Literatur: Chr. Markschies: Zwischen den Welten wandern, Strukturen des antiken Christentums, Europäische Geschichte, Fischer-Taschenbuch 60101, Frankfurt/Main 2001; und vom selben Verfasser: Warum hat das Christentum in der Antike überlebt? Ein Beitrag zum Gespräch zwischen Kirchengeschichte und systematischer Theologie, Forum Theolog. Literaturzeitung 13, Leipzig 2004

Tiefe in ihrem Glauben. Markschies hat diese drei Charakteristika des christlichen Glaubens auch als entscheidende Chancen der Christen im 21. Jahrhundert bezeichnet. Ich glaube, dass er damit wichtige Punkte benannt hat. Man könnte diese drei Punkte um einen Gesichtspunkt erweitern, nämlich die Kraft zur Orientierungsfähigkeit.

Die Parallelen, die Markschies zwischen der spätantiken Welt und unserer Situation sieht, sind m. E. markant und charakteristisch. Die hellenistische Welt der Spätantike kann man tatsächlich als einen ersten Versuch einer „Globalisierung" deuten, wenn auch noch nicht den ganzen Erdball umfassend, aber doch die damals bekannte Welt fast vollständig umgreifend. Auch in der Spätantike gab es eine dominierende ökonomische Komponente mit einem großen Netz von See- und Landwegen, dazu eine umfassende Rechtsordnung, funktionierende Informationssysteme und große Migrationsströme. Es gab eine akzeptierte Pluralität der Religionen. Zentren der globalisierten Kultur waren damals wie heute die wachsenden Großstädte. In der Spätantike wurden zahlreiche neue Städte gegründet, oftmals im Kern Siedlungen von Armee-Veteranen, die versorgt werden mussten. Cäsarea Philippi[10] im Norden Palästinas gehört zu diesen Neugründungen der hellenistischen Zeit wie auch das Cäsarea[11] an der palästinensischen Küste, das in der Apostelgeschichte des Lukas mehrfach vorkommt. Daneben gab es weite, weniger erschlossene Gebiete, die man als rückständig betrachtete.

Viele Menschen in der antiken Welt wie in der heutigen Zeit verlassen ihre Heimat, ihre Familie, ihre sprachliche und ethnische Gemeinschaft und finden sich als Soldaten, als Sklaven, als Beamte, Ingenieure, Händler oder Seeleute meist vereinzelt in der Fremde, sei es auf Zeit oder dauerhaft. Ihre traditionelle Eingebundenheit in Familie und Religion, in Moral und Verhaltensweisen gehen verloren. Sie sind auf der Suche nach einer neuen Orientierung. Ganz elementare Fragen stellen sich: Wer bin ich? Wo gehöre ich hin? Wie verhalte ich mich zu meinen Mitmenschen? Was darf ich tun?[12] Wem kann ich vertrauen? Wo bleibe ich? Wer als ausländischer Student in einer fremden Kultur eine Zeitlang gelebt hat, der kennt solche Fragen, und er kennt auch die Erfahrung, dass man sich dann am besten mit anderen Ausländern, woher sie auch immer kommen, versteht.

Der christliche Glaube weist für solche verunsicherten und entwurzelten Menschen eine hohe Attraktivität auf, weil er die Kraft und die Fähigkeit zur Orientie-

---

10 Im Neuen Testament erwähnt Matth. 16, 13
11 Gleichfalls im neuen Testament erwähnt: Apostelgeschichte 8,40; 9,30; 10,1; 12,19; 21,8; 23,23.33
12 „Was darf ich essen?" Das war die Frage eines jungen Brahmanen bei seiner ersten Reise nach Europa auf einem französischen Passagierdampfer im Jahr 1959, die von vielen indischen Mitreisenden lebhaft diskutiert wurde.

rung vermittelt. Die Kirchengeschichte lehrt, dass das frühe Christentum nicht so sehr von der paulinischen Theologie der Rechtfertigung des Gottlosen aus Gnade allein bestimmt war, sondern dass die Christengemeinden der ersten Generationen voll Freude über den christlichen Ordnungsrahmen, über die zehn Gebote und die neutestamentlichen Anweisungen waren, weil sie da ethische Orientierung fanden. Dass die Zugehörigkeit zur Gemeinde eine neue Heimat in der Fremde wurde, dass die einfachen biblischen Geschichten zur elementaren Menschlichkeit anleiteten, dass man mit Gott sprechen kann, dass man von einer Zukunft wusste, die Jesus gehörte – das gilt genau so heute in Afrika, Asien und Lateinamerika. Der christliche Glaube bietet entwurzelten und verunsicherten Menschen die Chance für eine neue Orientierung im Leben und zur Verständigung mit anderen, die Kraft, Risiken auf sich zu nehmen, mit Geld verantwortlich umzugehen, eine Familie zu gründen, zu lernen und nach vorne zu schauen. Eine Orientierung, die selbständige und praktische Lebensbewältigung in der Fremde ermöglicht. Ein unglaublich wichtiges Geschenk. Der christliche Glaube hat mit seinen Komponenten Gesetz und Evangelium eine große Fähigkeit, orientierungslose Menschen von Angst zu befreien und ihnen einen Orientierungsrahmen zu vermitteln.

Der christliche Glaube war in der Antike ein Globalisierungsgewinner. Die anderen Religionen hatten keine adäquaten Antworten auf die Krisen der Menschen. Der christliche Glaube vermittelte eine Orientierung: angesichts völliger Entwurzelung gab er eine neue Heimat; angesichts gewaltsamer Zwänge und allgemeiner Beliebigkeit ermöglichte er ethisches Handeln; angesichts tiefer individueller Verunsicherung gab er Halt, und angesichts hoher Mobilität war er von echter Universalität, also überall anwendbar, und zugleich sehr einfach und praktisch zu handhaben. Er schaffte Kommunikation und Vertrauen und half zu verlässlicher Gemeinschaft. Lässt sich das in die heutige Situation übertragen?

Konkurrenz und Kooperation unter Religionen

Die heutige Situation ist nur partiell vergleichbar mit der spätantiken Welt. Neben der Wahrnehmung der Parallelen müssen auch die Unterschiede beachtet werden. – Der christliche Glaube wird heute anders erlebt als in der Welt der ersten Jahrhunderte. Viele Jahrhunderte sind vergangen. Der christliche Glaube ist in dieser Zeit in Europa fest mit dem Volk und der Kultur verwachsen, mit der Tradition und der Nation verbunden. Er ist so etwas wie eine Stammesreligion geworden und muss sich aus dieser Verbindung erst wieder lösen. Darum wird er von vielen zusammen mit der gesamten Tradition unbesehen in Frage gestellt oder als irrelevant betrachtet. Der gegenwärtige Kulturabbruch macht auch den christlichen Glauben für viele Zeitgenossen bedeutungslos.

Dazu gibt es in Europa wieder ein lebendiges Nebeneinander verschiedener Religionen. Sowohl der Islam ist eingewandert wie auch asiatische Kulte. Viele Menschen bauen sich ein persönliches Religionsgemisch zusammen, eine „Patchwork-Religion". Religiöser Pluralismus ist eine Realität in der globalisierten Welt. Viele dieser Religionen, besonders der Islam, trauen sich die Kompetenz zu, Antworten auf die Herausforderung der globalisierten Moderne zu geben. Es ist wie auf dem Markt: Zahlreiche Angebote konkurrieren. Jeder einzelne kann sich aussuchen, was ihm attraktiv, brauchbar oder nützlich erscheint.

Aber es gibt nicht nur Konkurrenz, es gibt auch Kooperation. In Fragen des öffentlichen Lebens, im Schulunterricht, im Zugang zu Krankenhäusern und Altenheimen, bei der Seelsorge in Haftanstalten, in diakonischen Einrichtungen, werden friedliche Lösungen gesucht, die allen Beteiligten einigermaßen gerecht werden. Das heißt: Religiöse Provokationen müssen vermieden werden, das Einhalten religiöser Speisegebote wird zunehmend ermöglicht, ebenso der Bau von Gebäuden für religiöse Zwecke (Synagogen, Moscheen, Tempel, Klöster). Das gilt wie in vielen multireligiösen Ländern in Afrika und Asien nun zunehmend auch in Mitteleuropa. Vor allem aber in der Sorge um den Weltfrieden und in der Abwehr des Terrorismus ist eine aktive Zusammenarbeit unabweisbar.

Konkurrenz und Kooperation gleichzeitig – ein kompliziertes Verhältnis. Die christlichen Kirchen haben das in den letzten hundert Jahren in der ökumenischen Bewegung untereinander eingeübt. Das ökumenische Modell ist formal auch anwendbar auf das Nebeneinander verschiedener Religionen, wobei im Unterschied zur ökumenischen Bewegung eine fundamentale Einheit unter den Religionen nicht vorstellbar und auch nicht das Ziel der Bewegung ist. In diesem Geist versucht die Weltkonferenz der Religionen für Frieden (World Conference for Religion and Peace) internationale Konferenzen zu organisieren, auf denen führende Sprecher verschiedener Religionen gemeinsame Friedensinitiativen zu fördern versuchen. Christen in Asien und in Nordamerika sind führend an diesen Aktivitäten beteiligt.

Auch in Deutschland ist seit den neunziger Jahren ein vermehrtes Interesse an dieser Arbeitsform zu beobachten. Ich habe persönlich an Gesprächen teilgenommen, die christliche Hilfswerke mit den großen islamischen Hilfsorganisationen geführt haben, um eine gewisse Kooperation in der Katastrophenhilfe (Flüchtlingshilfe, Überwindung von Kriegsfolgen) in Bosnien und vielleicht später im Nahen Osten vorzubereiten. Es gab Beratungen 1995 in Kopenhagen und später in Zagreb, die vom internationalen Sekretariat der World Conference for Religion and Peace organisiert wurden, aber sie führten zu keinen Vereinbarungen. Die Teilnehmer waren sich noch zu fremd, das gegenseitige Vertrauen war noch nicht entwickelt, technische Voraussetzungen fehlten. Aber ich denke, Kooperation auf dieser Ebene wird in wenigen Jahren möglich werden, wenn – wie ich hoffe – islamische Organisationen in Europa oder islamische Politiker aus europäischen Parlamenten dabei eine Vermittlungsrolle übernehmen können.

Kooperatives Verhalten scheint im Verhältnis zwischen Christen und Muslimen heute besonders problembeladen, da der Islam zur Zeit große innere Spannungen aufweist. Es gibt liberale Strömungen, die allseits bekannten Fundamentalisten und viele Zwischenstufen. Es gibt keine klare Tradition einer Trennung zwischen Staat und Religion[13]. In den islamischen Ländern ist das Verhältnis zwischen Regierungen und religiösen Sprechern, zwischen Theologen und Politikern grundsätzlich wenig geklärt. Eine wirkliche Unterscheidung zwischen einem „ius in sacris" und einem „ius circa sacra", wie das im Europa des 19. Jahrhunderts rechtlich genau festgelegt war, als Staatskirchen noch die Regel waren, scheint im islamischen Bewusstsein kaum angelegt zu sein.

Dem Islam ist zudem eine historische Reflexion der eigenen Position eher fremd. Er fühlt sich heute dem Westen gegenüber in der Defensive und in der Weltgemeinschaft benachteiligt. Viele Muslime kompensieren diese Haltung durch Aggressivität gegenüber Christen. Es wird noch viel Geduld nötig sein, um aus dieser Konfrontation herauszukommen und ein Verhältnis von gegenseitigem Respekt, partieller Zusammenarbeit und gleichzeitiger sachlicher Konkurrenz aufzubauen[14], wie es unter den christlichen Konfessionen zwar langsam, aber sicher gelernt worden ist. Es wird viel darauf ankommen, dass die Christen vorleben, wie auch schwierige Konkurrenzsituationen ohne Gewaltanwendung durchgestanden werden können.

Bei allem Bemühen um Kooperation wird die inhaltliche Konkurrenz um die Orientierungsfähigkeit in der globalen und modernisierten Welt bestehen bleiben. Wie werden gangbare Wege in eine unbekannte Zukunft erschlossen, wo ist Mut zu neuen Schritten gefordert, wie bekommen Menschen Kraft, die Zukunft in eigener Verantwortung zu gestalten? Wie bleiben wir in alledem Menschen?

---

13 Sehr pointiert und wohlinformiert dazu Johannes Rau in einer Rede in Wolfenbüttel im Jahr 2004, abgedruckt in Klaus Lefringhausen, „Kampf der Kulturen – vor unserer Haustür? Schritte zu einem friedlichen Miteinander", Neukirchner Verlags 2006. besonders S. 144f.

14 Vgl. dazu „Klarheit und gute Nachbarschaft, Christen und Muslime in Deutschland. Eine Handreichung des Rates der EKD", EKD-Texte Nr. 86, Hannover 2006, und die daran anknüpfende öffentliche Diskussion.

Neue Herausforderungen für den Evangelischen Entwicklungsdienst

Aus diesem Verständnis der Globalisierung ergeben sich Aufgaben für Theologie[15] und Entwicklungsdienst. Theologie, Kirche und kirchliche Organisationen sollten sich darüber klar werden, dass angesichts der gegenwärtigen Krise eine neue Ortsbestimmung notwendig ist. Reformprozesse sind längst in Gang. Hier soll auf einige Aufgabenfelder für den evangelischen Entwicklungsdienst aufmerksam gemacht werden, die sich für mich aus diesen Überlegungen ergeben.

Der kirchliche Entwicklungsdienst ist angesichts der Globalisierung gefragt, sein evangelisches Profil zu schärfen. Es geht darum, einen Beitrag zur Besserung der Situation der Armen zu leisten, ohne die christliche Motivation und Orientierung zu verschweigen. Konzepte sind gefragt, die zur Besserung der Lage der Armen tauglich sind und zugleich die christliche Orientierung erkennbar werden lassen.

1. Die religiösen Komponenten der Globalisierungskrise verlangen eine stärkere Berücksichtigung in der Projekt- und Programmpolitik des Entwicklungsdienstes. Gegenüber den sechziger und siebziger Jahren, die die jetzige Projektpolitik konzipiert haben, ist eine erhebliche Verschiebung eingetreten. Die evangelische Identität des Entwicklungsdienstes verdient stärkere Akzentuierung, die Kooperationsbereitschaft mit anderen religiösen Gruppen kann deutlicher betont und praktiziert werden. Eine bloße Orientierung an religionsneutralen entwicklungspolitischen Kriterien genügt nicht mehr.

2. Eine Kooperation mit religiösen Gruppen (Muslimen, Hindus, Buddhisten) auf allen Ebenen ist notwendig, obwohl sie zweifellos manches Konfliktpotenzial enthält. Wer sollte das leisten, wenn nicht christliche Organisationen? Es kommt darauf an, dieses Gefahrenpotenzial präzis kennen zu lernen und zu seiner Entschärfung beizutragen. Die Lösung der damit verbundenen Probleme ist ein wichtiger Beitrag für eine christliche Gestaltung des „Clash of Civilizations". Das könnte ein Beitrag zum friedlichen Zusammenleben, zur Kooperation in der Gesellschaft werden. Das könnte in der Katastrophenhilfe beginnen, bei Flüchtlingshilfen und in der Gesundheitsvorsorge. Die christliche Komponente sollte sich darin bewähren, Modernisierungen zuzulassen und die Orientierung an der Würde des einzelnen Menschen[16] konsequent durchzuhalten. Un-

---

15   Vgl. Walter Klaiber, Globalisierung oder weltweite Verantwortung? Biblische Anmerkungen zur Globalisierungsdebatte, in: Ökumenische Rundschau 3/2007, S. 334 mit vielen Literaturangaben.

16   Die Publikation „Die Macht der Würde, Globalisierung neu denken", im Auftrag des Deutschen Evangelischen Kirchentages herausgegeben von Christoph Quarch, Silke Lechner, Peter Spiegel und Ulrich Dettweiler, Gütersloher Verlagshaus, 2007, ist in dieser Hinsicht ein mutiger Schritt in diese Richtung.

verzichtbar sind bei solchen interreligiösen Kooperationen eine präzise Projektbindung der Mittel und eine akkurate Abrechnung.

3. Entwicklungsdienst in diesem Sinn bedeutet eine enge und aufmerksame Begleitung der Globalisierung. Missbräuche verdienen Kritik, Chancen brauchen Ermutigung. Pauschale Systemkritik sollte vermieden werden. Eine gewisse Zurückhaltung gegenüber Koalitionen bei vergröbernden Kampagnen ist kein Zeichen von Schwäche, sondern von sachlicher Zuverlässigkeit und bestärkt das Vertrauen in kirchliche Organisationen[17].

4. Eine Trennung zwischen Mission[18] und Entwicklungsdienst ist unzeitgemäß, sie verliert an Plausibilität. Im grundsätzlichen theologischen Verständnis war diese Trennung nie überzeugend, sie hatte nur Sinn im Blick auf praktische Aufgabenfelder, besonders regionale Bindungen. Mission und Entwicklung werden sich immer ähnlicher und rechtfertigen nicht mehr getrennte Strukturen. Die Überschneidungen der Aufgabenbereiche nehmen zu, Missionswerke praktizieren immer mehr partnerschaftliche Entwicklungshilfe, Hilfswerke brauchen deutlichere Kompetenz in Glaubensfragen. Beide müssen sich auf ihre kirchliche Identität stützen. Auf die Dauer erfordert das eine gemeinsame organisatorische Struktur.

5. Die ökumenische Zusammenarbeit von Kirchen, Missionen und Hilfswerken ist im Zeitalter der Globalisierung unverzichtbar. Auch wenn die ökumenischen Organisationsformen heute eher als schwach und defizitär angesehen werden können, kann es keinen Rückfall in vor-ökumenische Verhaltensweisen geben. Das Prinzip der universalen Einheit aller Kirchen und Christen, ihre gegenseitige Bereitschaft zu Rücksicht und Hilfestellung und ihre Solidarität in politischen Konflikten sind so selbstverständlich geworden, dass ihre Missachtung unmöglich erscheint. Es kann erwartet werden, dass alle Partner bei der internationalen kirchlichen Zusammenarbeit ihre Zusammengehörigkeit achten.

Es kommt darauf an, dass Christen sich gegenseitig als Christen wahrnehmen, auch wenn sie aus ganz verschiedenen Traditionen kommen. Die unterschiedlichen Tra-

---

17 Eine Kampagne („Gerechtigkeit jetzt!"), an der sich der Evangelische Entwicklungsdienst EED neben 35 anderen Organisationen beteiligt hatte, produzierte Materialien im Vorfeld des G8-Treffens in Heiligendamm im Juni 2007 mit stark polarisierenden Aussagen, das u. a. die Repräsentanten der G8 mit Ohrenstöpseln zeigte. Hier hätte der EED sich besser zurückgehalten, denn die meisten Aussagen waren kirchlich nicht mehr vertretbar. Wann hätte der EED erlebt, dass er bei Parlamentariern oder Regierungsmitgliedern kein Gehör für ernsthafte Argumente gefunden hätte? Das Material für die Gebete zu diesem Anlass dagegen atmete einen guten Geist.

18 Eine sehr klare und knappe Beschreibung des heutigen Verständnisses von Mission in evangelischer Sicht findet sich in „Klarheit und gute Nachbarschaft, Christen und Muslime in Deutschland. Eine Handreichung des Rates der EKD", EKD-Texte Nr. 86, Hannover 2006, Seite 15-17.

ditionen der Christen können ein Reichtum sein, wenn sie gegenseitig verständlich werden. Das wird es leichter machen, wenn manche Strukturen und Traditionen der Kirchen in Deutschland nicht aufrecht erhalten werden können, weil sie nicht mehr finanzierbar sind und andere Formen gefunden und akzeptiert werden müssen. Das ist zwar immer schmerzhaft, aber die Kirchen werden sich notwendigerweise auch wandeln müssen, wenn die ganze Welt im Zeitalter der Globalisierung anders wird. Es gehört zu den Bedingungen der Zukunftsfähigkeit, sich auf Änderungen einzulassen. Ich vermute, dass die Christen und die Kirchen durch ihren eigenen Beitrag wesentlich zur Lösung der vielfältigen Probleme der Globalisierung helfen können.

Günter Linnenbrink

Hoffnung nach fünfunddreißig Jahren?
Alte und neue Ziele und Fehler der kirchlichen Entwicklungsarbeit aus deutscher Sicht

Summary

1973 veröffentlichte der Rat der EKD (Evangelische Kirche in Deutschland) die Denkschrift „Der Entwicklungsdienst der Kirche – ein Beitrag für Frieden und Gerechtigkeit in der Welt". Nach fünfunddreißig Jahren sieht die Bilanz gemischt aus. Die Hoffnung, dass Kirche und Gesellschaft die Dimension der Entwicklungsaufgabe als „internationale soziale Frage" erkennen und dementsprechend die Prioritäten in der Außen-, Sicherheits- und Wirtschaftspolitik setzen würden, hat sich nur ansatzweise erfüllt. Darüber hinaus hat sich das Spektrum der Faktoren und Aufgaben, die noch nicht im Blick waren, erheblich erweitert: Die Umweltproblematik, der Aufbau rechtsstaatlicher Ordnung als Fundament von gesellschaftlicher Entwicklung, die integrierende und destruktive Valenz von Religion und Militär, die verheerende Wirkung von AIDS etc.

Auch die organisatorische Struktur der operationalen Dienste der evangelischen kirchlichen Entwicklungsdienste ist nicht optimal, die ökumenische Zusammenarbeit mit den katholischen Werken ist ebenfalls ausbaufähig und die theologische Reflexion auf diesen gesamtchristlichen Auftrag bedarf neuer Impulse. Der Entwicklungsauftrag besteht weiter. Er muss noch energischer, differenzierter und realistischer betrieben werden.

Als 1973 der Rat der Evangelischen Kirche in Deutschland (EKD) die Denkschrift „Der Entwicklungsdienst der Kirche – ein Beitrag für Frieden und Gerechtigkeit in der Welt" herausgab, verband er mit dieser Publikation im Wesentlichen folgende Ziele:

Ein *theologisch solides Fundament* für das Entwicklungsengagement der Kirchen und Gemeinden in der Bundesrepublik Deutschland sollte gelegt werden. Damit verbunden war die Hoffnung, dass auch die Kirchen und Gemeinden in der damaligen DDR ihre theologischen Überlegungen zu diesem Thema mit einbringen könnten. Zugleich sollte ein *konstruktiv-kritischer Anschluss* an die *ökumenische Sozialethik* jener Jahre hergestellt werden. Die Konferenzen des Ökumenischen Rates der Kirchen von Uppsala (1968), Montreux (1970) u.a. hatten eine lebhafte Diskussion, insbesondere auch im Zusammenhang des Antirassismus-Programms des Ökumenischen Rates der Kirchen, ausgelöst.

Ein weiteres Ziel bestand darin, das *Verhältnis von Mission, kirchlichem Entwicklungsdienst und Ökumenischer Diakonie* zu klären. Dieser Klärungsbedarf war deshalb gegeben, weil eine ziemlich lebhafte und kontroverse Debatte in den Gemeinden und Landeskirchen darüber geführt wurde, ob es nicht angesichts der Nöte der Entwicklungsländer dringlicher sei, das Entwicklungsengagement zu stärken und den Missionsauftrag eher den Partnerkirchen zu überlassen, die man freilich dabei unterstützen wollte.

Darüber hinaus sollte die *Struktur und Praxis der in diesem Aufgabenfeld tätigen Dienste,* wie Brot für die Welt, Dienste in Übersee, Evangelische Zentralstelle für Entwicklungshilfe, Evangelische Arbeitsgemeinschaft für Weltmission und ihre Koordination in der Arbeitsgemeinschaft Kirchlicher Entwicklungsdienst dargestellt und in ihrer kooperationsfähigen und auf ein gemeinsames Ziel hin orientierten Ausrichtung vorgestellt werden. Schließlich sollte eine kritische Analyse der staatlichen Entwicklungspolitik in Aufnahme und unter Zugrundelegung ökumenischer Einsichten – man verstand sich als Anwalt der ökumenischen Partner – geleistet werden.

Als Besonderheit und Beleg für die seinerzeitige enge Zusammenarbeit mit den katholischen Partnerorganisationen wurde ein ausführlicher Kommentar des Katholischen Arbeitskreises „Entwicklung und Frieden" zu dieser evangelischen Denkschrift mitveröffentlicht.[1]

Entwicklungspolitik im Abseits

Natürlich merkt man dieser Denkschrift an, dass sie vor über 30 Jahren geschrieben worden ist. Zwar ist es erstaunlich und bedrückend zugleich, dass der analytische Teil dieses Textes an nicht wenigen Stellen nach wie vor aktuell ist. Die Kluft zwischen Industrienationen und Entwicklungsländern hat sich nicht wesentlich verringert. Auch die Ursachen dieser Situation sind weitgehend dieselben geblieben. Bei allen Erfolgen in den einzelnen Projekten und Maßnahmen des kirchlichen Entwicklungsdienstes, die zu einem maßgeblichen Anteil auf die Fähigkeit der ökumenischen Partner und ihre Integrität im weithin korrupten Umfeld ihrer Länder und Regierungen zurückzuführen sind, befindet sich die aktuelle Entwick-

---

1   Diesem Arbeitskreis gehörten an: Adveniat, Deutscher Caritasverband, Kommissariat der deutschen Bischöfe, Misereor, Missio, Pax Christi und das Zentralkomitee der deutschen Katholiken.

lungspolitik der Europäischen Union und der anderen Gebernationen in einer schweren Krise.

Trotz aller Anstrengungen der Kirchen und Werke innerhalb der Ökumene und im Bereich der römisch-katholischen Weltkirche ist es nicht gelungen, in den Staaten und Gesellschaften der Geber- und Empfängerländer ein stärkeres Bewusstsein dafür zu wecken, dass die Entwicklungspolitik als ein Instrument anzusehen ist, mit dem man die Lösung der „Internationalen Sozialen Frage", d.h. die Überwindung der großen Kluft zwischen den reichen und armen Ländern dieser Erde wirksam angreifen könnte. Dass sich hier ein Konfliktpotential im globalen Maßstab herausbildete, wurde zwar von vielen Experten der Entwicklungsarbeit immer wieder, geradezu beschwörend, hervorgehoben. Aber der Ost-West-Gegensatz und das fragile Gleichgewicht des Schreckens der atomar hochgerüsteten Antipoden der Weltpolitik bestimmte in viel stärkerem Maße das Denken, Fühlen und Handeln der Regierungen der Staaten und ihrer Völker in Ost und West. Abrüstungsfragen und -konferenzen, Maßnahmen zur Sicherung des Friedens durch z.T. immer paradoxer anmutende Abschreckungs-Waffensysteme zur Vermeidung eines Erstschlages mit Atomwaffen beanspruchten wesentlich stärker die Politik und banden unverhältnismäßig riesige Summen Geldes in den Budgets der Industriestaaten der östlichen und westlichen Bündnissysteme. Entwicklungspolitik war und blieb ein Nebenfeld der internationalen Politik.

Die ökumenische Bewegung versuchte durch ihren neuen Ansatz in den achtziger Jahren des 20. Jahrhunderts, *Gerechtigkeit, Frieden und Bewahrung der Schöpfung* als Ziel einer globalen Friedensanstrengung zu definieren, einen Umdenkungsprozess herbeizuführen, der der Komplexität des Entwicklungsauftrages besser gerecht wurde.

Als das sowjetische Machtimperium kollabierte und der Ost-West-Gegensatz sich geschichtlich erledigt hatte, hofften viele auf die „Friedensdividende", mit der die enormen Summen für einen gerechten Interessenausgleich zwischen den reichen und armen Ländern aufgebracht werden könnten. Doch schon bald zeigte sich, dass die nationalen Interessen der reichen Länder und die Wünsche ihrer Völker nach gesteigertem Wohlstand sich in den Vordergrund stellten und die Agenden ihrer Regierungen vorrangig bestimmten. Bis auf ganz wenige Ausnahmen gelang es den Regierungen in der Europäischen Union nicht, den durch UN-Beschluss versprochenen Anteil ihres Beitrages in Höhe von 0,7 % des Brutto-Sozialproduktes ihrer Länder zu leisten.

In der Regel blieb man weit dahinter zurück. Für Deutschland, das nach 1990 wiedervereinigt wurde, wurden riesige Beträge benötigt, um die Verhältnisse der Menschen in der ehemaligen DDR nach und nach dem Standard in der westdeut-

schen Bundesrepublik anzugleichen. Das war und ist bis heute eine Frage der nationalen Solidarität und unstrittig. Aber es ist fahrlässig und kurzsichtig, wenn darunter die gebotene internationale Solidarität leidet. Sie muss Bestandteil der „Re-
alpolitik" sein, denn die große Kluft zwischen den reichen und armen Ländern ist
eine Bedrohung des Friedens im globalen Rahmen, die schon aus berechtigtem
Eigeninteresse abgewendet werden muss.

Faktoren und Aufgaben, die noch nicht im Blick waren

In der Denkschrift von 1973 fehlt eine Verknüpfung der entwicklungspolitischen
Diskussion mit der *Umweltthematik*. Damals war die dramatische Entwicklung in
der Klimafrage noch gar nicht im Blick. Die „Grenzen des Wachstums" (Bericht
des Club of Rome von 1974) wurden eher unter ökonomischen und sozialpoliti-
schen Kriterien erörtert, nicht aber unter klimatologischen. Zwar wurde gerade
auch von den Kirchen darauf hingewiesen, dass die Menschen in den Industriestaaten ihren Lebensstil ändern müssten, damit die Menschen in den Entwicklungsländern aus ihrer Armut herauskommen könnten. (Änderung der Terms of Trade
zugunsten der Entwicklungsländer, Abbau der Zollschranken für Agrarerzeugnisse
aus der sogenannten „Dritten Welt", Wegfall von Erhaltungssubventionen etc.).Dass
jedoch der drohende Klimawandel zugleich eine soziale Revolution im globalen
Maßstab auslösen kann, wenn viele Millionen Menschen aus ihren angestammten
Gebieten, z.B. wegen des steigenden Meeresspiegels, fliehen müssen, wurde nicht
gesehen oder als apokalyptisches Horrorszenario verspottet. Das Umweltproblem
ist auch ein Entwicklungs- und Armutsproblem. Dieser Zusammenhang muss verstärkt die Agenda der nationalen und internationalen Politik bestimmen.

Weiter fehlt in der Denkschrift jeglicher Hinweis auf die Notwendigkeit des
Aufbaus einer rechtsstaatlichen Ordnung als Fundament für die Entwicklung einer Gesellschaft. Zwar werden die Menschenrechte und ihre Beachtung als be-
stimmender Faktor der Entwicklungsstrategie gefordert. So heißt es in der Denkschrift unter Aufnahme einer Entschließung der EKD-Synode 1973 in Bremen:

> „Da der Entwicklungsbegriff Befreiung von rassischer und sozialer Diskriminierung ein-
> schließt, werden die Christen aufgerufen, angesichts der Entwicklungs- und Rassenproble-
> me der heutigen Welt aktiv zur Ausweitung und Konkretisierung der Menschrechte beizu-
> tragen...".

Aber wie eine Zivilgesellschaft aufgebaut werden kann und wie rechtsstaatliche
Grundsätze in Stammesgesellschaften, fragilen jungen Nationalstaaten mit ziemlich korrupten Regierungen, Behörden und Parteien durchgesetzt werden können,

bleibt unerörtert. Hier hätte es sich vielleicht als hilfreich erwiesen, wenn die kirchlichen Entwicklungsdienste engeren Kontakt mit den politischen Stiftungen in Deutschland und ihren Außenstellen in vielen „Entwicklungsländern" gesucht hätten. Dass diese Kontakte nur zusammen mit den ökumenischen kirchlichen Partnern in den jeweiligen Ländern hätten hergestellt und möglicherweise fruchtbar hätten weitergeführt werden können, versteht sich von selbst.

Über die *Rolle der Religion* für die Entwicklung eines Landes, einer Gesellschaft, schweigt sich die Entwicklungsdenkschrift der EKD weitgehend aus. Es wird zwar immer auch von den kulturell-religiösen Einflüssen auf das Zusammenleben der Menschen in den Ländern des Südens gesprochen, es wird aber nie differenziert dargestellt, welcher Art sie sind. Wahrscheinlich ging man stillschweigend davon aus, dass Religion ein positiver Faktor beim Aufbau einer Gesellschaft sei, weil sie ja Menschen zu einem gemeinschaftsbildenden Gestaltungswillen zusammenbinde. Dass der in nicht wenigen Religionen vorhandene Alleinvertretungs- und Wahrheitsanspruch Ursache für Friktionen in der Gesellschaft sein und zu Diskriminierungen Andersgläubiger führen kann, wenn es keine staatlich garantierte Religionsfreiheit gibt, wurde nicht näher untersucht. Vielleicht hing das damit zusammen, dass z.B. die afrikanische wie auch die asiatische Variante mehrheitlich islamisch bestimmter Staaten wie Nigeria oder Indonesien einen Islam lebten, der sich kooperationsbereit und -fähig verhielt. Die *Ambivalenz religiöser Traditionen,* ihre integrierende wie aber auch destruktive Valenz, ist nicht beachtet worden. Der Einsatz für Religionsfreiheit gehört jedoch zu den elementaren Erfordernissen im Entwicklungsprozess.

In viel stärkerem Maß als bisher muss in der entwicklungspolitischen Diskussion auch die Frage nach den Ursachen von *Gewaltexzessen und terroristischen Aktivitäten* im Namen der Religion, speziell des Islam, aber auch im Namen *ethnischer Zugehörigkeit* behandelt werden. Liberia, Sierra Leone, Ruanda und Burundi oder auch der Sudan, wo Christen und Muslime in mörderische Auseinandersetzungen verstrickt sind, sind Beispiele für die Dringlichkeit dieser Frage. In diesen Ländern ist es zu entsetzlichen Verwüstungen und millionenfachem Leid in der Bevölkerung gekommen, und die betroffenen Staaten und Gebiete sind zum Teil restlos ruiniert. Um Jahrzehnte sind sie in ihrer Entwicklung zurückgeworfen. Jeglicher Entwicklungsaufbau ist zum Erliegen gekommen. Katastrophen- und Flüchtlingshilfe sind an seine Stelle getreten. Erst wenn man die Ursachen dieser Exzesse festgestellt hat, kann man wirksame Maßnahmen der Prävention ergreifen.

Dass solche Gewaltausbrüche nicht allein in sogenannten Entwicklungsländern ausbrechen können, zeigt das Beispiel des auseinander gebrochenen ehemaligen Jugoslawiens auf dem Balkan, wo nationalistische, ethnische und religiöse Gegensätze wie die zwischen katholischen Kroaten und orthodoxen Serben ebenfalls zu entsetzlichen Ausschreitungen und unendlichem Leid unter der Bevölkerung geführt haben. Fassungslos und weitgehend hilflos haben wir das zur Kenntnis nehmen müssen. Wie kann man einen Versöhnungsprozess als Voraussetzung für einen gesellschaftlichen Wiederaufbau hier in Gang setzen? Wie ist ein solcher irrationaler Zerstörungswille einzudämmen? Das *Gewaltthema* muss ganz oben auf der Prioritätenliste künftiger Entwicklungsstrategie stehen.

Hier gerät m.e. auch die *Rolle des Militärs* in den Blickpunkt. Diktatoren und Warlords, nur auf ihren eigenen Vorteil und Machterhalt erpicht, nützen mit bis an die Zähne bewaffneten Soldaten und Milizen ihre Machtpositionen aus, um ihr eigenes Volk zu unterdrücken und zu terrorisieren. An Waffen ist kein Mangel, da der internationale Waffenhandel sein zynisches Geschäft ungestört betreibt. Solange es keine wirksame internationale Ächtung dieses Waffenhandels gibt und Sanktionen ihm gegenüber ausbleiben, werden solche „Entwicklungen" immer wieder passieren. Darum ist eine Stärkung der interventionistischen Maßnahmen im Namen der Vereinten Nationen unerlässlich. Parallel dazu muss das Völkerrecht, das die Integrität der nationalen Souveränität weitgehend garantiert, entsprechend reformiert werden. Die Etablierung des Internationalen Strafgerichtshofes ist dazu ein erster wichtiger Schritt. Die Initiatoren jedweder Unterdrückungsprozesse dürfen nicht mehr straflos ausgehen. Die kirchlichen Entwicklungsdienste müssen daher in ihrer Öffentlichkeitsarbeit auf diese unheilvolle Allianz von internationalem Waffenhandel und Diktatoren immer wieder hinweisen und alles dafür tun, dass z.B. die Europäische Union gedrängt wird, ihren Einfluss zur Auflösung dieser Allianz geltend zu machen (vgl. § 55 der Denkschrift zum Thema „Waffenembargo").

AIDS ist eine Geißel in vielen Ländern, insbesondere in Afrika. Ganze Generationen sterben an dieser Krankheit, weil es an Aufklärung fehlt oder diese sogar behindert wird, wie beispielsweise in Südafrika. Ein Großteil der Bevölkerung ist mit dem HIV-Virus infiziert. Es ist nur eine Frage der Zeit, wann diese Menschen daran zugrunde gehen. Wie soll Entwicklung, Aufbau der Gesellschaft erfolgen, wenn die dafür notwendigen Menschen nicht mehr leben? M.E. sollte auch der kirchliche Entwicklungsdienst einen Schwerpunkt seiner Maßnahmen im Bereich des Gesundheitsdienstes sehen und mit allen auf dem gleichen Gebiet agierenden Organisationen und Gruppen zusammenarbeiten. Als die Denkschrift 1973 veröffentlicht wurde, war diese Krankheit noch gar nicht bekannt. Jetzt ist sie ein entscheidender Hemmfaktor jeglicher Entwicklung.

Ökumenische Zusammenarbeit

In den siebziger und achtziger Jahren gab es eine sehr enge und erfolgreiche Zusammenarbeit der Entwicklungsdienste der evangelischen Christenheit und der römisch-katholischen Christen. Einen Höhepunkt bildete der von der gemeinsamen Konferenz der Kirchen für Entwicklung (GKKE) 1979 veranstaltete Kongress in Bad Godesberg. Alle einschlägigen gesellschaftlichen Gruppen wie Gewerkschaften, Bauern- und Arbeitgeberverbände, Parteien, Parlament und Regierung waren der Einladung der Kirchen gefolgt und hatten sich zum Abschluss dieses Kongresses auf einen allgemeinen politischen Konsens verständigt, wonach die Industriestaaten verpflichtet seien, sich für den sozialen Ausgleich zwischen Entwicklungs- und Industrieländern einzusetzen.

Auf parlamentarischer Ebene kam es zu einem von allen damals im Bundestag vertretenen Parteien gemeinsam getragenen politischen Konsens-Beschluss. Vorausgegangen waren etliche gemeinsame Memoranden der evangelischen und der römisch-katholischen Kirche zu den Themen und Aufgaben der verschiedenen Welthandels-Konferenzen der UNO, in denen sich die kirchlichen Dienste und Werke als sachverständige und erfahrene Kenner der entwicklungs- und handelspolitischen Probleme ausgewiesen hatten. Darüber hinaus wurden die eigenen Leistungen in der konkreten Entwicklungsarbeit der Kirchen in ihren Werken allseits anerkannt und gewürdigt. Die enge Kooperation der beiden Konfessionen auf diesem Gebiet blieb nicht ohne Eindruck und Zustimmung in den Kirchen selbst und darüber hinaus auch und gerade in der Öffentlichkeit und Politik.

Diese evangelisch-katholische Gemeinsamkeit in der Entwicklungsfrage muss unbedingt beibehalten und weiter gestärkt werden. In den inhaltlichen Fragen besteht eine sehr weitgehende Übereinstimmung, so dass der bestimmende Grundsatz der Zusammenarbeit lauten muss: Alles das gemeinsam tun, was möglich ist. Denn es gibt keinen protestantischen Hunger, kein evangelisches Elend, keine katholische Not, keine katholische Katastrophe, sondern es ist immer eine menschliche Not, die alle Christen zur Hilfe herausfordert. Es wäre daher sicherlich ein weithin sichtbares Zeichen, wenn die EKD-Kammer für nachhaltige Entwicklung bei ihren Überlegungen zu einer neuen Grundsatzerklärung zur heutigen Entwicklungsaufgabe die römisch-katholische Seite von Beginn an beteiligen könnte.

Aus fünf Fingern eine Hand

Im 3. Kapitel der EKD-Denkschrift wird sehr ausführlich die Struktur und Praxis der Werke und Dienste beschrieben. Schon damals (1973) wurde eine *Reform der Werke* angemahnt. Die seinerzeit begründete Arbeitsgemeinschaft kirchlicher Entwicklungsdienst (AG KED) sollte als Motor einer Integration aller Dienste und Werke in *einem Gesamtwerk* dienen. Aus den „fünf Fingern sollte eine Hand" werden, so beschrieb Manfred Kulessa damals plastisch die Aufgabe. Doch das Beharrungsvermögen der beteiligten Stellen war beachtlich. Immer wieder wurden neue Gründe dafür genannt, warum es bei der lockeren Form der Arbeitsgemeinschaft bleiben sollte. Gerade so würde das jeweilige eigene Profil besser erkennbar, die Gefahr einer unbeweglichen Mammutorganisation, die zudem gegenüber den ökumenischen Partnern zu mächtig würde, vermieden, eine Steigerung der Effizienz wäre auch nicht zu erwarten, eine Minderung der Verwaltungskosten äußerst fraglich.

Auch theologische Gründe wurden bemüht, um die Bildung eines Gesamtwerkes zu verhindern. Ein solches Werk würde nämlich den Entwicklungsdienst ideologisieren in dem Sinne, dass sein Zusammenhang mit den traditionellen kirchlichen, diakonischen und missionarischen Strukturen des verfassten deutschen Protestantismus nicht mehr erkennbar sein würde. Auch müsste Rücksicht genommen werden auf die Kirchen und ihre ökumenisch-diakonischen Aktivitäten in der damaligen DDR, weil der westdeutsche Protestantismus für seine Entwicklungsaufgaben auch staatliche Mittel verwandte.

Als nach 1990 die Wiedervereinigung der evangelischen Landeskirchen in einer gesamtdeutschen EKD möglich wurde, die künftige Entwicklung der Finanzlage in Kirche und Diakonie auf eine deutliche Verminderung des Kirchensteueraufkommens hinwies, schien eigentlich eine günstige Konstellation für die Bildung eines Gesamtwerkes gegeben zu sein. Der Rat, die Synode der EKD und die Kirchenkonferenz versuchten daher, in enger Abstimmung mit den Mitgliedern der AG KED ein solches Werk zu bilden. Nach langen, teilweise quälenden Verhandlungen kam es dann schließlich zur Gründung des Evangelischen Entwicklungsdienstes (EED.) mit Sitz in Bonn / Bad Godesberg. Allerdings blieb „Brot für die Welt" weiterhin im Verbund mit dem Diakonischen Werk der EKD mit Sitz in Stuttgart. Ein Kooperationsvertrag wurde abgeschlossen, der die Modalitäten der Zusammenarbeit regelt. Nach meiner Meinung ist diese Reform nur halb gelungen. Ein einheitliches Werk am gleichen Sitz für alle früher selbständigen Dienste wäre effizienter und kostengünstiger.

Eine weitere kritische Anmerkung verdient die nach wie vor nicht gelungene Realisierung der seinerzeit auf der EKD-Synode von 1968 in Berlin-Spandau ausgesprochenen Bitte an die Gemeindeglieder in der EKD, „1% ihres Einkommens zum Richtsatz ihrer persönlichen Beiträge für „Brot für die Welt" und andere Sammlungen zu machen" (vgl. § 39). So sehr „Brot für die Welt" als ein fester Bestandteil der Kollektenlisten der Landeskirchen in Deutschland und auch in Gemeinden verwurzelt ist, so betrüblich ist es doch, dass dieser Aufruf weitgehend in Vergessenheit geraten ist.

In diesem Zusammenhang sind auch die Gliedkirchen der EKD daran zu erinnern, dass sie ihrer Verpflichtung zur Finanzierung des kirchlichen Entwicklungsdienstes (KED) aus Mitteln ihrer Haushalte auch in Zeiten angespanntester Finanzlagen weiterhin nach dem Maße des Möglichen nachkommen. Der auf der EKD-Synode von 1986 in Bad Salzuflen beschlossene Mindestbetrag von 100 Mio. DM (50 Mio. €) darf in der um die Gliedkirchen in den neuen Bundesländern erweiterten EKD auf keinen Fall unterschritten werden. Sonst verlöre die Entwicklungsarbeit der EKD einen Großteil ihrer Glaubwürdigkeit.

Umwelt- und Klimapolitik haben in unserer Gesellschaft und auch in der Politik in den letzten Jahren einen deutlich höheren Stellenwert bekommen. Viele Menschen sind für diese Thematik ansprechbar und auch bereit dazu, Anstrengungen und finanzielle Beiträge zur Lösung dieser Überlebensfrage der Menschheit auf sich zu nehmen. Auch die Wirtschaft hat erkannt, dass hier nicht nur Kosten entstehen, die ihre Erträge mindern, sondern sich ein Markt entwickelt hat, auf dem Gewinne zu erwirtschaften sind und neue Arbeitsplätze geschaffen werden können. Dass Entwicklungszusammenarbeit mit den Entwicklungs- und Schwellenländern ihrerseits ein wichtiger Bestandteil zur Lösung der Überlebensfrage der Menschheit ist, hat sich leider nicht in dem gleichen Maße im Bewusstsein der Öffentlichkeit durchgesetzt.

Die Entwicklungsdenkschrift der Evangelischen Kirche hat damals den unauflöslichen Zusammenhang von aktiven Hilfeleistungen im operativen Bereich der Entwicklungsdienste mit dem im weitesten Sinne publizistischen Einsatz zur Stärkung der entwicklungspolitischen Verantwortung in Kirche und Gesellschaft herausgestellt. Das hat dazu geführt, dass nach einem „Publizistischen Gesamtplan" bis zu 10% der KED-Mittel für solche publizistischen Aktivitäten bereitgestellt werden sollten. Der KED-Mittelausschuss als Bewilligungsorgan der KED-Gelder hat dieser Empfehlung nicht immer ganz entsprochen. Aber eine Finanzierung solcher Maßnahmen stand nie prinzipiell in Frage.

Entwicklungsdienst in Übersee und Informations- und Öffentlichkeitsarbeit im eigenen Land waren aufeinander bezogen und fanden in entsprechenden Aktionen eigener Organisationen oder Dritter ihren Ausdruck. In den Print- und anderen Medien ist heute daher eher mehr als weniger dafür zu sorgen, dass das entwicklungspolitische Bewusstsein und der Wille zur Übernahme von Verantwortung auf diesem Feld der Politik gestärkt wird und die dafür notwendigen Mittel bereitgestellt werden. Nur durch eine faire, kritische, konkrete und kontinuierliche Darstellung der tatsächlichen Lage und der möglichen Schritte zur Verbesserung im Verhältnis zwischen Entwicklungs- und Industrieländern ist das zu erreichen.

Theologie der Entwicklung

Die EKD-Denkschrift hat mit großer Sorgfalt in ihrem 4. Kapitel „Theologische Aspekte" den Versuch unternommen, das Entwicklungsengagement der Kirchen im Zentrum des christlichen Glaubens zu verorten. Mit Bedacht wurde darauf verzichtet, so etwas wie eine *„Theologie der Entwicklung"* zu entwerfen. Das hätte sehr schnell zu einer Ideologisierung dieses Einsatzes führen können, nämlich dergestalt, dass der Einsatz der Christen für Gerechtigkeit, Frieden und Bewahrung der Schöpfung zu einer Art Ersatzreligion geworden wäre, in der der christliche Glaube leicht zu einer humanitären Ethik mutiert wäre. Darum sollte die Motivation zum Handeln im Herzen des christlichen Glaubens verankert werden als aktuelle Gestalt der christlichen Nächstenliebe. Und der Glaube selbst sollte in Christus den Grund und die Quelle aller Hoffnung in einer zerrissenen und unerlösten Welt sehen.

Als die Denkschrift veröffentlicht wurde, beherrschte die ethisch-theologische Diskussion, besonders auch in der Ökumenischen Bewegung, die um Jürgen Moltmann im Dialog mit Ernst Bloch neu herausgestellten Hoffnungsimpulse des christlichen Glaubens. Diese wiederum hatten sich mit der vorhergehenden ökumenischen Debatte um die Überwindung eines individualethischen Verständnisses des Begriffes der „Nächstenliebe" in Richtung auf eine Sozialethik verbunden, deren Ziel die Realisierung der Nächstenliebe als „Liebe in Strukturen" ist. Sie wurde als Gestaltungsprinzip für den Aufbau einer sozial gerechten, verantwortlichen Gesellschaft im nationalen wie internationalen Rahmen verstanden. Die personal-individuelle Dimension der Nächstenliebe hatte ihre notwendige Ergänzung durch die sozial-strukturelle gefunden.

Als die Vollversammlung des Ökumenischen Rats der Kirchen in Uppsala 1968 die Hoffnung als durchaus realistisch darstellte, dass es nur der ernsthaften Anstrengungen der Menschen guten Willens in unserer Zeit bedürfe – angesichts des vorhandenen Potentials der technisch-industriellen Zivilisation –, die großen Probleme zwischen Industrie- und Entwicklungsländern zu lösen, war es nach Meinung der Autoren der EKD-Denkschrift nötig, in diese ökumenische Debatte einen ernüchternden Akzent einzuführen. Daher betonte man den dialektischen Charakter der eschatologischen Dimension des christlichen Glaubens: Das Reich des Friedens und der Gerechtigkeit ist und bleibt ein Werk des dreieinigen Gottes, weil wir Menschen – selbst bei bestem Willen – immer Sünder und Gerechte zugleich (simul iustus et peccator, Martin Luther) bleiben, also erlösungsbedürftig sind. Diesen eschatologischen Vorbehalt darf eine christliche Theologie um der Ehre Gottes willen nicht vergessen oder klein reden.

In der theologischen Reflexion der kirchlichen Entwicklungsarbeit fehlte und fehlt jedoch ein Aspekt des Glaubens: seine stetige Angefochtenheit. Wie oft verstummt der Christenmensch angesichts von Erfahrungen, die den Glauben zutiefst erschüttern? Tsunami-Wellen verschlingen Tausende von Frauen, Kindern und Männern. Schlamm- und Gerölllawinen verschütten ganze Dörfer. Erdbeben zerstören ganze Regionen und reißen viele Tausend Menschen in den Tod. Die Reihe der Naturkatastrophen ließe sich leicht verlängern. Aber in gleicher Weise wird der Glaube angefochten durch Katastrophen und Zerstörungen, die allein von Menschen verursacht worden sind. Nicht selten breitet sich dann ein Gefühl aus, dass Gott sich verborgen hält, abwesend ist oder gar nicht existiert.

Hier bedarf es der Vergewisserung des Glaubens durch die Predigt des Evangeliums von dem gekreuzigten und auferstandenen Christus, in dem sich Gott offenbart hat. Mit anderen Worten: Die missionarische Verkündigung ist unverzichtbar für die Entwicklungsarbeit der Christen und Kirchen, will sie nicht zur pragmatisch-skeptischen oder gar depressiven Routine verkommen.

Interview mit Konrad von Bonin

Partnerschaft und Nähe zur Basis
Kirchliche Entwicklungsarbeit heute

Summary

Die Folgen der Globalisierung haben nicht nur einen verändernden Einfluss auf die Entwicklungsarbeit der Kirchen, sie eröffnen ihnen auch die Chance, ihre traditionellen Stärken unter veränderten Bedingungen auszuspielen. Dazu nimmt der Vorstandsvorsitzende des Evangelischen Entwicklungsdienstes EED, Dr. Konrad von Bonin, Stellung.

Herausgeber: Die Globalisierung wirkt sich auf fast alle Felder des gesellschaftlichen Lebens aus. Welche Folgerungen zieht die Entwicklungspolitik, die kirchliche zumal, aus der veränderten Konstellation?

Dr. Konrad von Bonin: Die Globalisierung ist *der* Hintergrund für die ganze Entwicklungsarbeit der Kirchen. Das ist nicht neu, das wissen wir seit vielen Jahren. Als der Evangelische Entwicklungsdienst nach seiner Gründung eine Grundorientierung geschrieben hat, formulierte er zu den Zielen: „Der EED will mit seiner Arbeit beitragen zur Minderung von Armut, Hunger und Not, zum Aufbau gerechter Gesellschaften, zur gewaltfreien Lösung von Konflikten, zum bewahrenden Umgang mit der Schöpfung und zur Überwindung der ungerechten Folgen der Globalisierung." Das ist das Grundmotiv der ganzen Arbeit. Die Debatte ist inzwischen insofern weitergegangen, dass wir nicht nur beitragen wollen zur Überwindung der ungerechten Folgen der Globalisierung, sondern dass wir uns sehen als ein Teil der globalen Welt und als Einflussnehmer auf die Richtung der globalisierten Entwicklung.

Hg.: Welche Konturen hat diese Einflussnahme?

Von Bonin: Einige Stichworte zu den bestimmenden Faktoren des Prozesses: Als erstes ist der Welthandel zu nennen. Als zweites sind Demokratie, sind Menschenrechte universale Ziele. Das Dritte ist die Friedensfrage: Unfriede in einem Teil der Welt hat Folgen in anderen Teilen. Viertens: Klimawandel und Gerechtigkeit – welche Folgen hat die Veränderung der Umweltsituation durch den Klimawandel für den Norden und den Süden? Und das Ganze umfasst die Kommunikation: ohne Information, die in Minutenschnelle über E-Mail von einer Region der Welt in die andere geht, würde Globalisierung nicht stattfinden. Es gibt darüber hinaus viele Einzelthemen, die eine symbolische Bedeutung haben. Für mich ist das stärkste Symbol im Prozess der Globalisierung die Frage des Wassers: Wie sich der Zugang, die Beziehung zu Wasser, die Befruchtung durch Wasser gestaltet, das ist weltweit in einer bis dahin nicht gekannten Weise miteinander verbunden.

Hg.: Mit der Architektur dieser Faktoren kommen Sie den Millenniumszielen der UN nahe. Wo setzen in dieser Landschaft die Kirchen ihre Akzente, wo sehen sie ihre Chancen und engagieren sich mit ihren besonderen Stärken?

Von Bonin: Der Ansatz der kirchlichen Entwicklungsarbeit besteht darin, einen Beitrag zu leisten zur Überwindung der Armut – das ist unser Spezifikum, das wir in einer sich verändernden Diskussionslage versuchen durchzuhalten, und wir befinden uns darüber in einem intensiven Gespräch auch mit der Politik. In der Bundesregierung und in Teilen der Wissenschaft wird bisweilen gesagt: Armutsbekämpfung sei nicht mehr das Zentrum – ein Abgeordneter hat vor kurzem gesagt, das sei altes Denken –, es gehe vielmehr um internationale Strukturpolitik –, und wir sehen uns dadurch neu herausgefordert, zu begründen, dass Armutsbekämpfung eines der Schlüsselziele der Arbeit eines kirchlichen Werkes ist und bleiben muss. Das hat seine Wurzeln im Evangelium wie auch in der jüdischen und muslimischen Tradition.

Damit sind wir bei den Millenniums-Entwicklungszielen. Sie sind die konkrete Ausformung eines Ansatzes zur Armutsbekämpfung, wie er selbstverständlicher war in der Zeit, als die MDGs entwickelt wurden, als heute. Wir bleiben hier altmodisch: Wir bestehen darauf, dass die klassischen sozialen Dienste – Gesundheit, Ernährung, Bildung und Wohnung – Grundlagen eines menschenwürdigen Lebens, auch der Armen im Süden der Welt sind. Diese Ziele versuchen wir zu erreichen. So sind wir zurzeit zu Verteidigern der Millenniums-Entwicklungsziele geworden gegen einen politisch sich verändernden Trend. Das ist eine besondere Rolle der Kirchen.

Hg.: Welche besonderen Stärken können die Kirchen in dieser Rolle ausspielen?

Von Bonin: Für diese Rolle haben die Kirchen besondere Voraussetzungen: Wir müssen nicht wie andere Organisationen mit Regierungen zusammenarbeiten, sondern wir haben in den Ländern des Südens geborene Partner und damit eine selbstverständliche Nähe zur Basis. Das ist übrigens einer der offiziell genannten Gründe dafür, dass wir als evangelische und katholische Entwicklungsorganisationen auch staatliche Mittel für unsere Arbeit bekommen. Die Regierungen können nur mit Regierungen zusammenarbeiten und haben deshalb keinen so unmittelbaren Zugang zur Basis.

Eine zweite Stärke besteht darin: Wir sind anders als viele neu entstehende Entwicklungsorganisationen tätig. Wir gehen nicht in Länder und führen dort nicht selber Entwicklungsprojekte durch, und wenn wir wieder herausgehen würden, dann wären sie zu Ende. Sondern wir arbeiten mit Partnern zusammen, die vor uns schon da waren und nach uns bleiben. Organisationen wie „Save the children", wie „World Vision" sind operational; die haben ihre Länderbüros, aber *sie* machen die Arbeit und entscheiden, was geschieht, und nicht die Partner. Das ist ein fundamentaler Unterschied und eine unserer Stärken.

Schließlich: Wir können auch dort tätig werden, wo Regierungen nicht arbeiten können. In einem Land wie Simbabwe arbeitet der Evangelische Entwicklungsdienst und führt dort Programme zur Armutsbekämpfung durch, aber auch Menschenrechtsprogramme. Ebenso in Myanmar. Ich komme gerade aus dem Kongo zurück; dort ist im Osten des Landes Krieg; der Staat kann das Schulsystem nicht aufrechterhalten: das ganze Schulsystem in Nord- und Süd-Kiwu wird getragen von den Kirchen – und wir schaffen zusammen mit unserer Partnerkirche die Voraussetzungen dafür, dass die Pädagogik in einer modernen Weise qualifiziert wird. Wir arbeiten dort mit einem Pädagogen zusammen, der in der Tradition von Piaget, also auch von Calvin arbeitet. Und wir haben, anders als viele mit der Wirtschaft verbundene Organisationen, kein finanzielles Eigeninteresse und haben so eine andere Freiheit, etwas zu tun, was uns nicht selbst nützt.

Probleme mit autoritären Regimen?

Hg.: Angola gehört zu den Ländern mit einer besonders korrupten Regierung. Sie verdient sehr viel Geld dadurch, dass sie z.B. Offshore-Erdöl-Förderung erlaubt. Aber das sind point-to-point-Beziehungen mit der globalen Ökonomie. Davon hat das Land überhaupt nichts. Wie kommen Sie mit solchen Regierungen zurecht?

Von Bonin: Wir arbeiten nicht in Angola, das tut Brot für die Welt – wir folgen da einer Arbeitsteilung. Aber ich kann etwas zu Simbabwe sagen: Wir sind dort in sehr komplizierten Diskussionen mit den Kirchen. Es gibt drei kirchliche Richtungen: die katholische Kirche, die traditionellen reformatorischen Kirchen und die charismatisch-evangelikal geprägten Kirchen. Diese drei Kirchen haben sich zusammengesetzt und haben ein Papier geschrieben zur Zukunft Simbabwes. Dieses

Papier ist auch Präsident Mugabe vorgelegt worden. Die Kirchen haben uns gefragt, ob wir den Prozess zur Verbreitung dieses Papiers finanziell unterstützen wollen. Wir haben Verbindung zu unsern Schwester-Organisationen in den skandinavischen Ländern und Holland aufgenommen und haben uns überlegt, ob wir das machen. Wir haben uns getroffen mit Bischof Moyo aus Simbabwe, der das wesentlich mit vorbereitet hat, sowie mit Bischof Dandala, dem Generalsekretär der All African Conference of Churches, und haben gemeinsam überlegt: Sind die Initiatoren zu nahe am Regime Mugabe, weil sie sonst mit ihm gar nicht sprechen könnten. Oder besteht da wirklich eine Chance der Veränderung? Dabei sind wir für die Kirchen im Süden die Schlüssel-Gesprächspartner, und zwar nicht nur wegen der Finanzierung, sondern weil hier ein Vertrauen gewachsen ist: Wir sind erwünschte Gesprächspartner.

Hg.: Auch Mediatoren?

Von Bonin: Das wäre zuviel gesagt. Bischof Dandala hat die Vermittlung übernommen. Wir sind Gäste. Das ist auch ein wohl überlegter Ansatz.

Hg.: Haben Sie dabei eine Art Katalysator-Funktion: Man kann Einfluss ausüben, indem man einfach nur dabei ist?

Von Bonin: Mich hat besonders überzeugt: Unsere Funktion als Gesprächspartner wurde nicht als ein Oktroy der Financiers aus dem Norden verstanden, sondern als eine Beteiligung an der Debatte. Und wir haben manchmal die Funktion, etwas sagen zu können, was diejenigen, die aus der Solidarität des Kampfes gegen die Apartheid kommen, ihren Brüdern nicht sagen, was wir nur aussprechen können. Auch insofern ist diese Rolle nicht unwichtig.

Hg.: Wir kommen noch einmal auf das „konservative" Motiv der Armutsbekämpfung zurück. Die Vollversammlung des Ökumenischen Rates in Porto Alegre 2006 hat eine ähnliche Linie verfolgt. Gibt es Signale dieser Vollversammlung, die neue Akzente setzen?

Von Bonin: Viele von uns sind noch auf der Suche nach den Akzenten von Porto Alegre. Welche wirklich klaren Signale für die aktuelle und zurzeit notwendige Debatte von Porto Alegre ausgegangen sind, ist nicht präzise festzustellen. Die Schwierigkeit liegt darin, dass der Ökumenische Rat zur Zeit für die Kirchen im Norden wie auch im Süden nicht mehr so attraktiv ist wie früher. Vielleicht auch, weil er in seiner gegenwärtigen Übergangsphase – *transition* war das vielleicht nicht so gemeinte, aber wahre Stichwort für Porto Alegre – auf der Suche ist nach seiner Rolle. Der zweite Aspekt ist: Porto Alegre hatte nicht das große eine Thema, sondern eine Reihe unterschiedlicher Themen. Und über die Globalisierung ist sehr kontrovers gestritten worden, obwohl die Regie diesen Streit eigentlich nicht wollte. Es gab ein klares Konzept, geprägt von einigen Personen in Genf, den sog. Empire-Ansatz zur Botschaft zu machen. Dem haben vor allem die skandinavischen Kirchen und Hilfsorganisationen massiv widersprochen, die sich als lutherisch geprägte Kirchen von manchen Richtungen calvinistischen Denkens nicht so richtig überzeugen lassen können. Die in Porto Alegre versuchte Aufteilung der Welt in die Guten und Bösen fand angesichts der differenzierten Situation der Gegenwart keine wirkliche Zustimmung.

Ein Checkout nationaler Institutionen?

Hg.: Es gibt auch eine säkulare Globalisierungs-Debatte. Man unterscheidet zwischen Hyperglobalisierern, die sagen „one global village", dann gibt es die Skeptiker, die sagen: das haben wir alles schon vor dem ersten Weltkrieg gehabt, eine mehr oder weniger globale Welt, und dann gibt es die Transformisten, die glauben, dass es jetzt zu einem wirklichen Checkout von nationalen Institutionen komme usw. Hier entsteht für die Kirchen die Frage, wohin man in dieser Debatte tendiert. Wenn man auf die Seite der Transformisten geht, dann muss man davon ausgehen, dass es unter dem Druck der Globalisierung zu einem wirklichen Checkout unserer Institutionen kommt. Wie wird diese Debatte aufgenommen?

Von Bonin: Ich komme von der Staatstheorie her. Bei meinen wissenschaftlichen Studien habe ich gelernt, dass auch die Nationalstaaten weiter gebraucht werden. Eine Kernfrage aus der Tradition, aus der ich komme, ist die Dialektik zwischen der Hoffnung auf eine Weltregierung und der Notwendigkeit, etwa die Menschenrechte zu schützen, wofür Nationalstaaten unverzichtbar sind, weil sie Inhaber des staatlichen Gewaltmonopols sind. Von daher sehe ich diejenigen, welche die Vision der einen Welt im Sinne einer einheitlichen, unter den gleichen Normen möglichst auch zentral gesteuerten Weltordnung verfolgen, ziemlich skeptisch.

Wenn ich auf Reisen bin, werde ich am meisten nach Europa gefragt. Ich habe bei Gesprächen in Armenien und Indien die intensivsten Fragen dazu gehört. So fragen die Armenier: Wie kommt es, dass Deutschland eine solche Rolle spielt, obwohl es zwei Kriege verloren hat? Und die Inder fragen: Was können wir lernen von Europa? Wie hat es Europa geschafft, eine Struktur zu finden, die Frieden erhalten hat? Solche Fragen bieten einen Ansatz, um über Globalisierung nachzudenken. Das ist ein eher pragmatischer als theoretischer Ausgangspunkt.

Hg.: Dabei ist zu bedenken: Das Nachkriegs-Europa – Stichwort: Montanunion – hat damit begonnen, dass man nationale Souveränitäten abbaute, und zwar in Schlüsselbereichen der Kriegswirtschaft, bei Kohle und Stahl. Ohne den Abbau nationaler Souveränitäten und ohne gemeinsame Kontrolle wäre Europa nicht weit gekommen.

Von Bonin: Das ist eine der Wahrheiten, die in diese Dialektik hinein gehört. Aber Europa hat auch nationale Souveränität in wichtigen Bereichen behalten wie Sozialpolitik und Kultur, aber auch im Bereich des Gewaltmonopols. Bei Polizei und Armee ist die Integration verhältnismäßig prekär. Die Armeen sind in der NATO integriert, aber nicht in der Europäischen Union.

Hg.: Nun hat der Globalisierungsprozess hier und da zu Entwicklungen geführt, in denen diese Dialektik sich nicht mehr im Gleichgewicht befindet. In manchen Ländern sind die Regierungen nicht mehr in Lage, politische und administrative Herrschaft auszuüben – das Phänomen der failing states ist zu einem friedensgefährdenden Problem geworden. Werden dadurch jene fundamentaldemokratischen Strukturen, welche auch die Kirchen mit haben aufbauen können, nicht überrollt und zerstört?

Von Bonin: Wir sehen es nicht als unsere Aufgabe an, Staaten zu organisieren. Aber wir sehen es als unsere Aufgabe an, dazu beizutragen, dass die Menschen in den Gesellschaften, in denen sie leben, ihr Leben nach ihren Vorstellungen gestalten können. Und wir setzen uns dort, wo es möglich ist, auch intensiv für demokratische Strukturen ein. Demokratie ist säkularisierter Protestantismus. Wir haben mit dazu beigetragen, dass die Wahlen im Kongo im letzten Jahr stattfinden konnten – übrigens zusammen mit unserer katholischen Schwester-Organisation Misereor.
   Ich habe darüber lange gesprochen mit dem Präsidenten unserer Partnerkirche in Kiwu, der CBCA, Communeauté Baptiste du Centre de l'Àfrique, Herrn Kakule Molo. Er sagte: die Wahlen und die Rolle der Kirchen dabei, das war ein Schlüsselelement für eine neue Hoffnung in diesem Land. Das ist ein Beispiel. Natürlich unterstützen wir die menschenrechts- und demokratieorientierten Partner-Organisationen auch in anderen Ländern. Hinzu kommt: Ein wesentlicher Teil unserer Arbeit, vielleicht ein Viertel der Programme, die unsere Partner durchführen, sind

sog. Integrierte Gemeinwesen-Programme, meistens auf dem Lande. Dort geht es nicht nur um Landwirtschaft, sondern vor allem um die Ausbildung von Menschen, die die Zukunftsplanung in ihren Dörfern selber in die Hand nehmen. Schließlich: Wir versuchen gerade in Krisengebieten mit dazu beizutragen, Grundlagen für die Demokratie zu schaffen: z.b. durch die Einführung einer demokratischen Pädagogik vom Kindergarten bis zur Universität, im Kongo, in Togo, in Ruanda und Madagaskar, also in frankophonen afrikanischen Ländern. Das sehen wir als eine Grundlage für eine partizipatorische Gesellschaft an.

Dies ist ein langwieriger Prozess, der auch scheitern kann. Failing states sind heute diese, morgen sind es andere. Wir haben eine besondere Rolle in Ländern, in denen der Staat nicht funktioniert, weil wir dort handeln können, wo andere nicht tätig werden können. Im Osten des Kongo sind die großen internationalen Stiftungen und Hilfsorganisationen nicht präsent. Wir arbeiten dort seit 25 Jahren. Im Südsudan sind heute alle, aber wir waren schon während der letzten 30 Jahre dort und wir sind geblieben, als andere sich zurückzogen. Das gibt uns bei unseren Partnern auch eine besondere Stellung und ein entsprechendes Vertrauen. Es erinnert mich an meine Zeit im Kirchentag: Damals hatten wir eine beständige Verbindung zu den Kirchen in der DDR – und die Freundschaften aus jener Zeit halten bis heute. Darin liegt unsere Stärke, dass wir bewusst – wenn es nicht dramatisch unmöglich ist – aus Staaten in einer schwierigen politischen Lage nicht weggehen. Das unterscheidet uns von anderen.

Hg.: Manche Staaten in Afrika sind Schattenstaaten, sie sind gar keine Staaten im strikten Sinn. Wie wir Sie verstehen, helfen Sie in solchen Fällen, die Mikrostrukturen zu entwickeln.

Von Bonin: Wir können das dann tun, wenn wir dort Partner haben. Es gibt z.B. in Afrika auch Länder, in denen wir keine Partner haben – dann geht das nicht: Somalia ist ein Beispiel.

Hg.: Heißt das auch: in muslimischen Staaten haben Sie es normalerweise besonders schwer?

Von Bonin: Für rein muslimische Länder gilt das. Spannend sind solche muslimischen Länder, in denen wir Partner haben – wie in Indonesien die kirchlichen Partner, oder in Pakistan – dort haben wir Partner aus der Zivilgesellschaft. Wo wir freilich nicht hingehen, das sind die großen Interventionsländer, wo mit Militäreinsätzen und viel Geld Machtpolitik betrieben wird. Wir haben entschieden, nicht nach Afghanistan oder in den Irak zu gehen, obwohl wir von staatlicher Seite in puncto Afghanistan hin und wieder gefragt werden. Das ist nicht unsere Rolle, dort müssten wir eigene Programme selber durchführen, und das wollen wir nicht.

Migration – das zentrale Thema

Hg: Ein Faktor der Globalisierung ist die Migration, auch im Blick auf Europa. Inwieweit können die Migranten eine Brückenfunktion übernehmen – sowohl kulturell als auch wirtschaftlich? Denn die Migranten sind ja gewissermaßen die Repräsentanten der ehemals zweiten und dritten Welt.

Von Bonin: Aus meiner Sicht ist Migration *das* Thema der nächsten Jahre im Nord-Süd-Verhältnis. Es wird von vielen unterschätzt. Migration ist unter vielen Aspekten ein Ausdruck der Globalisierung. Uns ist aufgefallen, dass der Bundespräsident in seiner Rede am 1. Oktober 2007 mit sehr klaren Worten die Politik der EU verurteilt hat, die aufgrund von erzwungenen Verträgen zulässt, dass die Küstengewässer Afrikas durch europäische Fischfangflotten leer gefischt werden – mit der Folge, dass die, welche davon leben, verarmen. Und die Boote der Fischer, die nicht mehr für den Fischfang gebraucht werden, werden dann dafür genutzt, die armen Menschen nach Europa zu verschiffen. Das ist die Zukunft an einem kleinen Beispiel.

Was die Migranten aus Afrika oder Asien angeht, die nach Europa kommen, spielen diese eine ganz unterschiedliche Rolle. An Sonntagsgottesdiensten in London nehmen z.B. mehr Afrikaner als einheimische Briten teil. Die größten Kirchen dort sind Megakirchen mit mehr als zehntausend Gottesdienstbesuchern, die ihre Art von Christentum nach Europa bringen – und das hat inzwischen eine weite Ausstrahlung. Ähnlich entwickelt sich die Lage im Ruhrgebiet.

Hg.: Wie gehen Sie mit dem Problem um?

Von Bonin: Der EED arbeitet mit Personen aus dem Süden in Deutschland in zweierlei Hinsicht: Wir geben Stipendien an junge Menschen aus Partnerorganisationen, die hier studieren wollen und die von den Partnerorganisationen vor Beginn ihres Studiums die Zusage bekommen, dass sie nach ihrer Rückkehr wieder im Herkunftsland arbeiten können. Wir haben eine Rückkehrquote von 95%. Wir vermitteln auch Studenten, die auf anderem Wege nach Deutschland eingereist sind, die hier ihren Abschluss gemacht haben, zurück in ihre Heimatländer. Eine weitere Aufgabe sehe ich darin, in der Öffentlichkeitsarbeit darauf hinzuweisen, dass Migration in Zukunft etwas Normales ist, dass also Menschen anderer Kultur und Hautfarbe nicht nur hier leben, sondern auch hier ihre Familien und ihre Kinder haben. Wenn man dies als etwas Normales bezeichnet, wird es leichter sein, Ängste abzubauen.

Hg.: Das Thema Emigration ist für Europa im Grund ein altes Thema, ein Riesenthema des 19. Jahrhunderts: Ein großer Teil der Bevölkerungen ist wegen Hungersnöten ausgewandert nach Amerika. Also müsste Europa dafür gewappnet sein.

Von Bonin: Ich komme aus einer Flüchtlingsfamilie; ich bin geboren in Pommern, in einer Region, die heute zu Polen gehört. Das hilft mir sehr bei Gesprächen im Süden, z.b. wenn es in einer Debatte mit Palästinensern um ihr Rückkehrrecht geht. Dann erzähle ich die Geschichte meiner Familie: Wer Frieden will, kann nicht die Rückkehr der Flüchtlinge verlangen.

Migration hat mit Armut, Hunger und Krieg zu tun, aber auch mit Neugier. Wir ziehen ja oft die Ausgebildeten, also auch Neugierigen an. Innerhalb Afrikas gibt es auch andere Erfahrungen: Tansanische Ärzte gehen wegen besserer Bezahlung nach Uganda oder Kenia oder nach England – und wenn wir die Ausbildung dieser Ärzte fördern, müssen wir uns manchmal fragen: Was tun wir da eigentlich? Dabei werden übrigens auch Entwicklungstheorien relativiert: das Problem des brain drain ist sehr schwer zu lösen.

Die Bedeutung der Umweltpolitik

Hg.: Gegen die Zerstörung der Umwelt, die Verseuchung der Atmosphäre und die Ausbeutung der Rohstoffe konnte Entwicklungspolitik bislang wenig ausrichten. Was können die Kirchen über ihre Projektarbeit hinaus dazu beitragen, Entwicklungspolitik zu einer Dimension globaler Struktur-, Klima- und Umweltpolitik, also von Weltinnenpolitik zu machen, also die beiden Elemente der Basisarbeit und der Strukturpolitik zu verknüpfen?

Von Bonin: Ich bestreite zunächst Ihre Prämisse: wir hätten hier nichts getan und können auch nicht viel tun. Wenn wir in Zeiten der Globalisierung sagen: es geht um die kleinen Einheiten, die Basis, den Mikrobereich, dann ist gerade dieses seit jeher ein Kernthema der kirchlichen Entwicklungsarbeit – und zwar gar nicht erst seit dem konziliaren Prozess für Gerechtigkeit, Frieden und Bewahrung der Schöpfung, sondern schon immer. Nach meiner Einschätzung hat mehr als ein Drittel der

Programme, die wir international fördern, eine Umweltdimension. Der ganze Bereich der ländlichen Entwicklung mit den Schwerpunkten auf Artenvielfalt, Aufforstung gegen Erosion, kleinen Wasserkraftwerken und ökologischer Landwirtschaft, lokalen Energieanlagen – das ist fast altmodisch traditionelle Entwicklungsarbeit. Das sollte man nicht unterschätzen. Was immer man grundsätzlich kritisch zur Entwicklungshilfe sagen kann – von diesem Aspekt der Entwicklungszusammenarbeit bin ich hundertprozentig überzeugt.

Zu diesen Fragen gibt es übrigens einen interessanten Austausch mit Ländern des Südens. Es gibt große, sehr kompetente Forschungsorganisationen in Indien. Zusammen mit vielen anderen Trägern beteiligen wir uns an der weltweiten Debatte. Wir vernetzen Entwicklungs- und Umweltexperten aus dem Norden und dem Süden. Eine Schlüsselperson ist Sunita Narain aus der Organisation Centre for Science & Environment (CSE) in Indien, die seit langem in Kontakt mit dem Wuppertal-Institut arbeitet und die seit 20 Jahren von uns gefördert wird. Sie ist eine der Lichtgestalten der Umweltdebatte weltweit. Es gibt viele solche Personen, die miteinander weltweit vernetzt sind. Inzwischen ist Frau Narein im Beirat des Potsdamer Klimainstituts. Hier haben wir als kirchliche Entwicklungsorganisation eine wichtige Funktion übernommen: Förderung in den Anfängen, später Beitrag zur Vernetzung. Wir sind dabei auch deshalb erfolgreich, weil wir nicht nur kurzfristige, sondern auf Dauer angelegte Beziehungen zur Basis haben. Damit stecken wir in der Szene drin und lernen manche dieser später wichtigen Leute früher kennen, als das sonst der Fall wäre.

Schließlich sind wir mit den Fachleuten aus unserem Haus an den großen Konferenzen in Rio oder in Bali beteiligt und bringen dort eine christliche Perspektive ein, bisweilen auch gegen ein rein technisch-naturwissenschaftliches Denken. Allein technisch sind die Probleme sicher nicht zu lösen. Denn sie haben auch etwas mit dem Verhältnis des Menschen zur Natur und mit einem Horizont über das eigene Leben hinaus zu tun. Das wissen manche Menschen im Süden besser als technisch denkende Experten im Norden.

Hg.: Mit welchem Konzept arbeiten Sie dabei?

Von Bonin: Zur Zeit bereiten wir eine Studie vor unter dem Arbeitstitel „Zukunftsfähiges Deutschland II" – zusammen mit dem BUND, Brot für die Welt und dem Wuppertal-Institut, die im Jahr 2008 erscheinen wird. Im Zentrum dieser Studie stehen die Themen Gerechtigkeit, Klimawandel und die Veränderung des menschlichen Verhaltens – das Ganze aus einer Nord-Süd-Perspektive. Wir wollen damit eine neue Debatte anstoßen. Das Ziel besteht weniger darin, ein neues Buch auf den Markt zu bringen, sondern vielmehr ein Kommunikationsprogramm für die nächsten vier bis fünf Jahre auf den Weg zu bringen.

Nach unserer Einschätzung hat es eine zu starke Trennung zwischen den Entwicklungs- und den Umweltorganisationen gegeben. Sie agieren zu oft getrennt voneinander. Diese Trennung müssen wir überwinden, um gemeinsam im Welthorizont über Zukunftsfragen zu debattieren und die Probleme wirksam anzupacken.

Hg.: Verdankt sich die Trennung dieser Initiativen auch der Konkurrenz auf dem Markt der Sponsoren?

Von Bonin: Das glaube ich nicht. Es gab Gruppen, die flohen in den Jahren nach 1968 aus Frustration in die Welt, andere flohen gewissermaßen zur Mutter Erde. Das waren zwei unterschiedliche Richtungen – die zweite hatte eine Nähe zur Hippie-Bewegung, erstere war eine Solidaritäts-, z.T. auch eine weltweite Kampfbewegung. Diese Impulse wirkten nach meiner Einschätzung stärker als die Konkurrenz um Finanzen.

Modernität als bricolage

Hg.: Vor 30 Jahren dachte man noch, man könne das Modernitätspaket und seine Strukturen weltweit ausbreiten und eine Konvergenz dieser Strukturen erreichen. Heute sehen wir, dass diese Welt sich aufsplittet in Teile, die ökonomisch konvergent sind wie in Asiens Süden und Südosten – man nennt das die harten Kulturen – und in Teile wie in Afrika, die nicht konvergent sind und eigenständig bleiben. Entwickelt sich nach Ihren Erfahrungen nicht so etwas wie eine afrikanische Modernität à la bricolage? Man setzt verschiedene Elemente, die man auswählt, wieder neu zusammen.

Von Bonin: Das Konzept der bricolage ist, so scheint mir, ein Globalisierungskonzept. Wenn man es geistesgeschichtlich und kulturell betrachtet, handelt es sich um eine der delikatesten, aber entscheidenden Fragen. Die Analyse, die darin enthalten ist, teile ich im großen Ganzen. Es gibt eine Debatte über die Frage, ob der Kapitalismus in Afrika möglich ist. Das Verständnis der Weltbank, auch der politische Ansatz der Bundesregierung, der Ansatz in den Verhandlungen der EU mit den AKP-Staaten ist, etwas vereinfacht: Wenn die Grenzen geöffnet sind und der Handel frei stattfindet, dann folgt alles Gute sowieso. Manche denken das wirklich, und dies wird in der Ökonomie durchaus gelehrt.

Die Erfahrung vieler Menschen in Afrika zeigt, dass dies aus einem ganz einfachen Grund kaum funktionieren kann: In vielen Ländern Afrikas ist bis heute das Verhalten der Menschen von der Erfahrung geprägt, dass eine Person nur existieren kann als Teil einer Gemeinschaft. Die Folge ist: Wenn eine Person Erfolg hat, dann hat sie nicht ohne weiteres die Möglichkeit, Kapital zu sammeln und neu zu investieren, sondern es stehen 200 Menschen vor der Tür und wollen einen Anteil haben, weil sie dieser Person zu ihrem Erfolg verholfen haben. Damit ist eine Schlüsseldimension des Kapitalismus, die Akkumulation von Kapital, in dieser Gesellschaft, auch wenn sie ansonsten modernisiert ist, kaum möglich. Man muss also für einen wirtschaftlichen Erfolg andere Strukturen entwickeln. In vielen afrikanischen Gesellschaften dürfte eine Modernisierung, die Afrika ein eigenständiges Überleben in der globalisierten Welt ermöglicht, nur möglich sein, wenn diese Dimension mit berücksichtigt wird.

Neulich sagte ein Afrikaner, der seit einiger Zeit in Deutschland lebt: Hier kann ich frei sprechen, hier stehe ich nicht unter der Macht der Geister und der Großfamilie. Das sagte ein gebildeter Südafrikaner. Die größte Kirche in Südafrika ist die Zion Christian Church, deren Lebenselemente sehr viel mehr von afrikanischen kulturellen Traditionen geprägt sind als von christlichem Denken. Es gibt viele solcher Independent Churches in Afrika südlich der Sahara. Deshalb funktioniert, außer in dem auch calvinistisch geprägten Südafrika, unsere Art des freien Unternehmertums und unsere Art von Rationalität dort nicht so wie hier.

Hg.: Das gilt mutatis mutandis auch für Ostasien, selbst für Japan: die Macht der Geister ist präsent.

Von Bonin: Aber China hat den Konfuzianismus, der – so könnte man wohl sagen – eine gewisse Nähe zur protestantischen Arbeitsethik aufweist. Für den Taoismus trifft freilich einiges davon zu. Interessant ist in diesem Zusammenhang das multikulturelle Indien mit seiner bunten Vielfalt.

Präventionsmoral beim Klimaschutz

Hg.: Sie haben gewiss auch darin recht: Das westliche Demokratie-Konzept greift nicht in solchen Loyalitätsstrukturen. Demokratie- und Emanzipationsstrukturen haben da eine Grenze, auch der europäische Individualismus, das Konzept des Ich, in gewissem Maße auch die darin wurzelnde Gier. – Lassen sie uns bei dieser Gelegenheit auf das andere Ufer treten: Beim Klimaschutz tritt ein neuer Typus in

Erscheinung: eine Präventionsmoral. Bisher sind wir gewöhnt, auf die geschehe-ne Tat zu reagieren, *hier* versucht man etwas zu verhindern, in einen Prozess prä-ventiv einzugreifen. Ergibt sich daraus für ein christlich motiviertes Entwicklungs-handeln nicht eine besondere Chance?

Von Bonin: Ich stimme Ihnen zu. Hier geht es um eine andere Debatte über Ge-rechtigkeit. Die Folgen des Verhaltens des Nordens für die Länder des Südens und die Einsicht, dass es keine Zukunft gibt, wenn sich die Menschen im Süden genau so verhalten wie wir: Wie geht man dann mit Gerechtigkeit um? Unsere Gesell-schaften im Norden sind – auf den ersten Blick jedenfalls – unabhängiger von dem Zustand der Erde, des Bodens. Aber im Süden leben immer noch mehr als 2 Milli-arden Menschen für ihre tägliche Existenz unmittelbar in der Verbindung mit Bo-den und Erde. Wir haben die Möglichkeit, uns anzupassen und haben Boden z.T. durch Technologie ergänzt. Im Süden hat jede Klimaveränderung ganz direkte Fol-gen für das Leben der Menschen – das schafft eine andere ethische Situation. Ich weiß freilich nicht, ob wir als Christen aus unserer Tradition ein adäquates Instru-mentarium, adäquate Kategorien haben, um damit umzugehen. Verfügen wir für die spezifischen ethischen Probleme unserer Zeit über Maßstäbe, die besser sind als die anderer Kulturen?

Hg.: Unter dem Stichwort der Verantwortungsethik, welche die Konsequenzen des Handelns in die Reflexion unseres Verhalten einbezieht, haben wir immerhin eine Voraussetzung dafür entwickelt, um einer Präventionsmoral zu folgen.

Von Bonin: Ja, aber auch die Gegenmodelle: das Konzept der Freiheit des mündi-gen Bürgers, des Individuums, das in erster Linie Verantwortung für sich selber trägt. Im Blick auf unsere Tätigkeit als Entwicklungswerk sehe ich darin eine Chance, dass wir aus dem Gespräch mit Menschen aus anderen Kulturen lernen können. Aus dieser Perspektive können wir andere Blickweisen in unsere Gesellschaft hin-einbringen. Darin liegt die Stärke eines Ansatzes, nicht nur mit unserem Wissen und unseren Kategorien zu agieren, sondern Konzepte zu entwickeln in Gemein-schaft mit Partnern aus anderen Kulturen.

Öffentliche Bewusstseinsbildung

Hg.: Die evangelische Kirche hat es von Anfang an darauf angelegt, öffentliche Bewusstseinsbildung bei uns im Lande zu betreiben. Das haben der EED und seine

Vorgängerorganisationen beharrlich umgesetzt. Wie wirken sich die durch die Globalisierung veränderten Koordinaten auf die Bewusstseinsbildung hierzulande aus?

Von Bonin: Der dafür zuständige Ausschuss für entwicklungsbezogene Bildung und Publizistik ist vor dreißig Jahren entstanden. Und es ist eine der wichtigsten Erfahrungen und Erfolge der evangelischen Entwicklungsarbeit, dass wir die größten Förderer dieser Szene im Lande gewesen sind und die verschiedenen Akteure in ihren Debatten begleitet haben. Es war ja so, dass in diesen Gruppen und Bewegungen die besten Köpfe der ökumenischen Theologie sich organisiert hatten. Konrad Raiser hat großes Vertrauen in diese ökumenischen Initiativen gesetzt, und die Vollversammlung des ÖKR in Vancouver 1983 hat ihnen manche Impulse zu verdanken. Alle großen Gestalten der kirchlichen Entwicklungsarbeit waren mit diesen sozialen Bewegungen verbunden. In dieser Tradition ist auch ein Gutteil unserer internationalen Arbeit verwurzelt, die aus konkreten Erfahrungen der Kommunikation und nicht nur aus abstrakt-theoretischen Analysen schöpft.

Eine ganze Reihe von wichtigen Initiativen ist daraus entstanden. So der Faire Handel; er hat heute eine starke bewusstseinsbildende Funktion. Hinzu kommt die entwicklungspolitische Publizistik als Ort der öffentlichen Debatte in Deutschland. Allerdings: Die Gruppenszene ändert sich, und es verändert sich die Situation durch das völlig andere Medienverhalten der jüngeren Generation. Das hat auch Folgen für eine zeitgemäße Förderung entwicklungspolitischer Bildung.

Der neue Name für Frieden

Hg.: Als die Entwicklungspolitik vor vier Jahrzehnten als eigenständiges politisches Feld Kontur gewann, wurde die hoffnungsfrohe Parole ausgegeben: Entwicklung ist der neue Name für Frieden. Die Globalisierung hat die Substanz dieser Hoffnung in mancher Hinsicht unterlaufen und hat die Entwicklungspolitik vielfach auf die Rolle einer kostengünstigen Form der Sicherheitspolitik reduziert. Wissen Sie hier Rat?

Von Bonin: Aus der Sicht unserer praktischen Arbeit stellt die Terrorismus-Debatte die Welt anders dar, als sie ist. Sie verschiebt die Wahrnehmung: Afghanistan, der Irak, der Nahe Osten sind nicht das Ganze der Welt. Es gibt in anderen Teilen der Welt ganz andere Entwicklungen und Konflikte, die mit dem Terrorismus gar nichts zu tun haben, und wir sehen unsere Aufgabe darin, das zu sagen. Diese Debatte hat auch bedrohliche Dimensionen für die seriöse Entwicklungszusammenarbeit, weil die Dominanz des Sicherheitsdenkens die Außen- und Entwicklungspolitik in einer Weise prägt, dass es sie auch verdreht und verändert, mit der Gefahr, ihr ihre ethische Dimension zu rauben.

In unserer Grundorientierung steht: Die Arbeit des EED zielt darauf ab, den Frieden und die Überwindung von Gewalt zu fördern. Unsere konkrete Arbeit in vielen Regionen wird behindert durch Kriege und Bedrohungen des Friedens. Was der Bundesverteidigungsminister in den Afghanistan-Debatten des Deutschen Bundestages gefordert hat: die Verbindung von Militäreinsatz und Entwicklungsarbeit – das halte ich für extrem gefährlich. Denn die Entwicklungsarbeit verliert, wenn sie sich mit dem Militär verbindet, die Chance der humanitären Neutralität. Und die Entwicklungshelfer werden damit aus der Sicht der Gegner zu Kombattanten. Das kann die ganze Entwicklungsarbeit in einem Land gefährden. Gewiss: Militär hat die Funktion, Sicherheit herzustellen, auch als Voraussetzung für Entwicklungsarbeit, aber was dort geschieht, und dann auch noch unter der moralisierenden Überschrift des Kampfes für die Freiheit gegen den Terrorismus, ist ein falscher Weg.

Allerdings: Eine der Wirkungen der Terrorismus-Debatte ist das ernsthafte Nachdenken über das Verhältnis von Außenpolitik und Religion. Im Auswärtigen Amt in Berlin hat im November 2007 zu dieser Frage ein zweitägiges Symposion stattgefunden mit 300 Schlüsselpersonen, auch aus den Religionsgemeinschaften, mit einem nachdenklichen Programm: Welche Rolle spielen Religionen bei Konflikten? Aber auch: Welche Erfahrungen gibt es in der kirchlichen Arbeit zur Konfliktvermeidung? Das ist eine positive Nebenwirkung dieser Diskussion, bei der die Kirchen etwas zu sagen haben.

Hg.: Wenn wir von Gerechtigkeit sprechen, werden wir auch vom Recht sprechen müssen. Hier begegnen wir in der globalisierten Welt einer Fülle verschiedener Rechtssysteme und Arenen. Dabei geht es nicht um Konvergenz, sondern darum, verschiedene Rechtsarenen kompatibel zu machen. Viel mehr kann man eigentlich gar nicht.

Von Bonin: Wir sind in bestimmten Situationen auch als Kirchen verpflichtet, daran zu erinnern, was das Völkerrecht sagt. Im Israel-Palästina-Konflikt z.B. gibt es für den Umgang mit besetzten Gebieten klare Regelungen des Völkerrechts. Daran zu erinnern, darin sehen wir unsere Aufgabe, die sich herleitet aus einer protestantisch-aufklärerisch geprägten Kultur.

Komplizierter wird es im Blick auf die Universalität der Menschenrechte. Hier haben wir in unseren Organisationen einen Streit – einen notwendigen Streit. Die Menschenrechte, die politischen zumal, sind nicht zu denken ohne ihre protestantische Tradition. Wenn wir im Gespräch mit unseren Partnern aus anderen Kulturen diesen Teil unserer Identität aufgäben, dann gingen wir einen prekären Schritt. Aber ein Kampf für Menschenrechte mit missionarischem Habitus, der dann noch militärische Interventionen begründet, ist nicht weniger prekär. Mit dem öffentlichen Reden von Tony Blair oder George Bush wird eine Dimension unseres europäisch-amerikanischen Denkens quasi religiös missionarisch mit Gewalt in der Welt verbreitet und dadurch desavouiert. Diesen Konflikt müssen wir aushalten – hier gibt es nur den Weg der Verständigung, aber nicht den der Gewalt. Sonst würden die Menschenrechte selbst Schaden nehmen.

Hg.: Ist eine oberste Rechtsnorm überhaupt global durchsetzbar?

Von Bonin: Im Geist der UNO müsste man sagen: Menschenrechte und Demokratie sollen überall durchgesetzt werden. Die jüngere Generation der mehr technisch-praktisch Denkenden ist da viel unbefangener als unsere Generation, die schwierige Erfahrungen in den Knochen hat.

Mission und Entwicklung

Hg.: Wenn wir von den Problemen der Gewaltgeschichte absehen, was haben Mission und Entwicklung in der heutigen Welt noch miteinander zu tun, was verbindet diese große, aber prekäre Tradition? Auch heute sind nach wie vor Missionare in der Entwicklungszusammenarbeit tätig, die nicht einen imperialistischen Kulturexport betreiben.

Von Bonin: Es gibt sehr unterschiedliche und widersprüchliche Trends. Anders als noch vor zehn Jahren wird heute von Gesprächspartnern im Süden die positive Wirkung der Mission wieder deutlich hervorgehoben. Typisch für diese Position ist Bischof Mwume Dandala, der Generalsekretär der All African Conference of Churches. Er sagt: Ohne die Mission hätten wir nicht die Schulen – unsere Befreiungskämpfer kommen alle aus christlichen Schulen. Auch die kirchlichen Krankenhäuser kommen aus jener Zeit. Ohne die Missionsgesellschaften hätten wir nicht die Umschriften unserer Sprachen. Sie haben uns auch geholfen, Konzepte von Partnerschaft zu durchdenken und zu praktizieren. Viele Missionsgesellschaften wie die VEM oder das EMS werden gemeinsam getragen von Kirchen aus dem Norden und dem Süden.

Auf der anderen Seite: Zur Zeit wird Mission in einer neuen Weise dramatisch desavouiert durch die von amerikanischen und koreanischen Gruppen getragenen aggressiven Missionsaktivitäten in Afrika und Asien. Jedes Gespräch über Mission mit Partnern im Süden hat immer auch dieses Element – und von solchen problematischen Formen der Mission müssen wir uns distanzieren.

Schließlich: Viele unserer kirchlichen Partner in Afrika verstehen die Unterscheidung zwischen Mission und Entwicklung gar nicht. Sie haben ein „ganzheitliches" Verständnis von Mission; zur Mission gehört für sie selbstverständlich Entwicklungsförderung. Unsere europäischen Missionswerke haben sich dieses Missionsverständnis ebenfalls zueigen gemacht. Bekehrung und Verkündigung des Evangeliums: ja, das bleibt ihre Aufgabe, aber im Zusammenhang damit treiben sie Entwicklungsarbeit. Das hat dann auch die Folge: Die Missionswerke werden zu einer Konkurrenz von Brot für die Welt auf dem Spendenmarkt.

Hg.: Gibt es nicht auch eine neue Konkurrenz mit privaten Agenturen?

Von Bonin: In der sich verändernden Landschaft von Entwicklungseinrichtungen weltweit, in der neue Konzerne wie Action Aid, Plan International oder Oxfam und große Stiftungen wie die Gates-Stiftung, die Clinton-Initiative und andere im Wettbewerb miteinander stehen, haben sich die evangelischen Hilfsorganisationen und ihre Partner im Süden zusammen getan und eine neue Einrichtung unter dem Dach des Ökumenischen Rats der Kirchen gegründet. Sie heißt „Act Development". Diese Einrichtung bringt ein Volumen von etwa 1 Milliarde Dollar pro Jahr auf. Wir sind damit einer der größten „Mitspieler". In der Debatte um diese Gründung spielte eine Schlüsselrolle die Frage: Können Missionsorganisationen mit aufgenommen werden? In den Grundsätzen steht: Die Vergabe von Mitteln darf nicht mit Bekehrung verbunden werden. Es gibt in manchen Kirchen einen Streit über diese Frage: Kann die Kirche so etwas sagen?

Hg.: Wie denken Sie darüber?

Von Bonin: Meine persönliche Auffassung ist: Die Einladung zum Glauben ist Teil der Kirche. Und sie ist legitim gegenüber Menschen, die keinen Glauben und keine Religion haben. In einer säkularisierten Gesellschaft ist Mission ein akzeptabler Weg. Ich selbst halte es aber für falsch, Menschen, die in einer anderen Religion fest verankert sind, zum Christentum zu bekehren. Völlig unakzeptabel wäre es, Entwicklungsgelder unter der Bedingung zu geben, dass Menschen sich taufen ließen. Das tut auch keine Einrichtung der Evangelischen Kirche in Deutschland.

Hg.: Es wird zurzeit der Vorschlag zu einem freiwilligen Jahr in der Entwicklungsarbeit gemacht. Was halten Sie davon?

Von Bonin: Der Evangelische Entwicklungsdienst beginnt im Jahr 2008 mit einem
zusätzlichen Arbeitsbereich. Wir werden uns an einem Programm der Bundesregierung für junge Menschen beteiligen, einen Freiwilligendienst in Ländern des
Südens einzurichten. Diese Initiative der Regierung ist wesentlich vorbereitet worden auch von den kirchlichen Werken. Sie wurde Anfang September 2007 in ihrer
konkreten Konzeption öffentlich vorgestellt. Danach wird die Bundesregierung
ein Programm starten, mit dem pro Jahr 10.000 Freiwillige im Alter zwischen 18
und 28 Jahren die Möglichkeit haben sollen, zwischen drei und 18 Monaten in
Übersee zu leben und zu arbeiten. Dafür gibt es pro Person finanzielle Zuschüsse
des Staates in Höhe von monatlich 580 €. Die Träger des Programms sollen in der
Regel nicht staatliche Organisationen sein – nur der Deutsche Entwicklungsdienst
DED wird sich daran beteiligen –, sondern freie Träger aus dem kirchlichen und
gesellschaftlichen Bereich. Wichtig ist das gemeinsame Ziel: Es handelt sich um
ein Programm des Lernens für unsere Gesellschaft, bei dem die Partner im Süden
uns helfen. Es dient der Horizonterweiterung und der Vorbereitung von jungen
Menschen für ein Leben in einer Welt, die nur in ihrer globalen Vielfalt wirklich zu
erfassen ist. Und die Hoffnung ist: Dann wächst bei ihnen die Fähigkeit und die
Bereitschaft, später selber weltweit Verantwortung zu übernehmen.

Teil IV

Zivilgesellschaftliche Perspektiven

Reinhard Hermle

Akteure der Zivilgesellschaft
Die veränderte Rolle von Nichtregierungs-organisationen in der Entwicklungspolitik

Summary

Entwicklungspolitik ist nicht nur die Sache des Staates, sondern auch von nicht-staatlichen Akteuren. Diese sind Teil der Zivilgesellschaft und zwar ihres Non-Profit-Sektors. Sie machen auf Defizite staatlichen Handels aufmerksam, bringen Interessen und Bedürfnisse gesellschaftlich und politisch marginalisierter Gruppen ins Spiel, formulieren alternative Politikentwürfe und organisieren Hilfen, die Staat und Markt nicht oder nur unzureichend bereitstellen. Anfangs war die Tätigkeit der entwicklungspolitischen NRO vor allem humanitär und karitativ bestimmt. Nicht zuletzt unter dem Einfluss der Globalisierung reflektieren sie verstärkt die politischen und wirtschaftlichen Rahmenbedingungen, welche die Prozesse menschlicher Entwicklung behindern oder fördern und die sie durch ihre Advocacy- und Lobbyarbeit mit beeinflussen. Dadurch hat ihre Bedeutung weltweit erheblich zugenommen, auch wenn sie mit Risiken und Gefährdungen verbunden ist.

In den meisten Ländern ist Entwicklungspolitik nicht nur eine Sache des Staates, sondern auch von nicht-staatlichen Akteuren. Dies ist kein neues Phänomen. Vielmehr kennzeichnet es entwicklungspolitisches Handeln seit rund fünfzig Jahren. Auch in den neuen Beitrittsländern der EU, die gerade erst den Schritt von Nehmern zu Gebern gemacht haben und Entwicklungspolitik als neues Aufgabenfeld entdecken und aufbauen, entstehen schrittweise Nicht-Regierungs-Organisationen (NRO), die bei seiner Gestaltung mitwirken bzw. dieses kritisch begleiten.

Was sind NRO?

Eine genaue Definition erweist sich als schwierig. Die bunte Welt der NRO lässt sich nicht über einen Kamm scheren. Dafür ist ihre Vielfalt und Unterschiedlichkeit zu groß. Eindeutig ist, dass sie nicht Staat oder Teil des staatlichen Systems sind. Das gilt auch dann, wenn NRO erhebliche staatliche Finanzmittel für bestimmte Aufgaben erhalten, zumindest solange ihre Unabhängigkeit und Entscheidungsautonomie nicht in Frage stehen. Sie repräsentieren spezifische gesellschaftliche Interessen, die im politischen Geschehen nicht oder nicht hinreichend Berücksichtigung finden. NRO sind Akteure der Zivilgesellschaft. Dieser Begriff findet sowohl in der Politik wie auch in der sozialwissenschaftlichen Diskussion Verwendung. Die Häufigkeit seines Gebrauchs steht allerdings in einem merkwürdigen Missverhältnis zu seiner Unschärfe, oder aber diese lädt zur häufigen Verwendung besonders ein. Hilft er also weiter?

Eine erste Orientierung bietet die Unterscheidung zwischen Staat und Privatsektor. Die Zuordnung von Institutionen zum staatlichen Bereich (Regierung, staatliche Verwaltung, Parlament, Parteien) ist meist klar und problemlos. Aber was ist unter Privatsektor zu verstehen? Ihm ist alles zuzuordnen, was nicht-staatlich ist. Aber kann dies alles Zivilgesellschaft sein? Sind Siemens, Nokia oder Coca Cola das Gleiche wie Brot für die Welt, Greenpeace oder Oxfam? Es liegt nahe, diejenigen Organisationen, die auf (markt)wirtschaftliche und sehr partikulare Interessen des Umsatzes und Gewinnes, der wiederum dem Unternehmen bzw. seinen Anteilseignern zugute kommt, ausgerichtet sind, von denen zu unterscheiden, die gemeinnützige Zwecke verfolgen und auf die Verwirklichung von gemeinwohlorientierten Werten zielen. Erstere machen den Profit-Sektor des nicht-staatlichen Bereichs aus, letztere den Non-Profit-Sektor. Da deren Ziele weder auf Machteroberung oder die Teilhabe an staatlicher Macht einerseits, noch auf Gewinnerzielung für private Zwecke andererseits ausgerichtet sind, konstituieren sie einen eigenen, von Markt und Staat unterscheidbaren und abgrenzbaren Bereich. Diesen nennen wir Zivilgesellschaft.

Sie ist zunächst nur ein begriffliches Konstrukt, das weder auf eine spezifische Organisationsform noch a priori auf gemeinsame Interessen der verschiedenen Gruppen und Vereinigungen hinweist. Es ist ein Strukturmerkmal der Zivilgesellschaft, dass sie nicht primär über formale Zuordnungsprinzipien außer dem der Nicht-Macht- bzw. Nicht-Markt-Orientierung definiert werden kann, sondern eher über qualitative Merkmale. Maßgeblich sind die jeweils konkreten Ziele der Organisationen sowie die Frage, welche und wessen Interessen sie mit Hilfe welcher Maßnahmen und Aktivitäten vertreten.

Zivilgesellschaft hat eine normative Dimension in dem Sinn, dass sie Organisationen umfasst, in denen sich Bürger freiwillig zusammenfinden, um für ihre jeweilige Gesellschaft oder die Weltgesellschaft etwas zu tun, was deren Entwicklung und friedliches Fortbestehen fördern und sichern hilft. Auch wenn die einzelnen Institutionen und Akteure der Zivilgesellschaft nicht nach politischer Macht im Sinne von staatlicher Herrschaft streben, so sind sie dennoch oft nicht unpolitisch und können durchaus gesellschaftspolitische Ziele als Entwicklungs-, Umwelt-, Frauen-, Menschenrechts-, Migrant/innenorganisationen oder als Stadtteilgruppe verfolgen . Sie wollen dabei weniger für sich als Organisation als vor allem für die Menschen und deren Sache etwas erreichen, von denen sie getragen werden und für die sie auftreten, sprechen und handeln. Zivilgesellschaft und damit auch NRO sind gekennzeichnet durch ein breites und plurales Meinungs- und Tätigkeitsspektrum. Die Unterschiede zwischen den NRO hinsichtlich Größe, Bedeutung, Professionalität, ideologischer Ausrichtung und konkreten Handlungsformen können beträchtlich sein.

Gelegentlich wird gesagt, auch Al Qaida sei eine NRO. Dies könnte richtig sein hinsichtlich ihrer evidenten Nichtstaatlichkeit und der Tatsache, dass es sich nicht um ein profitorientiertes Wirtschaftsunternehmen handelt. In keinem Fall aber wäre vertretbar, in ihr einen zivilgesellschaftlichen Akteur zu sehen, da ihre terroristische Zielsetzung und die Gewaltanwendung als Mittel der Zielerreichung geradezu die Negation dessen darstellen, was zivilgesellschaftliches Selbstverständnis und Engagement ausmachen.

Die Bedeutung von Zivilgesellschaft und NRO für Demokratie und Menschenrechte kann nicht hoch genug eingeschätzt werden. Ohne weitreichende Bürgerbeteiligung, ohne eine lebendige Zivilgesellschaft und ein breit gefächertes Spektrum artikulierter gesellschaftlicher Interessen kann Demokratie nicht funktionieren und bleibt Entwicklung im Dickicht staatlicher Bevormundung und Kontrolle oder in technokratischer Unzulänglichkeit stecken. Akteure der Zivilgesellschaft machen auf Defizite staatlichen Handelns aufmerksam, bringen die Bedürfnisse gesellschaftlich und politisch marginalisierter Gruppen ins Spiel und formulieren alternative Politikentwürfe, für die sie aktiv eintreten und werben. Sie übernehmen Wachhund-Aufgaben und organisieren mitunter konkrete Hilfe, die Staat und Markt nicht bereitstellen. Sie können staatliches Handeln ergänzen, den Staat aber nicht ersetzen. Insofern spielen sie eine wichtige Rolle bei der Einforderung der Verantwortung des Staates gegenüber seinen Bürgerinnen und Bürgern.

Tätigkeitsfelder entwicklungspolitischer NRO

Für die entwicklungspolitischen NRO in Deutschland lassen sich vier idealtypische Kategorien von Tätigkeitsfeldern unterscheiden, die sich teilweise überlappen. Viele Organisationen sind in mehreren Bereichen aktiv. Diese Kategorisierung dürfte auch für NRO in anderen Ländern zutreffen:

Not- und Katastrophenhilfe: Hierbei geht es darum, im Falle großer Naturkatastrophen oder kriegerischer Ereignisse den davon betroffenen Menschen in armen Ländern möglichst schnell und direkt zu helfen, etwa durch die Lieferung von Zelten, Decken, Medikamenten, Wasseraufbereitungsanlagen. Im weiteren Sinn zählt dazu auch die Unterstützung beim Wiederaufbau zerstörter Häuser oder die Wiederbeschaffung von Arbeitsgeräten, die für den Lebensunterhalt oder die Erwirtschaftung eines Einkommens erforderlich sind (Saatgut, Harken, Boote für den Fischfang).

Nahrungsmittelhilfe: Sie hängt mit der Not- und Katastrophenhilfe zusammen. Im Idealfall bleibt sie auf solche Situationen beschränkt. In einigen Fällen liegt die Vermutung nahe, dass damit andere Zwecke verfolgt werden, wenn es etwa um den Abbau von landwirtschaftlichen Überschüssen in Europa oder den USA oder die Verbreitung gentechnisch veränderten Getreides geht.

Projekt- und Programmarbeit: Für viele NRO stand diese am Beginn ihrer Tätigkeit überhaupt. Bis heute stellt sie das wichtigste Tätigkeitsfeld dar. Hierunter fallen die Maßnahmen, die nach dem Grundsatz der „Hilfe zur Selbsthilfe" in der Regel mit örtlichen Partnern in den Ländern des Südens durchgeführt werden. Dabei geht es um Bildung und Ausbildung, Gesundheit, Wohnen und Siedeln, ländliche Entwicklung, Projekte zum Schutz der Umwelt oder – immer drängender – der Anpassung an den Klimawandel, Menschenrechtsarbeit, Gemeinwesenarbeit, Demokratieförderung und zivile Krisenprävention. Aus Einzelprojekten wurden im Laufe der Zeit Programme, mit denen konkreten Problemlagen in umfassenderer Weise begegnet werden soll. Maßnahmen im Gesundheitsbereich beschränken sich dann nicht mehr nur auf die Bereitstellung kurativer Möglichkeiten, sondern beziehen den Zugang zu sauberem Wasser, das Anlegen von Gemüsegärten zur besseren Ernährung und Hygieneerziehung mit ein. Über allem steht das Ziel, Armut zu überwinden und nachhaltige Entwicklung anzustoßen.

Bildungs-, Advocacy- und Lobbyarbeit: Ihr Ziel ist es zum einen, über die Probleme und Aufgabenstellungen, mit denen die NRO zu tun haben, zu informieren. Damit haben sie wesentlich dazu beigetragen, Entwicklungspolitik gesellschaftlich zu verankern und ihr einen ziemlich stabilen Rückhalt in der Öffentlichkeit zu verschaffen, was Meinungsumfragen immer wieder bestätigen. Zum anderen gilt es, durch Briefe, Gespräche, Konferenzen, Positionspapiere, Demonstrationen und Kampagnen für politische und wirtschaftliche Rahmenbedingungen einzutreten, die auch den Interessen der Armen in den Ländern des Südens gerecht werden. Einige wenige NRO haben sich ganz auf diese Arbeit spezialisiert.

Für diese Arbeit werben die NRO Spenden ein und erhalten öffentliche Mittel. Es wird geschätzt, dass die deutschen Organisationen der Entwicklungszusammenarbeit zusammen etwa 1,5 bis 2 Mrd. Euro pro Jahr umsetzen. Das Bundesministerium für wirtschaftliche Zusammenarbeit und Entwicklung (BMZ) unterstützt die Arbeit der NRO im Jahr 2008 mit rund 560 Mio Euro. Aus Mitteln des Auswärtigen Amtes stehen für Humanitäre Hilfe, Minenräumung, Krisenprävention und Friedenskonsolidierung 202 Mio Euro zur Verfügung. Davon kommt etwa die Hälfte den NRO zugute. Auch das Umweltministerium fördert NRO für umwelt- und klimapolitische Aufgaben. Weitere Mittel fließen aus Kassen der EU.

Obwohl die Arbeit der entwicklungspolitischen NRO immer in konkreten politischen Kontexten und Bezügen stattfindet, war ihre Tätigkeit über lange Jahre eher humanitär und karitativ bestimmt.

Von der Barmherzigkeit zur Gerechtigkeit

Erst nach und nach setzten sie sich jedoch auch mit den politischen und wirtschaftlichen Rahmenbedingungen von Entwicklungsprozessen auseinander. Dies begann verstärkt Anfang der 1980er Jahre. Ausschlaggebend dafür war die Erfahrung der Begrenztheit des Projekt- und Programmansatzes. An dessen Bedeutung kann zwar grundsätzlich kein Zweifel bestehen. Er hat oft modellhaften Charakter und leistet wesentliche Beiträge zur Selbsthilfe und Selbstorganisation der Armen. Zugleich war aber unübersehbar, dass diese Maßnahmen auf der Mikroebene die globalen Ungerechtigkeiten nicht beseitigen konnten. Die Arbeit blieb zu punktuell und von Rückschlägen nicht verschont. Auch wenn die Entwicklungszusammenarbeit der nichtstaatlichen Organisationen und der staatlichen Entwicklungspolitik dazu beigetragen hat, dass die Zahl der absolut Armen langsamer wächst als die Weltbevölkerung insgesamt, die Lebenserwartung der Menschen in vielen Ländern deutlich zugenommen hat und heute mehr Kinder in die Schule gehen denn je, so blieb doch gerade auch extreme Armut ein weltweites Massenphänomen.

Mehr noch: Immer wieder war zu beobachten, wie schnell mühsam errungene Projekterfolge durch gewaltsame Konflikte, politisches Fehlverhalten von Regierungen vor Ort, die wenig für das Wohl ihrer Bevölkerung, aber viel für die Auffüllung ihrer eigenen Konten taten, durch externe ökonomische Schocks, unfaire Strukturen und Praktiken im Welthandel und auch Naturkatastrophen beeinträchtigt oder zunichte gemacht wurden. Eine besondere Rolle bei diesen Lernerfahrungen spielten exemplarisch die Folgen der Schuldenkrise, des Agrardumping der EU oder der Strukturanpassungsprogramme von Weltbank und IWF. Eine langfristige Wirkung der eigenen Arbeit schien nicht erreichbar, ohne sich mit dem strukturellen Umfeld der Projektarbeit zu beschäftigen und so darauf einzuwirken, dass sozio-

ökonomische Entwicklung befördert und nicht behindert würde. Für viele kritische Beobachter und auch Spender wurde die traditionelle Projekt- und Programm-
hilfe erst in Verbindung mit politischer Arbeit glaubwürdig.

Verstärkt traten auch die Südpartner der Nord-NRO mit entsprechenden Erwartungen auf den Plan. Solidarisches Miteinander bedeutete für sie, dass die Partner
aus den reichen Ländern nicht nur Rat, finanzielle Unterstützung, Personal und
Sachgüter bereitstellten, sondern sich auch aktiv für ihre Interessen in den Zentren
der Macht einsetzten, zu denen sie keinen direkten Zugang und wo sie in der Regel
keine Stimme hatten.

Dieses neue Denken führte zu einem Paradigmenwechsel. Entwicklungsarbeit
erfolgte nicht mehr nur aus karitativen Motiven und mit assistenzieller Attitüde,
sondern strebte nach Gerechtigkeit. Unrecht sollte klar benannt und strukturell
bekämpft werden. Es wurde anerkannt, dass die Menschen im Süden nicht nur
unser Mitleid verdienen, sondern ein Anrecht haben auf gerechte Strukturen und
Teilhabe an den Gütern der Welt, wie dies als große Vision in den politischen,
wirtschaftlichen, sozialen und kulturellen Menschenrechtspakten niedergelegt ist.
Dies bedeutete, dass stärker als in der Vergangenheit die Zusammenhänge zwischen Armut im Süden und Reichtum im Norden in den Blick genommen, problematische Politikfelder genaueren Analysen unterzogen und Alternativen dazu aus
der Perspektive der Armen gefordert wurden.

Das Bild vom entwickelten Norden und dem unterentwickelten Süden zerbrach.
Die Welt erschien vielmehr von unterschiedlich fehl entwickelten Polen geprägt,
die gleichermaßen der Korrektur bedurften. Auch Deutschland war demnach nicht
nur Geber-, sondern auch Entwicklungsland. Es sollten Mehrheiten dafür gewonnen werden, nicht nur etwas vom Überfluss abzugeben, sondern sich selbst so zu
begrenzen, dass andere Menschen überhaupt eine Lebensperspektive erlangen konnten. Anders leben – damit andere überleben!

Seinen praktischen Niederschlag fand dies darin, dass sich zunächst die größe-
ren Organisationen schrittweise die personellen und inhaltlichen Kapazitäten schu-
fen, um den neuen Aufgaben gerecht zu werden, und entsprechende Stäbe und
Abteilungen aufbauten. Andere zogen bald nach. Themenbezogene Lobby- und
Kampagnenarbeit trat komplementär neben die Projektarbeit und gehört heute zum
Tagesgeschäft zahlreicher NRO.

Hatten sich über viele Jahre die Beziehungen zwischen NRO und staatlichen
Stellen vor allem auf die Bereitstellung weiterer öffentlicher Mittel für Maßnahmen in Entwicklungsländern bezogen, ging es nun auch um Fragen der Entschul-
dung, der weltwirtschaftlichen (Un-)Ordnung, der Handelspolitik und des Umwelt-
schutzes. Die Bandbreite der Themen erweiterte sich im Laufe der Zeit und erfas-

ste u.a. die Rüstungsexportproblematik mit dem Schwerpunkt Landminen, die Frage des Zugangs zu lebenswichtigen Medikamenten, der Patente und der Verantwortung von Unternehmen.

Ziele in der Politik waren in Deutschland nicht mehr nur das BMZ, sondern auch das Auswärtige Amt, das Wirtschafts-, Finanz-, Landwirtschafts- und Umweltministerium, um nur einige zu nennen. International richteten sich die Briefe, Petitionen und Aktionen auch an die EU sowie andere wichtige Akteure, die für bestimmte Probleme und deren Lösung besonders verantwortlich gemacht wurden. Auch einzelne Unternehmen oder Branchen gerieten wiederholt wegen Menschenrechtsverletzungen bzw. ausbeuterischer Praktiken in Entwicklungsländern in die Kritik und auf die Anklagebank.

Die Rolle der Globalisierung

Hintergrund für diese Wandlung im Selbstverständnis und Handlungsspektrum der NRO war auch das, was wir Globalisierung nennen. Die Internationalisierung der Güter- und Finanzmärkte hat zwar den weltweiten Wohlstand beträchtlich erhöht, seine Verteilung aber zugleich in eine dramatische Schieflage gebracht. Zu viele Menschen – in Entwicklungsländern bis hinein in die Mittelschichten der reichen Länder – sehen sich als Verlierer dieser Prozesse und nehmen dieses „Schicksal" nicht einfach klag- und tatenlos hin. Begünstigt wurde diese Entwicklung durch die wachsende Erkenntnis, dass die Nationalstaaten den entgrenzten Kapitalismus, der politisch gewollt, wenn auch nicht in den Folgen so intendiert war, nur noch bedingt steuern und kontrollieren können. Als seine treibenden Kräfte wurden vor allem die überstaatlichen Organisationen wie Weltbank, Internationaler Währungsfonds (IWF) und Welthandelsorganisation (WTO) sowie vor allem die transnationalen Konzerne gesehen. Letztere verfügen oft über mehr Macht als ganze Staatengruppen. Ihre Umsätze übersteigen in manchen Fällen die Budgets selbst mittelgroßer Staaten um ein Vielfaches. Alle erscheinen als übermächtige Akteure, aber gleichermaßen unfähig, mit den großen globalen Krisen der extremen Armut, des Klimawandels, der Pandemien, des organisierten Verbrechens oder des Terrorismus fertig zu werden. Dies führte zu Verunsicherung, wachsender Kritik und Aggressivität, die sich beispielsweise anlässlich der WTO-Ministerkonferenz im Dezember 1999 in Seattle oder des G7-Gipfels in Genua 2001 besonders heftig entlud.

Die Probleme und Krisen wachsen über nationale Grenzen weit hinaus und sind mit den Mitteln und Möglichkeiten des Nationalstaats, obwohl ihm nach wie

vor eine zentrale Rolle zukommt, nicht zu lösen. Die offensichtlichen Handlungs-
defizite werden durch die bisher entwickelten Ansätze einer *global governance*
nicht hinreichend kompensiert, sei es, weil multilaterale Politik nicht oder nur à la
carte erwünscht ist, da sie sich – wie im Fall der Vereinigten Staaten – nicht mit
dem Selbstverständnis einer Großmacht verträgt, oder sei es, weil sich die unterschiedlichen Interessenlagen der Staaten gegenseitig neutralisieren. Wo es zu Kooperationen und zum Zusammenspiel von Regierungen auf internationaler Ebene
kam und kommt – etwa bei den G7/8-Gipfeln, im Rahmen der UN-Konferenzen
(der großen Umwelt- und Entwicklungskonferenz 1992 in Rio de Janeiro oder des
Millennium-Gipfels im Jahr 2000, der mit den Millennium-Entwicklungszielen das
Programm zur Halbierung der extremen Armut bis 2015 formulierte) oder im Kontext der internationalen Regime (der Klimarahmenkonvention und dem Kyoto-Protokoll) –, werden oft nur Ergebnisse auf der Ebene des kleinsten gemeinsamen
Nenners erreicht, die der Größe und Bedeutung der anstehenden Herausforderungen nicht entsprechen. Eine Korrektur durch die demokratisch legitimierten nationalen Parlamente findet nicht oder nur in schwachem Maß statt. Gespeist von der
Enttäuschung über Staats- und Marktversagen stießen und stoßen Nichtregierungsorganisationen und andere Akteure der Zivilgesellschaft in dieses Vaku-
um vor. Sie bringen nicht berücksichtigte Interessen zu Gehör, stellen Öffentlichkeit her, skandalisieren die ungelösten Probleme und tragen so zur Gestaltung und
Demokratisierung der Globalisierungsprozesse bei.

Gefördert wurde dies vor allem durch die großen UN-Konferenzen der neunziger Jahre (Rio, Kopenhagen, Peking, Kairo etc.). Mehr und mehr bezog das UN-
System die Expertise der Vertreter der Zivilgesellschaft (unter Berücksichtigung
auch des privaten Sektors) in die Beratung der großen Weltthemen mit ein und
schuf für sie eine zwar informelle, aber durch Kenntnis und Engagement konsoli-
dierte Basis der systematischen Mitwirkung. Es gibt heute nahezu keinen internationalen politischen Prozess von Rang mehr, der nicht von NRO in dieser Weise
begleitet würde. So zählen NRO in dieser Hinsicht zu den Globalisierungsgewin-
nern, die insbesondere ihre Advocacy- und Lobbyarbeit immer stärker international vernetzt und dadurch effektiviert haben.

All dies hat dazu geführt, dass die Zahl der NRO in den letzten Jahren weltweit
stark angewachsen ist und ihre Bedeutung auf nationaler wie internationaler Ebene
erheblich zugenommen hat, gelegentlich bis zum Maß der Überschätzung ihrer
Möglichkeiten und Leistungsfähigkeit. Nicht unerwähnt sollte bleiben, dass auch
der Zusammenbruch der realsozialistischen Systeme vor allem in Osteuropa für
das Entstehen und Agieren von NRO entscheidende Voraussetzungen mit geschaffen hat. Die durch das Ende von autoritären Einparteienstaaten und Planwirtschaf-

ten ausgelösten Transformationsprozesse eröffneten Mitsprache- und Mitgestaltungsmöglichkeiten im gesellschaftlichen Raum, die bis dahin nicht oder nur in Ansätzen bestanden. Dies hatte unmittelbare Auswirkungen in den Ländern des zerfallenen Sowjetimperiums, strahlte aber bis nach Afrika und Lateinamerika aus, wo ebenfalls gesellschaftliche Kräfte nachdrücklicher für ihre Interessen ein- und selbstbewusster ihren Regierungen gegenübertraten. Jedoch sollte kritisch angemerkt werden, dass es in der großen Herde der NRO auch schwarze Schafe gibt, die in manchen Fällen vor allem zum Zweck der Geldbeschaffung bzw. als staatliche Vorfeldorganisationen (sog. Quasi-Non Governmental Organisations – QUANGOs) geschaffen wurden und wenig zivilgesellschaftliches Profil aufweisen.

Voraussetzungen, Chancen und Risiken der Entwicklungsarbeit von NRO

In den meisten liberalen Demokratien erfreuen sich NRO einer wachsenden Anerkennung und Wertschätzung. Sie werden zur Beratung der Politik herangezogen. Auch die großen internationalen Institutionen wie auch die Industrie suchen verstärkt das Gespräch mit ihnen. Was den einen als Fortschritt, Qualifizierung der politischen Prozesse und Zugewinn an Demokratie gilt, wird von anderen gerade umgekehrt als Gefährdung demokratischer Strukturen und Verfahren in der bisher bekannten Form betrachtet. Gelegentlich hört man auch den Einwand, dass NRO den Parlamenten den Rang abliefen. Diese Kritik geht freilich weniger an die Adresse der NRO, die ihre Stärke aus ihrer Tüchtigkeit, Sachkunde und den gegebenen Möglichkeiten beziehen, wohingegen starke oder schwache Parlamente Ausdruck der Reife demokratischer Systeme sind. Dennoch gehört aus dieser kritischen Perspektive mangelnde oder fehlende Legitimation zum Standardvorwurf gegenüber den NRO.

In der Tat verfügen sie über keine formalisierte demokratische Legitimation. Laut Verfassung ist beispielsweise Deutschland eine parlamentarische Demokratie. Die Verfassung weist den verschiedenen Staats- und Regierungsorganen klare Aufgaben und Funktionen zu. Sie sind die formalen Träger der staatlichen Autorität, Macht und Gewalt. Darüber hinaus sind die politischen Parteien in der Verfassung genannt. Von ihnen heißt es, dass sie an der politischen Willensbildung des Volkes mitwirken.

In der Verfassungswirklichkeit spielen freilich noch andere, verfassungsrechtlich nicht berücksichtigte Kräfte und Gruppen eine wichtige Rolle, so die Medien oder die in Verbänden organisierten gesellschaftlichen Interessen. Diese versuchen, durch Mobilisierung öffentlichen Drucks, durch die Beeinflussung der veröffentlichten und öffentlichen Meinung oder durch stille Einflussnahme auf Legislative und Exekutive die politische Willensbildung und entsprechende Gesetzgebungsprozesse in ihrem Sinn zu beeinflussen. Entsprechend ihrem jeweiligen Gewicht werden sie politisch ernst genommen und bei Willensbildungsprozessen auch ohne formales Mandat berücksichtigt.

In diesem offenen Spiel der Kräfte und dem von den Verfassungsorganen moderierten Prozess des Austarierens widerstrebender Interessen versuchen sich auch NRO zur Geltung zu bringen. Getragen werden sie von dem sozialen Umfeld, in dem sie wurzeln, von ihren Mitgliedern, Spendern und Unterstützern, die durch finanzielle Zuwendungen und/oder explizite Zustimmung zu inhaltlichen Positionen und politischen Aussagen und Aktionen ihr Tun legitimieren. Verstärkt agieren NRO inzwischen in zeitweiligen oder ständigen Netzen und Aktionsbündnissen, um die eher schmale eigene Ressourcenbasis besser nutzen und die Wirkung der Initiativen von Einzelorganisationen steigern zu können.

Ihren konsequentesten Ausdruck fand diese Entwicklung in Deutschland in der Gründung des Verbandes Entwicklungspolitik deutscher Nichtregierungsorganisationen (VENRO) im Jahr 1995. Heute gehören dem Verband etwas über 100 der wichtigsten bundesweit tätigen NRO der Entwicklungszusammenarbeit an und über die Struktur der Landesnetzwerke weitere rund 2000 lokale und regionale Gruppen und Organisationen. Ähnliche NRO-Dachverbände sind inzwischen auch in zahlreichen anderen Ländern entstanden.

Mit der Verbandsgründung ist es den entwicklungspolitischen NRO gelungen, sich als wichtiges gesellschaftliches Gegenüber zu Regierung und Parlament zu etablieren. In VENRO konkretisiert sich ein Stück Bürgergesellschaft, die durch Einspruch und Einmischung, mit Kampagnen (z.B. „Deine Stimme gegen Armut") aber auch durch Dialog und Kooperation dafür Sorge trägt, dass das Thema der wachsenden Ungleichheit zwischen Nord und Süd, der wachsenden Armutsprobleme in den reichen Gesellschaften selbst, die zunehmende Naturzerstörung und die Mechanismen und Strukturen, die zu diesen Prozessen führen, auf der politischen Tagesordnung bleiben. Diese Initiativen finden inzwischen auch Unterstützung durch prominente Größen der Musik- und Filmwelt, die über ungleich weiter reichende Potentiale der Ansprache eines breiten Publikums verfügen als die NRO und diese mit großer Wirkung zur Geltung bringen, bis dahin, dass sie gelegentlich den NRO die Schau stehlen.

Eine Grundvoraussetzung für zivilgesellschaftliches Engagement besteht in der Bereitschaft und Offenheit des politischen Systems, dieses zuzulassen und zu fördern. Wichtig sind Informations- und Meinungsfreiheit, Rechtssicherheit und auch ein Mindestmaß an finanziellen Ressourcen, die entweder über eine starke gesellschaftliche Verwurzelung generiert bzw. durch staatliche Förderung oder beides erreicht werden. Gerade die Ressourcenlage stellt sich jedoch oft als problematisch dar. Viele NRO werden als kostengünstige Experten und als Zugang zu Zielgruppen gebraucht, zu denen staatliche Institutionen keinen Zugang haben, ohne dass sie dafür ausreichend finanziell entschädigt würden.

Der Stellenwert und der Beitrag der NRO für Armutsbekämpfung, Demokratieförderung und als Träger nachhaltiger Entwicklungsprozesse findet in den meisten Industrieländern wie auch auf multilateraler Ebene, insbesondere im Rahmen des UN-Systems inzwischen nachdrücklich Anerkennung. Bei der EU besteht hingegen mitunter ein bedauerlicher Widerspruch zwischen tönenden Sonntagsreden über die Wichtigkeit der NRO und Montagstaten der Instrumentalisierung derselben für Zwecke der Politik der Europäischen Kommission. Und in manchen Entwicklungsländern tendiert die Wertschätzung von NRO gegen Null. Dort wird ihre Tätigkeit häufig als politisch unerwünscht und gefährlich – da subversiv – eingestuft.

Es bestätigt sich, dass es unter den Bedingungen autoritärer Regime für NRO kaum möglich ist, politisch aktiv zu werden. Soziale und karitative Aufgaben mögen sie noch wahrnehmen können. Damit weitergehende politische Anliegen zu verknüpfen, ist nur begrenzt möglich oder mit Gefahr für Leib und Leben der betreffenden Akteure verbunden. Ein Kollege aus Zimbabwe schrieb vor einiger Zeit in einem Brief:

> „Die Vokabel ‚Zivilgesellschaft' klingt in den Ohren der Herrschenden Zimbabwes ähnlich suspekt wie ‚Weltbank und IWF', ‚International Community und Good Governance', ‚WTO und Neokolonialismus'. Auf jeden Fall ist Zivilgesellschaft etwas, vor dem sich zu schützen oberstes Gebot der Erhaltung nationaler Souveränität ist."

In solchen Lagen reichen die Mittel der Einschüchterung von subtilen Nadelstichen und Kontrolle der Finanzmittel bis hin zur offenen und brutalen Repression.

Zweifellos birgt ein produktives Verhältnis von Staat, Wirtschaft und NRO zahlreiche Vorteile für alle Beteiligten. Staat und Wirtschaft gewinnen spezielle Expertise und zusätzliche Problemlösungskompetenz, besseren Zugang zu wichtigen Zielgruppen, Zugewinn an Legitimation und frühzeitige Hinweise auf gesellschaftliche Probleme, Konflikte und Krisen. Die Vorteile für NRO liegen insbesondere im Zugang zu Informationen, finanziellen Ressourcen und Entscheidungsträgern. Sie können politische Entscheidungsprozesse mit gestalten und erfahren dadurch einen auch öffentlich wirksamen Bedeutungszuwachs.

Die Kooperation zwischen so ungleichen Akteuren ist aber auch insbesondere für die NRO mit Risiken verbunden. Dazu gehören Kooptation, Instrumentalisierung und die Absorption von gerade bei NRO knappen Ressourcen. Dies zusammen kann zum Verlust von Autonomie und zur Unfähigkeit führen, die Interessen, für die man angetreten war, wirkungsvoll zu vertreten. Die Risiken lassen sich jedoch umso wirkungsvoller minimieren, je mehr man sich ihrer bewusst ist. Zunehmend schwierig gestaltet sich der Umgang mit der wachsenden Fülle entwicklungspolitisch relevanter Themen und Adressaten, für die selbst große NRO nicht immer über ausreichende Kapazitäten verfügen.

Entwicklungsarbeit ist auch in ihrer nicht-staatlichen Form politischer geworden. Die NRO haben die Herausforderung folgerichtig angenommen. Sie verlangt ihnen viel Kraft und Anstrengung ab. Eine Alternative dazu gibt es aber nicht.

Klaus Seitz

Lernen für eine zukunftsfähige Entwicklung
Aktionsgruppen und Nichtregierungsorganisationen als Plattformen gesellschaftlicher Innovation

Summary
Die Fähigkeiten, die sich Menschen quasi nebenbei und auf informellem Wege in Zusammenhängen des bürgerschaftlichen Engagements aneignen, bilden den Kern von Nachhaltigkeitskompetenz. Das Lernen in Bürgerinitiativen, Selbsthilfe- und Aktionsgruppen, in sozialen Bewegungen und Netzwerken ist die zentrale Säule einer Bildung für eine nachhaltige Entwicklung. Die für die Zukunftsfähigkeit unserer Gesellschaft bedeutsamen innovativen Lernerfahrungen vollziehen sich in weitaus höherem Maße in den Kontexten gesellschaftlicher Selbstorganisationen als in den Bildungsinstitutionen.

Im Sommer 1967 standen in Berlin mehrere Studenten, die auf den Straßen der Stadt gegen den Vietnamkrieg protestiert hatten, vor Gericht, angeklagt des Landfriedensbruchs, des Widerstands gegen die Staatsgewalt und anderer Delikte. Einer der Angeklagten wurde vom Richter gefragt: „Meinen Sie denn, dass sich in Vietnam etwas ändert, wenn Sie hier demonstrieren?" Der Student, nicht auf den Mund gefallen, antwortete: „Nein, in Vietnam nicht – aber hier!"

Wenn danach gefragt wird, was denn die (west)deutsche Dritte-Welt-Bewegung in der Welt bewegt habe, dann weist diese Anekdote, die uns der Theologieprofessor Helmut Gollwitzer überliefert hat (nach Balsen/Rössel 1986, S. 142), auf eine überraschende Spur: der Einfluss, den Aktionsgruppen und Dritte-Welt-Initiativen auf Unrechtsregime und Lebensverhältnisse im Süden der Welt, auf Welthandelsstrukturen und weltwirtschaftliche Ungleichgewichte genommen haben, mag bescheiden, vernachlässigbar oder gar zweifelhaft sein – gewiss aber hat das entwicklungspolitische Engagement in Gruppen und Initiativen unsere eigene Gesellschaft und das öffentliche Bewusstsein hierzulande nachhaltig verändert. Dieser Beitrag will deutlich machen, dass das zivilgesellschaftliche Engagement für transnationale Solidarität und internationale Gerechtigkeit, das aus den unruhigen „langen sechziger Jahren" (Siegfried 2007) hervorgegangen ist, angesichts der Herausforderungen der Zukunft weiter an Bedeutung gewinnen wird – gerade im Blick

auf die innovativen kollektiven Lernprozesse, die uns den Weg zu einem „Zukunftsfähigen Deutschland in einer globalisierten Welt"[1] bahnen können. Eine aktive,
kosmopolitisch orientierte Zivilgesellschaft ist der Schlüssel für die Wende zu einer zukunftsfähigen, nachhaltigen Entwicklung, die seit der Konferenz für Umwelt
und Entwicklung in Rio (1992) allenthalben angemahnt wird.

Der Internationalismus der Studentenbewegung war damals freilich noch von
einem fragwürdigen Solidaritätsverständnis geprägt. Genau betrachtet ging es den
Studierenden, die den Appell an unsere internationale Solidarität auf die Straßen
trugen, gar nicht so sehr um die Verhältnisse in Vietnam, Iran oder Kongo – der
fürchterliche Krieg, den die US-Amerikaner im Fernen Osten führten, bot vielmehr Anlass, um gegen die Verkrustung und Scheinheiligkeit der eigenen Gesellschaft und gegen Demokratiedefizite in Hochschule und Bildungswesen zu prote-
stieren. Nach dem Abklingen der Studentenbewegung 1970 wurde es still um Vietnam. Von den einstigen Internationalisten befassten sich nur noch wenige mit dem
Schicksal der vietnamesischen Bevölkerung, obwohl der Krieg noch lange nicht
beendet war. Pascal Bruckner hat in seiner Generalabrechnung mit dem Internationalismus der Linken darauf hingewiesen, dass die progressiven gesellschaftlichen
Bewegungen im Süden den meisten Dritte-Welt-Bewegten zumeist nur als Projek-
tionsfläche für eigene Revolutionsträume dienten – und damit der Weg für eine
belastbare partnerschaftliche Solidarität verstellt blieb: „Ein komischer Reigen von
Hingerissenheit und Verleugnung wandelt die Dritte-Welt-Solidarität in eine Folge
von Trauerepisoden um vergangene Liebschaften" (Bruckner 1984, S. 44).

Entwicklungsdienst im eigenen Land

Mit dem Abflauen der studentischen Proteste bildete sich zu Beginn der siebziger
Jahre indes ein neuer und wesentlich beständigerer Ansatz der zivilgesellschaftlichen Eine-Welt-Arbeit heraus, der sich der Zusammenführung zweier Strömungen
verdankt, die in den sechziger Jahren noch weitgehend getrennt voneinander agier-
ten: den in kirchlichen Kreisen beheimateten Jugend- und Gemeindegruppen, die
für Brot für die Welt oder für die Mission Spenden sammelten, auf der einen Seite,
den an linken Gesellschaftstheorien geschulten studentischen Intellektuellen auf

---

1   So lautet der Arbeitstitel einer Studie, die Brot für die Welt, Evangelischer Entwicklungsdienst
     und BUND gemeinsam beim Wuppertal Institut für Klima, Umwelt, Energie in Auftrag gegeben
     haben. Die Studie, die im Herbst 2008 veröffentlicht werden soll, knüpft an das Buch „Zukunfts-
     fähiges Deutschland" an, das 1996 von BUND, Misereor und Wuppertal-Institut vorgelegt wor-
     den ist.

der anderen Seite. Der Evangelische Kirchentag 1969 in Stuttgart bot ein wichtiges erstes Forum, bei dem die Debatte und die Annäherung zwischen den unterschiedlichen Strängen des entwicklungsbezogenen Engagements ausgefochten wurden. Die nun entstehenden Aktionsgruppen waren ihrerseits zentrales Element der aufkommenden neuen sozialen Bewegungen. Sie umfassten neben den Dritte-Welt-Gruppen die Alternativ- und Lebensstilbewegung, die Umweltgruppen, die Anti-Atomkraft-Initiativen, die Friedensbewegung und die neue Frauenbewegung. Mitte der siebziger Jahre gab es in Westdeutschland 15.000 bis 20.000 Bürgerinitiativen, von denen sich rund ein Viertel Umweltproblemen widmeten. Die Zahl ihrer Mitglieder überstieg schon damals die Zahl der Mitglieder von Parteien. 1972 wurde der Bundesverband Bürgerinitiativen Umweltschutz gegründet, 1975 entstand in Baden-Württemberg der erste Dachverband entwicklungspolitischer Aktionsgruppen auf Bundesländerebene, 1977 wurde der Bundeskongress entwicklungspolitischer Aktionsgruppen BUKO gegründet; die Bundespartei der Grünen schließlich, die sich zunächst als parlamentarischer Arm der neuen sozialen Bewegungen begriff, konstituierte sich im Jahr 1980.

Dritte-Welt-Arbeit wurde im Kontext der neuen sozialen Bewegungen vor allem an der Auseinandersetzung mit bestimmten Nahtstellen zwischen Nord und Süd konkret, anhand derer sichtbar wurde, was die Angehörigen eines wohlhabenden Industrielandes mit Armut und Unterdrückung in der Dritten Welt zu tun haben: die Futtermittelimporte, die erst unseren hohen Fleischkonsum ermöglichen, die Rüstungsexporte, die angesichts der Stellvertreterkriege florieren, oder die europäische Handelspolitik, die die Produzenten des Südens benachteiligt, waren solche Themen, an denen sich die Gruppen schon damals abgearbeitet haben. Mit dem Fairen Handel wurden zugleich praktische Handlungsalternativen für Verbraucher/innen aufgezeigt und angeboten. Und noch lange bevor das Leitbild einer „nachhaltigen Entwicklung" die Bühne der internationalen Politik betrat, praktizierten Gruppen und Initiativen alternative Lebens- und Produktionsformen, mit denen der Bedrohung der natürlichen Lebensgrundlagen und unserer internationalen Verantwortung gleichermaßen Rechnung getragen werden sollte.

Auf der V. Vollversammlung des Weltrats der Kirchen 1975 in Nairobi hielt Charles Birch eine aufrüttelnde Rede, in der er forderte: „Die Reichen müssen einfacher leben, damit die anderen überhaupt überleben können". Unter dem Eindruck dieses Appells und vor dem Hintergrund der Diskussion um die ökologischen Grenzen des Wachstums, formulierte der Arbeitskreis Dritte Welt in Reutlingen im Herbst 1976 sein Manifest „Alternative Entwicklung als entwicklungspolitische Alternative von Basisgruppen", in dem es heißt: „unsere entwicklung ist als vorbild für die dritte welt längst fragwürdig geworden, ihr unproblematischer export ist nicht mehr möglich

und nicht mehr wünschenswert. angesichts dieser situation sind entwicklungspolitische aktionsgruppen herausgefordert, alternative entwicklungskonzepte nicht nur zu
diskutieren, sondern sich selbst alternativ zu entwickeln"[2].

1977 hatten sich über 380 Menschen der im Vorjahr gegründeten Ökumenischen Initiative Eine Welt angeschlossen, die sich für einen zukunftsfähigen Lebensstil einsetzt und ihren Mitgliedern vier Selbstverpflichtungen abverlangt: um-
weltgerecht leben, einfacher leben, solidarisch leben, gesprächsbreit leben. In ihrem Grundsatzpapier heißt es: „Die Menschheit wird nur dann eine Überlebens-
chance haben, wenn wir unsere Verhältnisse zur natürlichen Umwelt und untereinander radikal verändern. Keiner kann sich der Mitverantwortung für eine lebensfähige Weltgesellschaft entziehen" (zit. n. Wenke/Zilleßen 1978, S. 334). Angeregt
durch Impulse aus der Ökumene hatte dann auch Brot für die Welt noch im selben
Jahr die Lebensstilkampagne „Aktion e – einfacher leben, einfach überleben, Leben entdecken" auf den Weg gebracht, mit der eine Fülle von Aktivitäten auf Ge-
meindeebene angestoßen wurden und die der aktuellen Debatte über den Zusammenhang von Ökologie und Gerechtigkeit den Boden bereitet hat.

Bei Brot für die Welt hatte sich, wie bei den anderen Mitgliedsorganisationen der
Arbeitsgemeinschaft Kirchlicher Entwicklungsdienst auch, in dieser Zeit die Erkenntnis durchgesetzt, dass sich die entwicklungspolitische Informationsarbeit eines kirchlichen Hilfswerks nicht allein auf die Darstellung von Not und Elend beschränken
kann, sondern auch ein Bewusstseinswandel in der deutschen Öffentlichkeit eingeleitet werden muss, will man auch politische Veränderungen im Interesse der Armen
voranbringen. Die EKD hatte der AG KED bereits anlässlich der Bremer Synode
1973 empfohlen, ein Konzept für die entwicklungsbezogene Bildung zu erarbeiten.
Diese Empfehlung resultierte aus der Erkenntnis, die der entwicklungspolitische
Ausschuss der Synode auf den Punkt gebracht hatte:

> „In der Arbeit des kirchlichen Entwicklungsdienstes hat sich gezeigt, wie notwendig Infor-
> mation, Bewusstseinsbildung und Gewissensschärfung im eigenen Land sind. Entwick-
> lungsdienst ist nicht nur in Übersee geboten, sondern stellt auch für uns in der Bundesrepu-
> blik eine Herausforderung dar".

In Umsetzung dieser Empfehlungen wurde 1975 der Rahmenplan der EKD für die
entwicklungsbezogene Bildung und Publizistik verabschiedet. Auf dieser Grundlage nahm zwei Jahre später der Ausschuss für entwicklungsbezogene Bildung und
Publizistik (ABP) seine Tätigkeit auf, die Bildungs- und Medienarbeit insbesondere der Gruppen und Initiativen in Kirche und Gesellschaft inhaltlich zu qualifi-
zieren und finanziell zu fördern.

---

2   Kleinschreibung im Original.

Zivilgesellschaftliches Engagement als Lernerfahrung

In diesem Zusammenwirken mit kirchlichen Werken und entwicklungspolitischen Nichtregierungsorganisationen hat sich die Dritte-Welt-Bewegung in den vergangenen drei Jahrzehnten als Motor und wichtigste soziale Basis der entwicklungspolitischen Bildung in Deutschland erwiesen. Die entwicklungspädagogische Diskussion speist sich in auffälliger Weise aus der Bildungspraxis der Solidaritätsbewegung. Wegweisende Konzepte der Bildungsarbeit sind aus den Aktionsformen dieser sozialen Bewegung heraus entstanden, gewissermaßen als theoretische Reflexion einer erprobten Praxis des entwicklungspolitischen Lernens in Aktionsgruppen, Arbeitskreisen und Bürgerinitiativen. Das trifft auf die „Nahbereichsdidaktik" der siebziger Jahre ebenso zu wie auf die heutigen Ansätze eines „Globalen Lernens" (vgl. VENRO 2000). Auch dürfte sich die Tatsache, dass sich die Bildungsinstitutionen inzwischen des Lernfeldes „Eine Welt/Dritte Welt" angenommen haben, nicht so sehr dem Drängen der erziehungswissenschaftlichen Forschung oder der Bildungspolitik anzurechnen sein, als vielmehr dem „Druck von der Straße". Es war bereits die jugendliche Protestbewegung, die das Thema „Dritte Welt" erstmals in das Bildungswesen hineingetragen hat: „Der Zwang zum Unterricht über die Dritte Welt kommt nicht von den Lehrplänen. Er kommt von den Schülern, von der jungen Generation, von Menschen, die unsere Welt in ihrer globalen Dimension erfahren haben" (Hug 1969, S. 272). Bis hin zum mühseligen Entstehungsprozess des 2007 von der Kultusministerkonferenz verabschiedeten „Orientierungsrahmens für den Lernbereich ,Globale Entwicklung'" setzt sich die Erfahrung fort, dass es vor allem des Anschubs von Seiten der Nichtregierungsorganisationen (in diesem Fall ihres Dachverbands VENRO) bedurfte, um globale Perspektiven im Schulcurriculum implementieren zu können.

Die sozialen Bewegungen spielten und spielen auch für die Erwachsenenbildung eine wichtige, aber lange unterschätzte, Rolle. Dabei geht es gar nicht so sehr um die öffentliche Außenwirkung der von ihnen betriebenen Bildungsarbeit, als vielmehr um den Lern- und Bildungsprozess, der innerhalb der Netzwerke selbst stattfindet. In diesem Sinne ist auch der Befund von Wolfgang Beer zu verstehen, „dass Bürgerinitiativen für die politische Sozialisation Erwachsener eine erheblich größere Bedeutung haben als die traditionellen Formen politischer Erwachsenenbildung..." (Beer 1980, S. 48). Die Arbeit in unabhängigen Initiativen und Weltläden wird selbst zu einer Lerngelegenheit, in der die Engagierten oftmals erste politische Erfahrungen sammeln, sich entwicklungspolitische Kompetenzen aneignen und ihr Beurteilungsvermögen schulen. Die Verflechtung von eigener Fortbildung und der Vermittlung des Angeeigneten in die Öffentlichkeit, von der Entwicklung phantasievoller Aktionsformen nach außen und der eigenen mühsamen Konsensfindung nach innen, eröffnet aktivierende Formen selbstbestimmten und selbstorganisierten politischen Lernens. Im Unterschied zum institutionalisierten Lernen zeichnet sich das Lernen in Bürgerinitiativen und Aktionsgruppen vor allem durch den Modus der Freiwilligkeit, die Umkehrbarkeit von Lehr- und Lernrollen, die Verknüpfung von Lernen und Handeln, die gleichberechtigte Zusammenarbeit mehrerer Generationen und die Aufhebung der Trennung von Alltag und Politik aus (vgl. Treml 1980).

Seit einigen Jahren gilt die Formel vom „Lebenslangen Lernen" als Leitdoktrin der Bildungspolitik in den OECD-Staaten. Die Bereitschaft, lebenslang zu lernen, gilt als Grundvoraussetzung, um in einer Welt des beschleunigten Wandels und rasch sich verändernder Anforderungen an berufliche Qualifikation und persönliche Lebensgestaltung bestehen zu können. Dabei gewinnt auch das informelle Lernen wieder an bildungspolitischer Anerkennung. Seit langem ist in der Bildungsforschung bekannt, dass die Mehrzahl der biographisch bedeutsamen Lernprozesse in informellen Zusammenhängen, außerhalb der Bildungsinstitutionen stattfinden.

Bestandsaufnahmen zu den Quellen des Weltwissens von Schülern weisen darauf hin, dass auch Jugendliche ihre bedeutsamsten Kenntnisse über globale Fragen im guten wie im schlechten Sinne nicht in erster Linie in der Schule erwerben. Doch nicht nur die wachsende Relevanz außerschulischer Globalisierungserfahrungen (durch Massenmedien, Reisen, interkulturelle Begegnungen, Konsumverhalten etc.) relativiert den Stellenwert schulischer Bildung im globalen Zeitalter; mehr und mehr zeigt sich auch, dass die Schule ihr bisheriges „Bildungsmonopol" verliert. Und das muss im Blick auf die Kompetenzen, die die nachwachsende Generation zur Bewältigung der zukünftigen gesellschaftlichen Herausforderungen bedarf, gar nicht einmal von Nachteil sein. Dafür, dass sich gerade außerschulische Lernorte in besonderer Weise anbieten, Räume für ein innovatives Lernen über globale Zusammenhänge zu schaffen, gibt es zahlreiche ermutigende Beispiele: zu verweisen wäre neben dem Lernen im Weltladen und in Bürgerinitiativen auch auf die gut erforschten Lernerfahrungen, die die Akteure im Rahmen Lokaler-Agenda-21-Prozesse machen, die mittlerweile bereits fast in jeder fünften deutschen Kommune in Gang gekommen sind (vgl. Brunold 2004). Kommunale Agenda-Aktivitäten bringen ein dialogisches und zielorientiertes Politikverständnis zur Geltung, das die gesellschaftspolitische Motivation Jugendlicher in besonderer Weise ansprechen könnte.

Eine aktuelle Studie zum Kompetenzerwerb Jugendlicher in Situationen freiwilligen Engagements, die von der Universität Dortmund gemeinsam mit dem

Deutschen Jugendinstitut durchgeführt wurde, belegt, dass freiwilliges und bürgerschaftliches Engagement – untersucht wurden u.a. die Mitwirkung in Greenpeace-Gruppen, Freiwilliger Feuerwehr, Technischem Hilfswerk und Evangelischer Jugend – für Jugendliche ein prägendes Lernfeld bietet, prägend für Persönlichkeitsentwicklung, Berufswahl, wie auch für die gesellschaftliche Partizipation (vgl. Düx/Sass 2007). Diese Untersuchung bestätigt wie viele andere auch: Die Fähigkeiten, die sich Menschen quasi nebenbei und auf informellem Wege in Zusammenhängen des bürgerschaftlichen Engagements aneignen, bilden den Kern von Nachhaltigkeitskompetenz. Das Lernen in Bürgerinitiativen, Selbsthilfe- und Aktionsgruppen, in sozialen Bewegungen und Netzwerken ist eine zentrale Säule gerade auch für eine Bildung für eine nachhaltige Entwicklung. Die für die Zukunftsfähigkeit unserer Gesellschaft bedeutsamen innovativen Lernerfahrungen vollziehen sich in weitaus höherem Maße in den Kontexten gesellschaftlicher Selbstorganisationen als in den Bildungsinstitutionen.

Zur Struktur des bürgerschaftlichen Engagements

Bürgerschaftliches Engagement kommt in verschiedenen Formen zum Ausdruck: als politisches oder als soziales Engagement, als Engagement in Vereinen und Kirchen, in öffentlichen Funktionen, in Formen solidarischer Gegenseitigkeit, der Selbsthilfe, wie auch als gemeinwohlorientiertes Engagement von und in Unternehmen (vgl. Enquete 2002). Der jüngste Freiwilligensurvey von 2004 bestätigt, dass sich in Deutschland rund ein Drittel der Bürger/innen in diesem Sinne längerfristig freiwillig engagieren – und dass sich der Anteil der bürgerschaftlich Engagierten allen Unkenrufen zum Trotz seit 1985 deutlich erhöht hat (vgl. BMFSFJ 2006). Allerdings konzentrieren sich gut zwei Drittel des Engagements in der „Organisation von Gemeinschaftsaktivitäten" im Bereich des Sports, der Freizeit, der Kirchen und der Kultur, wohingegen ein gezielt gemeinwohlorientiertes sozialpolitisches, entwicklungspolitisches oder ökologisches Engagement deutlich weniger stark ausgeprägt ist. Die Vereinsmitgliedschaften konzentrieren sich zu 40 Prozent auf den Sport, während der Anteil der Naturschutz-Vereine bei nur einem Prozent liegt. Im Bereich des Umwelt- und Naturschutzes sind rund 1,3 Millionen Menschen freiwillig aktiv.

Doch auch die gelegentlich schon totgesagte Dritte-Welt-Bewegung kann auf ein stattliches Fundament zurückblicken: gut belegt sind derzeit rund 2.000 entwicklungspolitische Initiativen in Deutschland, die im Rahmen der verschiedenen Landesnetzwerke organisiert sind – vermutlich dürfte sich die Zahl aller Eine-Welt/

Dritte-Welt-Gruppen bei insgesamt rund 4.000 bewegen. Über 800 Weltläden sind derzeit in Deutschland aktiv. In ihnen sind rund 800 Hauptamtliche und 50.000 Ehrenamtliche tätig. Nimmt man die vielen Menschen hinzu, die mit den staatlichen und nichtstaatlichen Entwicklungsorganisationen sowie mit den kirchlichen Hilfswerken verbunden sind, dann kann man davon ausgehen, dass in Deutschland rund 175.000 Menschen zu Nord-Süd-Fragen freiwillig oder professionell engagiert sind (vgl. Woods 2000). Diese Zahl verliert allerdings schnell ihren Glanz, wenn man bedenkt, dass allein im deutschen Kleingeflügelzüchterverband mehr als doppelt so viele Menschen organisiert sind.

Das Anliegen, für das die Eine-Welt-Engagierten stehen, hat in der Öffentlichkeit nach wie vor nicht den Stellenwert wie andere gesellschaftliche Probleme. Entwicklungspolitische Themen stoßen vor allem bei der jungen Generation, die einst den Internationalismus auf die Straße getragen hatte, derzeit nur auf wenig Resonanz – ungeachtet der benannten Bereitschaft zum freiwilligen Engagement. Der Nord-Süd-Konflikt rangiert unter den 15 Problemfeldern, die von Jugendlichen als besondere Herausforderung für sich oder für die Gesellschaft bewertet werden, in den Befragungen der letzten Shell-Jugendstudien jeweils an letzter Stelle. Eine Umfrage unter Weltläden zeigt denn auch, dass inzwischen 80% der Weltladenmitarbeiter/innen – dabei handelt es sich mehrheitlich um Frauen – über 50 Jahre alt sind. Zur Erinnerung: die Bewegung des Fairen Handels war 1970 von kirchlichen Jugend(!) - Verbänden gegründet worden.

Empowerment und Gestaltungskompetenz

Bürgerschaftliches Engagement ist ein wichtiger Anstoß für kollektive wie individuelle Lernprozesse in Richtung auf eine nachhaltige Entwicklung. Umgekehrt stellt auch der Anspruch an die Bürger/innen, sich aktiv in die zukunftsfähige Gestaltung des gesellschaftlichen Lebens einzubringen, enorme Anforderungen an die individuelle Lernfähigkeit. Die Kompetenzen, derer Menschen bedürfen, um unter den Bedingungen einer globalisierten Welt ein gelingendes und zugleich verantwortungsbewusstes Leben führen zu können, lassen sich unter den Begriff der „Gestaltungskompetenz" fassen: „Mit Gestaltungskompetenz wird das nach vorne weisende Vermögen bezeichnet, die Zukunft von Sozietäten, in denen man lebt, in aktiver Teilhabe im Sinne nachhaltiger Entwicklung modifizieren und modellieren zu können" (de Haan/Harenberg 1999, S. 60). Gestaltungskompetenz verweist auf den Anspruch des mündigen Subjektes, an den zukunftsrelevanten Entscheidungsprozessen kundig teilhaben zu können. Gestaltungskompetenz beschreibt damit die individuellen Voraussetzungen von „Empowerment". Sie bezeichnet eine mehrdimensionale Kompetenzstruktur, die u.a. die Fähigkeit zum antizipatorischen und interdisziplinären Denken, Weltoffenheit, Verständigungskompetenz, Vernetzungs- und Planungskompetenz, Kompetenz zu Solidarität, die Fähigkeit, sich und andere motivieren zu können und kulturelle Reflexionskompetenz umfasst (vgl. de Haan/ Seitz 2002).

Neben kognitiven Bewältigungsstrategien ist dabei auch die Ausbildung von Handlungskompetenz für die aktive Umsetzung dessen, was intellektuell als angemessen und richtig erkannt wird, unumgänglich. In Umfragen zum Umweltbewusstsein in Deutschland (vgl. BMU 2006) wird die bestürzende Diskrepanz zwischen dem vergleichsweise hohen Informationsstand und dem mangelhaften umweltbewussten Handeln der Bevölkerung deutlich. Die Mehrheit der Bevölkerung weiß recht gut Bescheid über das, was jeder Einzelne tun müsste, um die gemeinsamen Lebensgrundlagen zu schützen – und doch bleiben die praktischen Konsequenzen weit hinter Einsichten und Absichten zurück. Die größte Gruppe unter den Befragten kann als „Umweltrhetoriker" bezeichnet werden – Menschen, die zwar über ein hohes ökologisches Problembewusstsein verfügen, indes ein Verhalten an den Tag legen, das mit erheblichen ökologischen Belastungen verbunden ist. Diese eigentümliche Korrelation hängt nicht zuletzt damit zusammen, dass die Gruppe der ökologisch gut Informierten in der Regel auch über ein höheres Einkommen und einen höheren Lebensstandard verfügt, der z.B. angesichts eines aufwendigen Reise- und Freizeitverhaltens einen größeren „ökologischen Fußabdruck" mit sich bringt. So verwundert es auch nicht, dass in Deutschland bei vielen Nachhaltigkeitsindikatoren weiterhin negative Trends zu verzeichnen sind: die Siedlungs- und Wohnfläche pro Kopf hat ebenso dramatisch zugenommen wie die jährlich mit dem PKW oder dem Flugzeug zurückgelegte Wegstrecke; auch ist der Primärenergieverbrauch in Deutschland seit 1999 wieder im Steigen begriffen.

Ein demokratisches Gemeinwesen im Sinne nachhaltiger Entwicklung mitzugestalten muss offenbar auch praktisch erlernt und eingeübt werden. Die Förderung von Gestaltungskompetenz setzt eine partizipatorische Lernkultur und Spielräume für eine innovative gesellschaftliche Praxis voraus. Bildungseinrichtungen, die auf eine aktive Bürgerschaft in einem demokratischen Gemeinweisen vorbereiten wollen, müssen sich selbst für demokratische Entscheidungsprozesse öffnen und beteiligungsorientiertes Handeln fördern.

Zivilgesellschaftliche Teilnahme als Schlüssel für nachhaltige Entwicklung

Die Verabschiedung der Agenda 21 im Jahr 1992 markiert eine Wende in der Weltpolitik. Die Einbeziehung nichtstaatlicher Akteure ist in der Form, wie sie in der Agenda 21 konzeptionell und im Konferenzgeschehen der UNCED 1992 institutionell zum Ausdruck kam, ein Novum in der Geschichte der internationalen Politik. Über 1.400 Nichtregierungsorganisationen (NRO) waren beim Weltgipfel in Rio akkreditiert – und sie sind seitdem aus vielen Bereichen globaler Politikgestaltung nicht mehr wegzudenken. Die neue internationale NRO-Szene wird angesichts ihrer Kompetenz wie auch ihres besonderen Vermögens, die Öffentlichkeit zu mobilisieren, von den traditionellen Akteuren der Weltpolitik einerseits geschätzt, wie die konstruktive Zusammenarbeit zwischen UN-Institutionen und der Zivilgesellschaft in den Weltkonferenzen der neunziger Jahre unter Beweis gestellt hat. Ihr Protestpotenzial ist andererseits aber auch gefürchtet – spätestens, seitdem die Demonstrationen von Globalisierungskritikern mit dazu beigetragen haben, dass die Welthandelsorganisation 1999 in Seattle ihre Verhandlungsrunde mit dem Ziel einer weiteren Liberalisierung des Welthandels ergebnislos abbrechen musste.

Das Erstarken einer globalen Zivilgesellschaft signalisiert den tiefgreifenden Wandel, dem die Strukturen internationaler Politik im Zuge der Globalisierung unterworfen sind. Die Gestaltung internationaler Politik war über Jahrhunderte den Repräsentanten von Staaten vorbehalten. Doch mittlerweile sind oberhalb und unterhalb der Strukturen zwischenstaatlicher Diplomatie neue grenzüberschreitende Netzwerke der Politikkoordination entstanden, die deutlich machen, dass die Staatenwelt sich zu einer Gesellschaftswelt, ja zu einer Weltgesellschaft, gewandelt hat. Der Nationalstaat ist in den neu sich herausbildenden Strukturen des „internationalen" Systems nur noch ein Akteur neben anderen, u.a. neben multilateralen Institutionen, den Netzwerken der Zivilgesellschaft oder transnationalen Konzernen. Im Anschluss an ein Bonmot des Soziologen Daniel Bell kann man heute feststellen: Der Nationalstaat ist zu groß geworden für die kleinen Probleme des Lebens und zu klein für die großen Probleme der Welt.

Die zukunftsfähige Gestaltung des Globalisierungsprozesses setzt neue Formen einer transnationalen Weltinnenpolitik voraus. Weltinnenpolitik umfasst in diesem Verständnis nicht nur zwischenstaatliche Kooperationsverpflichtungen und die Anerkennung einer Global Governance, sondern auch die Teilhabe nichtstaatlicher Akteure auf transnationaler wie auf lokaler Ebene. Denn die staatlichen Instrumente reichen nicht aus, um ein dergleichen anspruchsvolles Aktionsprogramm in allen Bereichen der Gesellschaft umzusetzen. Ohne eine Teilhabe der breiten

Öffentlichkeit, ohne Sachkompetenz und Verantwortungsbewusstsein der Bürger/ innen und ohne die Mitwirkung der zivilgesellschaftlichen Akteure kann die Neuorientierung in Richtung Nachhaltigkeit nicht gelingen. Daher ist es konsequent, wenn in der Agenda 21 der Mobilisierung der Öffentlichkeit und der Einbeziehung der NRO eine Schlüsselrolle bei der Umsetzung dieses Wegweisers für das 21. Jahrhundert beigemessen wird.

Empowerment für eine nachhaltige Entwicklung kann nicht durch hierarchische Steuerung mobilisiert, sondern muss durch Strategien der Ermöglichung gefördert werden. Freiwilliges gemeinwohlorientiertes Engagement hängt davon ab, dass vielfältige Teilhabe- und Mitgestaltungsmöglichkeiten eröffnet werden. Es lässt sich, sofern es nachhaltig wirksam werden soll, kaum durch Informations-, Werbe- und PR-Kampagnen von oben initiieren. Lernen für eine nachhaltige Entwicklung verweist daher auf einen dialogischen Prozess des Lernens, Handelns und der Entscheidungsfindung „auf Augenhöhe", impliziert ein partizipatorisches und dialogisches Politikverständnis und ist auf die Entfaltung von Spielräumen für die Selbstorganisation und die Kompetenzentwicklung der Bürgerinnen und Bürger angewiesen.

In einer Zeit, in der die Rituale der massenmedialen Kommunikation zu der Annahme verleiten, dass nur noch spektakuläre Groß-Events Aufsehen erregen und das Interesse der Öffentlichkeit binden können, fällt das unspektakuläre Wirken der zahllosen kleinen Initiativen an der gesellschaftlichen Basis schnell durch die Maschen der Aufmerksamkeit. Und doch wären die Organisationen staatlicher wie kirchlicher Entwicklungszusammenarbeit gut beraten, mit ihrer Inlandsarbeit vor allem die vielen Initiativen und Gruppen vor Ort zu stärken und zu vernetzen, in denen nachhaltige und innovative Lernerfahrungen reifen, die unserer Gesellschaft dann, wenn es an der Zeit dafür ist, alternative Wege in die Zukunft weisen können.

Literatur

Balsen, Werner /Rössel, Karl (1986): Hoch die internationale Solidarität. Zur Geschichte der Dritte-Welt-Bewegung in der Bundesrepublik, Köln.

Beer, Wolfgang (1980): Sozialisationsprozesse in Bürgerinitiativen, in: Zeitschrift für Entwicklungspädagogik 1-2/1980, S. 44-63

Bruckner, Pascal (1984): Das Schluchzen des weißen Mannes. Berlin.

Brunold, Andreas (2004): Globales Lernen und Lokale Agenda 21. Aspekte kommunaler Bildungsprozesse in der „Einen Welt". Opladen.

Bundesministerium für Familie, Senioren, Frauen und Jugend (Hg.) (2006): Freiwilliges Engagement in Deutschland 1999-2004. Wiesbaden.

Bundesministerium für Umwelt, Naturschutz und Reaktorsicherheit BMU (Hrsg.) (2006): Umwelt-bewusstsein in Deutschland 2006. Berlin.

De Haan, Gerhard/Seitz, Klaus (2002): Kriterien für die Umsetzung eines internationalen Bildungs-auftrags. Bildung für eine nachhaltige Entwicklung (Teil 1). In: Journal „21" 1 (2001) 1, S. 58-62.

Düx, Wiebken/Sass, Erich (2007): Kompetenzerwerb Jugendlicher durch ein freiwilliges Engagement, in: Zeitschrift für internationale Bildungsforschung und Entwicklungspädagogik 34/2007 (i.E.)

Enquete-Kommission „Zukunft des Bürgerschaftlichen Engagements" (2002): Auf dem Weg in eine zukunftsfähige Bürgergesellschaft. Opladen.

Haan, Gerhard de/Hardenberg, Dorothee (1999): Bildung für eine nachhaltige Entwicklung. Bonn.

Hug, Wolfgang (1969): Didaktische und methodische Ansätze für den Unterricht über Entwicklungs-länder, in: Offene Welt Nr. 99/100, Köln/Opladen, S. 272-281.

Siegfried, Detlef (2003): Trau keinem über 30. Konsens und Konflikt der Generationen in der Bun-desrepublik der langen sechziger Jahre. In: Aus Politik und Zeitgeschichte (B 45/2003).

Treml, Alfred K. (1980): Entwicklungspädagogik als Theorie einer Praxis. Lernen in Bürgerinitiati-ven und Aktionsgruppen. In: ders. (Hrsg.), Entwicklungspädagogik. Frankfurt 1980, S. 75-90

VENRO, Verband Entwicklungspolitik (2000): Globales Lernen als Aufgabe und Handlungsfelder entwicklungspolitischer Nichtregierungsorganisationen. Bonn.

Wenke, Karl Ernst; Zilleßen, Horst (Hrsg.) (1978), Neuer Lebensstil. Opladen.

Woods, Adèle (2000): Facts about European NGOs Active in International Development. Paris.

Hans Norbert Janowski

Passt der Globus in die Nische?
Entwicklung in der Informations- und Kommunikationsgesellschaft

Summary

Die Technologien der Telekommunikation sind ein wesentlicher Motor der Globalisierung und leisten einen entscheidenden Beitrag zur Entstehung einer weltweiten Informations- und Kommunikationsgesellschaft – mit durchaus ambivalenten Wirkungen. Im veränderten Koordinatensystem der Globalisierungsprozesse erhält auch die Entwicklungspolitik neue Konturen. Diese Konstellation fördert nicht nur die Kommunikation der wirtschaftlichen, politischen und ökologischen Akteure, von ihrem Instrumentarium machen auch zivilgesellschaftliche Institutionen und Initiativen wie die Kirchen und Hilfswerke für eine effektive und innovative Vernetzung ihrer Aktivitäten Gebrauch – im Inland wie international.

Die Ausgangslage

Staatliche Entwicklungspolitik und kirchlicher Entwicklungsdienst waren in den sechziger Jahren unter weltpolitischen Bedingungen entstanden, die durch das Ende des Kolonialismus, die Herrschaft der Blockhegemonien und den Ost-West-Konflikt gekennzeichnet waren. Damals hatten sich die ökumenischen Kirchen als verantwortlichen Faktor einer kommenden Weltgesellschaft – so die Formulierung der Genfer Weltkonferenz über „Kirche und Gesellschaft" von 1966 – verstehen gelernt; in der Sprache der Vollversammlung des Ökumenischen Rates in Uppsala 1968: „Zum ersten Mal bekommen wir die Einheit der Menschheit als eine Realität in den Blick." Angesichts dieser Realität haben die Kirchen in den nordatlantischen Industrieländern begonnen, „sich selbst von der Lage der Menschen in den Entwicklungsländern her neu zu verstehen". Und sie haben daraus den Auftrag abgeleitet, „ein Bewusstsein für die Beteiligung an einer weltweiten verantwortlichen Gesellschaft mit Gerechtigkeit für alle zu schaffen".[1]

---

1 EKD-Denkschrift „ Der Entwicklungsdienst der Kirche - ein Beitrag für Frieden und Gerechtigkeit in der Welt". 1973, S. 17 nach Formulierungen der Weltkirchenkonferenz in Uppsala 1968.

Für diese Aufgabe haben sich die Kirchen als Pioniere für friedliche, sozial und ökologisch gerechte Gestaltung von gesellschaftlichen Strukturen vier Jahrzehnte lang eingesetzt und ihre weltweite Vernetzung als zivilgesellschaftliche Akteure genutzt. Dabei hat sich eine kritische Kooperation mit der staatlichen Entwicklungspolitik entwickelt. In Anbetracht der ständigen Spannung zwischen der Wahrnehmung politisch-wirtschaftlicher Interessen und der Armutsbekämpfung konnten die Kirchen kompensatorisch mit einem „Engagement ohne Eigennutz" aktiv werden und über die Projekthilfe hinaus für eine zivile Konfliktbearbeitung, die Respektierung von individuellen und sozialen Menschenrechten sowie für ein nachhaltiges Wirtschaften eintreten. In Deutschland hat der Staat diese Aktivitäten auch finanziell gefördert, da die Kirchen eigene Partner haben und nicht darauf angewiesen sind, mit den jeweiligen Regierungen der südlichen Länder zu kooperieren. Die Kirchen haben überdies Bildungsinitiativen ergriffen und eine entwicklungspolitische Publizistik aufgebaut und gefördert, um eine öffentliche und kritisch engagierte Bewusstseinsbildung im eigenen Land zu betreiben.

Die neuen Koordinaten und Aufgaben

Die Eine Welt ist Realität geworden in einer Weise, die tief ins Leben der technologisch hoch entwickelten Gesellschaften sowie der Schwellen- und Entwicklungsländer eingreift: in Wirtschaft, Handel und Kapitalmärkte, Arbeit und Kommunikation, durch Klimawandel, Umweltverschmutzung und Erschöpfung der natürlichen Ressourcen, durch Migration, Epedemien, Bürgerkriege und Terror. Nach der Auflösung der Blöcke und dem Entstehen einer Welt der multipolaren Machtsphären hat die Globalisierung auf diesen Feldern zu einer Öffnung herkömmlicher Grenzen und Protektionszonen geführt und die Koordinaten für eine politische Gestaltung einschneidend verändert.

Die Globalisierung hat für die nationalstaatliche und internationale Entwicklungspolitik Bedingungen geschaffen, die deren Horizont ausweiten und deren Komplexität erhöhen, so dass die traditionelle Politik der Hilfe wirtschaftlich und technisch überfordert, die global wirksame Entwicklungspolitik vor säkulare Herausforderungen gestellt wird. Der Entwicklungspolitologe Franz Nuscheler nennt sechs „Herkulesaufgaben", die auch über die acht Millenniums-Entwicklungsziele der UN hinausgreifen:

Schon damals hat die EKD darauf hingewiesen, dass die Begriffe „Dritte Welt" und „Entwicklungsländer" die Sachlage nicht treffen, in Ermangelung einer besseren Begrifflichkeit aber doch davon Gebrauch gemacht. Diese Schwierigkeit besteht auch noch heute.

Demnach geht es nach den Vorgaben der Millenniumsziele vor allem um Armuts-bekämpfung, darüber hinaus aber darum, „sozialpolitisch aufzufangen, was die Globalisierung an Humankosten verursacht" und die Wettbewerbsfähigkeit der armen Volkswirtschaften zu stärken. Es gilt, die Wohlstandsgesellschaften vor dem Krisenpotential des Migrationsdrucks zu schützen, durch eine Verzahnung von Wachstums- und Umweltpolitik den Gefährdungen durch den Klimawandel vorzu-beugen und dem Leitbild einer global nachhaltigen Entwicklung zum Durchbruch zu verhelfen. Ferner muss eine präventive Sicherheitspolitik betrieben werden, um die Brutalisierung von Verteilungskonflikten einzudämmen. Last not least geht es dar-um, „weltweit die Entwicklung hin zu Marktwirtschaft, Demokratie, die Herrschaft des Rechts und der politischen und sozialen Menschenrechte zu fördern".[2]

Angesichts dieser globalen Herausforderungen genügt es nicht mehr, Entwick-lungspolitik nach den Kriterien des ODA (Official Development Assistance), also der Finanzierung und Durchführung von Projekten und Programmen zu betreiben. Es kommt vielmehr darauf an, Entwicklungspolitik als Struktur- und Sozialpolitik zu verstehen und dafür ein institutionelles Instrumentarium mit entsprechenden Regelwerken zu schaffen. Dieser politische Ordnungsrahmen, der die Gestaltung der Globalisierung nicht allein den Kräften des Marktes und des Freihandels über-lässt, betrifft internationale Spielregeln für ökologische, sicherheitspolitische und soziale Gestaltung.

Im Blick darauf sind in jüngster Zeit die verschiedensten Vorschläge diskutiert worden: So wird die Vision einer globalen ökosozialen Marktwirtschaft (F.J. Rad-ermacher[3] u.a.) oder es werden Modelle eines fairen ökologischen und sozialen Ausgleichs zwischen den Hemisphären entwickelt (J. Stiglitz[4]), in beiden Fällen gegen die neoliberale Ideologie der freien Märkte (W. Easterly[5] u.a.), aber auch gegen die Modernisierungs- und Anpassungstheorien von IWF und Weltbank. Viel-fach wird auf das Modell der Europäischen Union und ihres Erweiterungsprozes-ses verwiesen, deren ökonomisch-ökologischen und politisch-sozialen Maßstäbe samt Co-Finanzierung man auf die Ebene eines Weltvertrags hochrechnet. Einig ist man sich in der Diagnose, dass die wirtschaftlichen und sozialen Disparitäten zwischen Arm und Reich nicht mehr nur Nord und Süd trennen, sondern sich auch durch die Gesellschaften im Norden, Osten und Süden hindurchziehen.

---

2   Wie geht es weiter mit der Entwicklungspolitik? in: Politik und Zeitgeschichte 48/2007, S.5.
3   Franz J. Radermacher: Die Zukunft der wirtschaft: Nachhaltigkeitskonformes Wachstum, sozia-ler Ausgleich, kulturelle Balance und Ökologie, in: M. Angrick (Hg.): Auf dem Weg zur nachhal-tigen Informationsgesellschaft. 2003, S. 13-42).
4   Joseph Stiglitz: Die Chancen der Globalisierung. 2006.
5   William Easterly: Wir retten die Welt zu Tode. 2006; vgl. auch: Die Entwicklungsideologie west weiter, in: Merkur 702/ November 2007, S.1084-88.

Daraus folgt: Entwicklungspolitik ist zu einer Querschnittsaufgabe der Außen- und Innenpolitik der Länder geworden. Sie behält als eigenständiger Politikbereich, als politische Dimension jedoch den spezifischen Auftrag, neben den ökonomischen und technischen Gesichtspunkten (Marktregeln) den Akzent besonders auf die ökologischen und sozialen Ziele der Gerechtigkeit, Nachhaltigkeit, Partizipation und der Menschenrechte zu legen. Darin liegt auch ein Grund für die Aufrechterhaltung eines Ressortministeriums für Entwicklungszusammenarbeit.

Die Ausweitung des Horizonts sowie diese Spitze machen es freilich erforderlich, die Priorität des Politischen vor der Ökonomie, die angesichts der eingeschränkten Handlungsfähigkeit von nationalen Regierungen und des Verfalls der Herrschaftsstrukturen in vielen Ländern des Südens (failing states) verloren geht, wieder zu gewinnen. Die UN-Konferenzen zu verschiedenen Politikfeldern und Weltgipfel von Davos bis G 8, der Ausbau der Europäischen Union sowie die kontinentalen Marktbündnisse sind Zeichen dafür, dass dieser Weg in Ergänzung und Korrektur der internationalen Regime von GATT/WTO, OECD, UNCTAD und IWF/ Weltbank inzwischen beschritten wird.

Eine nachhaltige Informationsgesellschaft?

Die Revolution der elektronischen Informations- und Kommunikations-Techniken (IuK-Techniken) hat sich als einer der wesentlichen Motoren der Globalisierung erwiesen und hat entscheidenden Anteil an den positiven Effekten, aber auch an den schädlichen Folgen dieses Prozesses. Zu den positiven Wirkungen der satellitengestützten Fernmeldetechniken, der digitalen Sende- und Empfangstechnologien gehören offensichtlich die grenzüberschreitende und beschleunigte Reichweite der Kommunikation: In Minutenschnelle sind die entlegensten Punkte der Welt erreichbar, und das zunächst für militärische Zwecke entwickelte Netzwerk lässt sich gegen Zusammenbrüche im großen und ganzen immunisieren, auch wenn es für Eingriffe, Angriffe und Ausfälle sensibel ist. Vor allem: Die Globalisierung von Informations- und Unterhaltungsmedien, aber auch das Internet als interaktives Arbeitsgerät, als Kommunikations-, Planungs- und Geschäftsmedium zieht eine kulturelle Modernisierung und Liberalisierung nach sich.

Diese interaktive, auf Dialog zielende Kommunikation ist partizipatorisch angelegt, bezieht viele, virtuell alle Menschen ein, denen der Zugang nicht physisch oder bildungsmäßig versperrt ist: Die Erfahrung von Freiheit steckt an und fördert Beteiligung und die Entwicklung entsprechender demokratischer Verhaltensformen und Strukturen.

Einem Bericht der UN-Konferenz für Handel und Entwicklung Unctad vom Februar 2008 zufolge hat sich das Handy in den Ländern Asiens, Afrikas und Lateinamerikas mit großer Geschwindigkeit zu einem Kommunikationswerkzeug der Armen entwickelt. Ende 2006 waren schätzungsweise 2,6 Mrd. Mobiltelefone in Gebrauch, über 40% davon in Asien. Die Experten der Unctad sind davon überzeugt, dass das mobile Telefon als wichtiges Instrument genutzt wird, um Geschäfte anzubahnen, Geldzahlungen zu transferieren, aber auch um Kontakte zwischen den Einzelnen und der Gemeinschaft aufrecht zu erhalten. In Entwicklungsländern hätten IuK-Innovationen neue Möglichkeiten für die Integration in globale Wertschöpfungsketten erschlossen und zur Diversifizierung von Produktion und Export, also zu mehr Prosperität geführt. (Vgl. Neue Zürcher Zeitung N.31 v. 7.02.08, S.45; vgl. auch June Arunga in diesem Band S. 61)

Vor allem: Die multimediale Informationsgesellschaft ist auf dem Weg zu einer immer stärkeren Vernetzung. Darin steckt eine wesentliche Voraussetzung für die Zukunftsfähigkeit einer Gesellschaft, die sich mehr und mehr von einer Informationsgesellschaft hin zu einer Wissensgesellschaft entwickelt. In den letzten Jahrzehnten hat sich die Bedeutung der Medien-Technologien als Wirtschaftsfaktor aber derart stark vergrößert – auch die EU behandelt die Medien inzwischen mehr als Wirtschafts- denn als Kulturgut –, dass an der Möglichkeit, auf dem Boden eines „digitalen Kapitalismus" (Peter Glotz) eine verantwortliche, nachhaltige Sozialkultur zu entwickelt, ernsthafte Zweifel geäußert werden.

Auf eine entsprechende Ambivalenz haben die Kirchen, die ja selbst als global wirksame Institutionen der sozialen Kommunikation verstanden werden können, früh hingewiesen:

> „Die heutigen medialen Techniken können das Gespräch in komplexen menschlichen Beziehungsformen, ja der gesamten Weltgesellschaft mit sich selbst vermitteln. Sie erweitern in umfassender Weise den Raum menschlicher Begegnung, den Zugang zu anderen Auffassungen und Werten, zu früher unbekannten Gestalten kultureller Selbstdarstellung. Sie eröffnen die Möglichkeit der Solidarisierung mit den Hoffnungen und Leiden anderer Menschen. Sie führen zu einer Ausweitung der Wahrnehmung und des Verantwortungshorizontes...".[6] (so die EKD in einer Studie von 1985)

Die Medien verstärken aber zugleich vorhandene Defizite und Gefährdungen: Die „Massenkommunikation steht in der Gefahr, Menschen zu bloßen Konsumenten medialer Angebote zu degradieren und so Identitätsverlust und Passivität zu fördern. Die unmittelbare Lebenswelt kann von einer medial vermittelten ‚Ersatzrealität' überdeckt werden. Es ist mit der ständigen Gefahr zu rechnen, dass die instru-

---

6 Die neuen Informations- und Kommunikationstechniken. 1985, S. 23 und 25.

mentelle Vernunft die ethisch-politische Bedeutung des sozialen Kommunikationsprozesses übersieht." Draus wird gefolgert: „Technik darf nicht dazu führen, kulturelle Profile einzuebnen und das gesellschaftliche Leben den Gesetzen der wissenschaftlich-technischen Entwicklung zu unterwerfen, sie soll vielmehr in den Dienst einer verantwortlichen Sozialkultur gestellt werden."

Der positiven Akzentsetzung wird gegenüber der Skepsis das größere Gewicht beigemessen. Und die Kriterien, welche die ökumenische Bewegung ihrer Vision von „Gerechtigkeit, Frieden und Bewahrung der Schöpfung" zugeordnet hat: „sie müsse sich gerecht, partizipatorisch und lebenserhaltend" (just, paticipatory and sustainable) organisieren, sollten auch für eine globale wie nationale Informations- und Kommunikationsgesellschaft gelten, wenn sie sich als zukunftsfähig und also nachhaltig erweisen soll.

Die positiven Wirkungen

Wirtschaftlich und sozial kann die Mediengesellschaft, wie sich zeigt, trotz der Ambivalenzen positive Effekte erzeugen, sie hat sogar eine konstitutive Bedeutung für den Prozess der Globalisierung. Die Lage spitzt sich jedoch zu, wenn man die Frage nach der ökologischen Verträglichkeit und dem kulturanthropologischen Fußabdruck stellt.

Zunächst gilt auch hier: Wie bei der wirtschaftlichen Globalisierung ist auch eine lokale wie weltweit wirksame Umweltpolitik nicht möglich ohne die gleichzeitige Transformation der Industriegesellschaft zu einer Kommunikationsgesellschaft. Seit dem Umweltgipfel von Rio de Janeiro 1992 und der Nachfolgekonferenz in Midrand 1996 wurde die notwendige und enge Verbindung betont. Das Forum „Ein europäischer Weg in die Informationsgesellschaft" der EU von 1999 hat den Aufbau der Mediengesellschaft sogar als einen Umbruch von der Größenordnung einer zweiten Renaissance bezeichnet.

Dabei ist klar: Nicht abgelöst, sondern transformiert wird eine Gesellschaft, die sich vor allem durch Warenproduktion und Geldwirtschaft sowie durch eine interaktionsarme, von der Druckkultur und den herkömmlichen Einbahnmedien geprägte öffentliche Kommunikation auszeichnet. Wenn die sich entwickelnde Kommunikationsgesellschaft als Netzwerk von Information verarbeitenden Systemen zu verstehen ist, dann greift eine solche Funktionsweise tief ein in die Formen der Weltwahrnehmung sowie den „Stoffwechsel" des Menschen mit der Natur durch Arbeit, Herrschaft und Interaktion. Damit verändern sich auch die Maßstäbe für die Beurteilung von Wirtschaft und Politik, von Wissenschaft und künstlerischer wie politischer Kultur.

Die Informationsgesellschaft hat besonders für die langfristige Perspektive der Zukunftsfähigkeit und Nachhaltigkeit eine Bedeutung. Informationen über Umweltrisiken, Klimawandel und Ressourcenverbrauch werden erst dann für die soziale Praxis brauchbar, wenn die Gesellschaft über Instrumente für eine Einflussnahme auf die Umwelt verfügt. Und diese werden zu politischen Instrumenten erst, wenn sich möglichst viele BürgerInnen an einer öffentlichen Bewusstseinsbildung und der praktischen Umsetzung der gewonnenen Erkenntnisse beteiligen. Die gegenwärtige Auseinandersetzung über die Reduzierung von CO_2 und den Einsatz regenerierbarer Rohstoffe für Energie bietet dafür eine gute Anschauung. Der Prozess setzt nicht nur eine partizipatorisch organisierte, demokratische Gesellschaft, sondern auch eine interaktive und vernetzte Informationsgesellschaft voraus. Zudem können die Probleme ohne die Weiterentwicklung der weltweiten Vernetzung und eine sozial gerechte wie international abgestimmte Kommunikationspolitik nicht bewältigt werden.

Eine nachhaltige Entwicklung ist dem bekannten Diktum der Brundtland-Kommission von 1987 zufolge ein Prozess, der „die Bedürfnisse der Gegenwart befriedigt, ohne zu riskieren, dass künftige Generationen ihre eigenen Bedürfnisse nicht befriedigen können". Inzwischen hat diese Maxime eine erweiterte Bedeutung angenommen: Der Begriff der Nachhaltigkeit zielt über die Überlebensfähigkeit in Bezug auf Umwelt und Natur hinaus auf die Zukunftsfähigkeit und soziale Gerechtigkeit der Weltgesellschaft. Das „Wittenberger Memorandum" zur „Nachhaltigkeit als Aufgabe der Kirchen" von 2002 stellt diesen Zusammenhang so dar: „Nachhaltige Entwicklung darf nicht auf ökologische Ziele verkürzt werden. Deshalb ist aus christlicher Sicht die Gerechtigkeit zwischen den Generationen sowie die Gerechtigkeit zwischen Arm und Reich Dreh- und Angelpunkt für eine nachhaltige Entwicklung."[7]

Dementsprechend umfasst das Verständnis von Nachhaltigkeit mindestens drei normative Aspekte: Die ökologische Dimension bezieht sich auf notwendige Rückkoppelungen von sozialen und wirtschaftlichen Entwicklungen an die natürlichen Lebensgrundlagen. Soziale Gerechtigkeit und Partizipation sind gegenwartsbezogene Aspekte. Dadurch sollen eine Grundversorgung aller Menschen und die Teilhabe aller an der sozialen Kommunikation und den Gütern der Erde gesichert werden. Die politische Dimension zielt ab auf ein strukturpolitisches Entwicklungskonzept, das einem sozial gerechten Frieden dient.

---

7 epd-Dokumentation v. 3. Juli 2002, S. 8.

Die Schatten der Informationsgesellschaft

So weit, so gut. Die schädlichen Wirkungen der vernetzten Medien und Informationstechnologien treten als Folgewirkungen ihrer dynamischen Evolution auf. Man spricht im Blick auf die Umweltbelastung von einem „ökologischen Rucksack". Die Verkleinerung der Rechner und deren rasante Ausbreitung weltweit zieht eine enorme Vermehrung von Elektronikschrott nach sich, die zu einem exponentialen Wachstum und einem nur schwer lösbaren, jedenfalls kostenintensiven Entsorgungsproblem führt.

Hinzu kommt ein Bumerang- oder „Rebound-Effekt"[8], der sich zum Teil der Beschleunigung bei der Ablösung der technologischen Generationen von Hard- und Software verdankt, zum größeren Teil jedoch einer Dialektik der Entlastungswirkungen sowie der „Dematerialisierung" der Produktionsgesellschaft durch Dienstleistung und Kommunikation. So hat das moderne, „papierlose" Büro den bei weitem größten Papierverbrauch in der Geschichte, und die Telekommunikation erweist sich zudem als ein Medium, das durch Konferenzschaltung und interaktiven Geschäftsverkehr nicht nur zu Entlastungen führt, sondern aufgrund des Zeitgewinns zu mehr Reisen – dienstlich und privat – als je zuvor[9]. Die Bewältigung des Rebound-Effekts und der Entsorgung stellt sich inzwischen als „das zentrale weltweite Thema zur Erreichung einer nachhaltigen Entwicklung heraus"[10].

Eine Schattenseite der veränderten Weltwahrnehmung ergänzt dieses Gefahren-Szenario. Die alte Weisheit: „Quod non est in actis, non est in mundo" hat der Biologe und Wissenschaftspolitiker Hubert Markl kürzlich aktuell abgewandelt in die Erfahrung: „Quod non est in mediis, non est in mundo".[11] Das lenkt den Blick auf eine Fundamentalkritik des französischen Philosophen Jean Baudrillard an der Mediengesellschaft: Sie hebe die Unterscheidung von falschem Schein und wahrem Sein auf, die das abendländische Denken maßgeblich bestimmt habe. Die visuelle Simulation durch das fiktive TV, den Computer, das Kino und das Warendesign trete an die Stelle der Realität und sei zu einem selbstbezüglichen System von Zeichen und Bildern geworden, das jeden Ausbruchsversuch und jede Kritik absorbiert. Denn die Kritik am System sei ja selbst ein Element in diesem virtuellen Spiel der Bilder.

Die Mediengesellschaft als ein geschlossener Käfig, gleichsam als Platons Höhle der fiktiven Weltwahrnehmung, immunisiert die soziale Kommunikation geradezu

---

8   Vgl. J. Neirynck: Der göttliche Ingenieur. 1994
9   Vgl F.J. Radermacher in: Nachhaltige Informationsgesellschaft. 2000, S. 376.
10   Ders.in: Auf dem Weg zu einer nachhaltigen Informationsgesellschaft. 2003, S. 20.
11   Hubert Markl in: Kulturzwang und angeborene Freiheit. Merkur 704/2008, S. 25.

gegenüber der Realität von Natur und Gesellschaft, von Gewalt und Zerstörung der Lebensgrundlagen. Sollte Baudrillards Requiem der Mediengesellschaft im Recht sein, dürfte diese Selbstghettoisierung eine größere Bedrohung für eine nachhaltige Informationsgesellschaft darstellen als die Gefährdung der Cyberworld durch Manipulateure, Hacker, Gurus und Terroristen.

Öffentlichkeit als politischer Faktor

Der Missbrauch der sozialen Kommunikation in der Mediengesellschaft durch Diktaturen, durch Populismus und Manipulation sollte aber nicht den Blick dafür verstellen, dass das wesentliche Merkmal der Informations- und Kommunikationsgesellschaft ein anderes ist: Kommunikation durch interaktive Massenmedien findet zugleich stark individualisiert statt. Das kommt einer Nutzung entgegen, welche die interaktive Teilnahme vieler ermöglicht. Das ist nicht ohne politisch-gesellschaftliche Folgen geblieben: Öffentliche Meinungsbildung und politische Willensbildung vollzogen sich traditionell über die organisierte Wahrnehmung von Sonder- und Gruppeninteressen durch Parteien, Verbände und Unternehmen, über die Erzielung von Kompromissen und durch Mehrheitsentscheid.

Für das Gemeinwohl stehen herkömmlich staatliche Einrichtungen sowie kritisch die öffentliche Kommunikation ein. Spätestens seit den siebziger Jahren sind handlungsorientierte soziale Agenturen nachgewachsen, Bürgerinitiativen zumeist, die Gemeinwohl-Interessen und -Aufgaben auf ihr Panier geschrieben haben. Sie orientieren sich an langfristigen Folgen von Politik, Planung, Wirtschaft, Wissenschaft und Technik und haben zum Ziel, die Effekte und Gefahren des Fortschritts bewusst zu machen und zu kontrollieren. Dabei geht es besonders um die schwer zu kalkulierende und die politische Kurzfristplanung überschreitende ökologische Entwicklung, um Ressourcen- und Klimaschutz sowie Friedenssicherung.

Der Erfolg einer zukunftsfähigen Entwicklung ist vor allem davon abhängig, wie breit eine gesellschaftliche Unterstützung erfolgen kann. Das Verhalten der einzelnen Menschen und nicht nur das der Institutionen ist die Basis für eine überlebensfähige Gesellschaft. Die Grundvoraussetzung dafür ist der ungehinderte Zugang zu Informationen. In der seit 2002 bestehenden europäischen Aarhus-Konvention sind die Rechte auf den Zugang zu Informationen und die gesellschaftliche Partizipation in der Umweltpolitik völkerrechtlich fixiert. Es besteht die Aufgabe, dieser Konvention weltweit Geltung zu verschaffen. Das Forum „Umwelt und Entwicklung" des Bündnisses der Nichtregierungsorganisationen hat 2002 dafür Vorschläge gemacht und Forderungen erhoben. Sie klingen vorerst idealistisch und haben zweifellos ihre Tücken, zumal die elektronischen Systeme auch Manipulatoren, Scharlatanen, Fundamentalisten und Terroristen offen stehen. Die Vorschläge betreffen den Ausbau plebiszitärer Verfahren demokratischer Bürgerbeteiligung, von Bildungsmaßnahmen und die Vernetzung interaktiver Medien und Bürgergruppen, etwa lokaler Agenda 21-Initiativen.

Wichtig ist hier die Erfahrung: Zivilgesellschaftliche Organisationen und Bürgerinitiativen haben ohne staatliche Rahmenbedingungen, Institutionen und Sicherheitsgarantien keine Chance. Die Freiheit in der Zivilgesellschaft bedarf der Sicherung durch den Staat und eventuell die staatliche Intervention.

Passt der Globus in die Nische? Entwicklungspolitische Publizistik

Unsere Aufmerksamkeit gilt in diesem Zusammenhang besonders der entwicklungsbezogenen Publizistik und der vernetzten Kommunikation der nichtstaatlichen Organisationen und Aktionsgruppen. Dabei ist es der Natur der Sache nach schwierig, den Blick nur auf die Publizistik konzentrieren zu wollen. Nach der Auflösung der Blöcke und damit der so genannten 2. und 3. Welt, aber auch angesichts der Tatsache, dass der Graben zwischen Arm und Reich nicht mehr nur zwischen Nord und Süd, sondern quer durch die Gesellschaften aller Weltregionen verläuft, hat der Begriff „Entwicklung" eine Ausdehnung und Vieldimensionalität angenommen, sodass er nur noch eingeschränkt verwendbar ist. Entwicklungspublizistik ist zu einem Teil der Auslandsberichterstattung geworden und wird von den Medien, die in wenigen Fällen und dann nur eine Zeitlang ein eigenes Ressort betrieben (WDR, einige Tageszeitungen), heute auch so behandelt. Die entwicklungspolitische Publizistik tritt heraus aus der engen Marktnische, in die sie mehr und mehr geraten war und geht auf in der politischen Berichterstattung.

Hinzu kommt das breite publizistische Feld der internationalen Wirtschafts- und Finanzbeziehungen, für das ganze Printorgane, Sender und Redaktionen arbeiten – beim Nachrichtensender CNN beherrscht dieser Blickwinkel wie bei den Wirtschafts- und Finanzblättern die gesamten Weltnachrichten.

Umgekehrt hat sich für das Fachpublikum und entwicklungspolitisch Engagierte eine Special-Interest-Publizistik entwickelt, die besonders auf dem Zeitschriftenmarkt Profil gewonnen hat. Hier steht die Behandlung spezifischer Problemfelder wie Armutsbekämpfung, Gesundheit, Welthandel, Wasserversorgung, Rodung, Klima- und Ressourcenschutz oder alternative Energien im Vordergrund. Dabei sind Nichtregierungsorganisationen (NRO), darunter besonders die Kirchen im Verbund mit ökumenisch aktiven Initiativen als Pioniere hervorgetreten. Im deutschsprachigen Bereich haben sich neben dem Organ des Entwicklungsministeriums das Nachrichtenmagazin „epd-Entwicklungspolitik" und „Der Überblick" als Organ des Evangelischen Entwicklungsdienstes einen Namen gemacht. Beide Zeitschriften wurden unter dem Knappheitsdruck der kirchlichen Finanzen zusammengelegt und erscheinen seit Januar 2008 als Magazin „Welt-Sichten. Magazin für globale Entwicklung und ökumenische Zusammenarbeit"[12].

Neben diesen Fachzeitschriften gibt es eine vielfarbige Szene von „Bewegungspublizistik", Mitgliederorganen und Public-Relation-Blättern von Hilfswerken und Aktionsgruppen. Diese Publizistik zielt vor allem auf Information und Bewusstseinsbildung im Inland und hat sich in jüngster Zeit mehr und mehr auch Problemen und Themen der „Dritten Welt bei uns" und den Folgen der Globalisierung zugewandt: Migration, Energiewirtschaft, Verschmutzung und Entsorgung, Umweltschutz und soziale Gerechtigkeit. In dieser Landschaft machen auch Spartenkanäle und sogar -sender wie Al Gores Sender Current TV von sich reden. Diese Spezialisierung – mit Publikumsbeteiligung – verdankt sich der Ausweitung des Bedeutungsfeldes von Entwicklung.

Das Internet bietet mit seinen Online-Diensten, Suchmaschinen interaktiven Plattformen und Foren eine Basis für Informationsaustausch und kommunikatives Handeln, deren Möglichkeiten die Einbahnstraßen-Kommunikation und Public Relations weit überschreiten. Hier werden rasche Verbindungen und Brückenschläge zwischen Partnern möglich, die völlig verschiedenartigen ökonomischen, kulturellen und ökosozialen Milieus weltweit, aber auch Special-Interest-Kulturen und One-Issue-Aktionsgruppen im eigenen Land angehören. Die Aktionsgruppen und NRO machen davon offensiv Gebrauch, gewinnen auf diesem Weg Kompetenz, vernetzen das vieldimensionale Problemfeld und können sich auf dieser Plattform selbst als eine politische Kraft und handlungsfähige Mitspieler organisieren.

Inzwischen hat sich etwa der Verband Entwicklungspolitik deutscher NRO VENRO, der über hundert Organisationen, Eine-Welt-Netzwerke und besonders kirchliche Agenturen wie Brot für die Welt und Misereor umfasst, zu einem politischen Faktor entwickelt, der sowohl als öffentlicher Kommunikator wirksam ist als auch als Politikberater auftritt und Lobbyarbeit wie Advocacy betreibt. So hat VENRO mit dem Projekt „Afrikas Perspektive – Europas Politik" während der deutschen EU-Ratspräsidentschaft politisch Einfluss zu nehmen versucht, aber auch

---

12   „Der Überblick" ist 43 Jahre als Quartalsschrift von „Dienste in Übersee" und später der Arbeitsgemeinschaft Kirchlicher Entwicklungsdienste (AGKED) erschienen. „epd-Entwicklungspolitik", erschien seit 2002 als „EINS-Entwicklungspolitik" in der Trägerschaft des „Vereins zur Förderung der entwicklungspolitischen Publizistik", dem neben Brot für die Welt und Misereor auch andere christliche Entwicklungsagenturen angehören.

mit dem Programm „Armutsbekämpfung braucht Beteiligung" die Implementierung der Millenniumsziele unterstützt. So wurde auch der EU-Afrika-Gipfel im Dezember 2007 in Lissabon kritisch begleitet, indem man die Weigerung afrikanischer Regierungen flankierte, sich auf ein Freihandelsabkommen mit der EU einzulassen.[13]

Die Lern- und Vernetzungserfahrungen auf diesem Spielfeld erleichtern es den zivilgesellschaftlichen Akteuren, unter ihnen den kirchlichen und ökumenischen Initiativen, zudem, Verbindungen zwischen den entwicklungspolitischen Organisationen und den Umwelt-, gesundheitspolitisch und friedenspolitischen Gruppen und Verbänden herzustellen[14]. Diese verschiedenen Subkulturen hatten sich bislang eher getrennt voneinander entfaltet und waren vielfach generationsspezifische Phänomene. Die sachlichen Berührungspunkte, das Zusammenwachsen der Aufgabenfelder und nicht zuletzt die virtuelle Begegnung im WorldWideWeb haben einen in Maßen integrativen Effekt auf die Bewusstseinsbildung, auch wenn es nach wie vor offenbar schwierig bleibt, zu gemeinsamem oder koordiniertem Handeln zu finden. Immerhin wirken auf dem entwicklungspolitischen Gelände unter der Vorgabe politischer Rahmenbedingungen kirchliche und ökumenische Organisationen mit anderen NRO sowie den Stiftungen der politischen Parteien, lokalen Agenda 21-Gruppen und Umweltorganisationen zusammen.

Eine der Schwierigkeiten der medialen Kommunikation besteht in der Vertrauensbildung, die ohne persönliche Begegnung und Erfahrung nicht möglich ist. Neuerdings gibt es zum Beispiel die Möglichkeit, durch einen Mausklick privat Kleinkredite an Akteure in einem südlichen Land zu vergeben. Die online-Plattform kiva.org bringt Privatpersonen mit nach einer Finanzierung suchenden Kleinstunternehmern in Entwicklungsländern in Verbindung. Ohne verlässliche Partner, die hier als ehrliche Makler agieren, ist ein solcher Transfer freilich kaum zu verantworten (immerhin spricht der Vermittler kiva.org von einer Rückzahlungsquote von über 98 Prozent). Die christlichen Entwicklungsdienste gehören zu jenen Organisationen, die auf dem Boden der Ökumene in der Regel solche Partner in den südlichen Ländern haben, mit denen sie auf Augenhöhe zusammenarbeiten. Ein solcher Tatbestand kann das für unsichere, auch betrügerische Einflüsse offene Internet zu einem verlässlichen Medium machen.

---

13   Vgl. auch Reinhard Hermle in diesem Band S. 175.
14   Vgl. Klaus Seitz in diesem Band S. 187, dort auch Zahlen.

Fazit

Gerechtigkeit, Frieden und Bewahrung der Schöpfung – die ökumenische Trias umreißt nach wie vor die Ziele, auf die hin die Folgen der Globalisierung nachhaltig zu gestalten und zu korrigieren sind. Ebenso ambivalent wie die Folgen der Globalisierung sind aber auch die Funktionsweisen und Wirkungen des Mediensystems, das den Prozess der Globalisierung mit vorangetrieben hat.

Das Konzept einer nachhaltigen Informations- und Kommunikationsgesellschaft stößt wegen des großen „ökologischen Rucksacks" und der Bumerang-Effekte der elektronischen Mediensysteme vorläufig auf spürbare ökologische Grenzen. An deren Korrektur wird politisch, wissenschaftlich und technisch energisch gearbeitet. Eines der Instrumente ist eine Roadmap für eine nachhaltige IuK-Technik, wie sie die Bundesregierung durch die Verabschiedung einer Strategie für eine nachhaltige Informationstechnik 2000 auf den Weg gebracht hat[15].

Auch der Prozess einer nachhaltigen Entwicklung gibt vielfach Anlass zur Skepsis; manche halten ihn überhaupt für gescheitert (W. Easterly u.a.) und setzen allein auf die Kräfte des freien Marktes. Gleichwohl gehört die sich entwickelnde Informations- und Kommunikationsgesellschaft zu den Elementen, die den Prozess einer „Entwicklung in sechs Kontinenten" als Konstituens der Einen Welt bewusst machen und vorantreiben. Besonders die interaktive Struktur der elektronischen Medien ermöglicht die Beteiligung vieler an einem Dialog- und Lernprozess und fördert partizipatorisch-demokratische Strukturen und Verfahren. Das nutzt der Kommunikation über herkömmliche politische und kulturelle Grenzen hinweg, ohne die kulturellen und sozialen Eigenheiten einzuebnen; es fördert interkulturelles Lernen, Informationsaustausch und koordiniertes Handeln, nicht zuletzt auf der zivilgesellschaftlichen Ebene.

Dabei hat der Aspekt, dass das Prinzip der Nachhaltigkeit Generationen von Ungeborenen zum Bestandteil der heutigen Kultur macht, eine entscheidende Bedeutung: Die Wahrung der Chancen und des Handlungsspielraums zukünftiger Generationen erfordert soziale Selbstreflexion und rückkoppelungsfähige Lebensformen sowie ein reversibles Handeln. Die entstehende Informationsgesellschaft bildet demnach ein kulturelles Netzwerk, geradezu ein „globales Nervensystem" (F.J. Radermacher), in dem ein solcher sozialer Dialog zwischen Beteiligten und

---

15 Dazu Rolf Kreibich: Zukunftsperspektiven durch nachhaltige IuK-Technik, in: M. Angrick (Hg.): Auf dem Weg zur nachhaltigen Informationsgesellschaft. 2003, S. 313-32. Vgl. auch F.J. Radermacher: Die Zukunft der Wirtschaft, im selben Band, S. 13-42; auch: Mario Dompke u.a.: Memorandum Nachhaltige Informationsgesellschaft. Fraunhofer IRB Verlag 2004. L.M. Hilty/ T.F. Ruddy: Towards a sustainable information society, in: Informatik – Informatique 2000/-9.

Betroffenen stattfinden kann. Michael Giesecke stellt sich die nachhaltige Informationsgesellschaft nach dem Modell eines „kulturellen Ökosystems" vor[16]. Diesem Konzept liegt die Vorstellung zugrunde, dass Kultur wie ein inhomogenes Netzwerk funktioniert. In diesem Netzwerk sind artverschiedene Elemente miteinander vernetzt, darunter zentrale Anliegen der ökologischen Bewegung, aber auch Gesellschaftskonzepte und technologische Mediensysteme. Die Pointe: In dem vernetzten Ökosystem bewahren die einzelnen Elemente ihre Eigenheit, wirken aber wie in einem Organismus zusammen.

Auch in der politischen Dimension der Kommunikationsgesellschaft lassen sich handgreifliche Realisierungschancen ausmachen: Die von der Globalisierung verursachte Veränderung der Konstellation, in der wirtschaftliche und soziale Entwicklung sich weltweit vollzieht, zwingt zu einem strukturpolitischen Entwicklungskonzept, das einem sozial gerechten Frieden dienen kann. Dass es dabei angesichts der vielen Dimensionen von Entwicklung um „Herkulesaufgaben" geht, die Franz Nuscheler beredt darstellt, ist kein Anlass zur Entmutigung. Die sich entwickelnde Informations- und Kommunikationsgesellschaft schafft einen Raum und Instrumente, die mit dazu beitragen können, diese Aufgaben als gemeinsamen Auftrag zu erkennen und auf der nationalstaatlichen und der zivilgesellschaftlichen Ebene ebenso wie auf den Podien der Europäischen Union und der Vereinten Nationen anzupacken.

---

16   Michael Giesecke: Von den Mythen der Buchkultur zu den Visionen der Informationsgesellschaft. Trendforschungen zur kulturellen Medienökologie. Frankfurt/M. 2002.

Klaus Lefringhausen

Migration und Integration als Chance
Perspektiven des christlich-islamischen Dialogs

Summary

Im Schnittpunkt von Entwicklung, Integration und Dialog der Religionen tut sich ein faszinierendes Übungsfeld für Alternativen zum Konflikt der Kulturen auf. Diese Chancen zu erkennen und zu nutzen, wäre eine Möglichkeit, aus diesen Themen Innovationsfelder zu machen und mit ihnen lähmenden Zukunftspessimismus zu überwinden. Dieser Beitrag zielt auf konkrete Problemlösungen im Stadtteil bis hin zur Mitverantwortung für das weltpolitische Kooperationsklima. Er zeigt an Beispielen, wie sich das multikulturelle Nebeneinander in ein interkulturelles Miteinander verwandeln lässt. Tun, was eint – diese Zauberformel vom Beginn der ökumenischen Bewegung wird ebenso wieder aktuell wie die politische Vision des Wandels durch Annäherung. Wie das gelebt werden kann, zeigt dieser Text.

Oft und heftig stieß die Rede vom Nord-Süd-Konflikt bisher auf Widerspruch, weil es doch, solange im Süden keine Truppen stehen, keinen Konflikt geben könne. Der Süden war allenfalls als Störfall für das geostrategische Gleichgewicht zwischen Ost und West von Bedeutung. Doch auch ohne Truppen rumorte es in aller Welt. Indizien dafür waren die Befreiungstheologie in Südamerika, die schwarze Theologie in Afrika und der Min-Jung-Theologie in Asien. In allen Kontinenten hatten christliche Gruppen mit seismographischer Wachheit die soziale Polarisierung zwischen Nord und Süd wahrgenommen und mit religiös motiviertem Protest beantwortet.

Auch das wurde höchstens mit Unbehagen wahrgenommen, und die Entwicklungshilfe behielt die Haupt- oder Nebenfunktion, Einflusszonen zu sichern. Doch auch dieser Aspekt war kaum relevant genug, um im Handelsbereich die Ohnmachtserfahrungen des Südens auf den Welthandelskonferenzen der UNCTAD seit 1964 mit größeren Zugeständnissen abzubauen.

Hinzu kam der als religiöse Demütigung erlebte Nahost-Konflikt, bei dem Israel als Speerspitze des Westens in der muslimischen Welt empfunden wurde, wie auch die ökologische Krise, von der die Länder des Südens besonders betroffen sind. Die UNO schätzt die Wirkung auf etwa 200 Millionen Ökoflüchtlinge. Das führte zu dem Vorwurf, der Westen setze leichtfertig das Recht der Armen auf lebensfähige Umwelt auf's Spiel und wolle mit ökologischen Auflagen die Industrialisierung behindern, die er für sich selbst in Anspruch nimmt. Zudem gewinnt der Westen den Wettbewerb um die verteuerte Energie, denn die Kaufkraft und nicht die Bedürftigkeit regelt die Verteilung des für die Industrialisierung so wichtigen Rohstoffs Öl. Inzwischen hat sich der Zorn, durch kulturelle Demütigungen gereizt, auf Gruppen des Islam verlagert. Dort findet er einen eskalationsfähigen Resonanzboden, eine aufnahmebereite Struktur und eine gewaltbereite Märtyrersehnsucht.

Der Westen hat, nachdem er oft genug erfolglos Gesinnung mit Gewalt bekämpft hat, eine Chance: die Weltlage auch aus der Perspektive der Opfer sehen zu lernen und zu begreifen, dass sie vieles zugleich ist: ein verschleppter Sozialkonflikt, ein innerislamischer Richtungskampf, eine Antwort auch auf verletzten Stolz und kollektive Demütigung, ein Kulturkampf gegen Überfremdungen und Kolonisierungen sowie eine Empörung gegen bad governance korrupter Regierungen, ein Übergang von der unipolaren zur multipolaren Weltpolitik und nicht zuletzt eine Reaktion auf vorenthaltene weltpolitische Partizipationschancen. Diese Konflikte überlagern sich gegenseitig und können nicht einzeln und nacheinander, sondern nur im Zusammenhang miteinander ausgehalten und gemanagt werden. Doch die Zeit drängt, denn ein zu spätes Reagieren steigert die Hassenergien, die ansteckenden Ängste, die Vertrauenskrisen und die Lernverweigerungen.

Vor allem in der hoch entzündungsfähigen Verbindung von Nationalismus und Religion findet der Zorn Verbündete, die zwar unterschiedlich motiviert sind, deren Grundmelodie aber lautet: Der Dialog ist eine Frustrationsfalle, und der einzige Ausweg besteht in einer Oppositionsbewegung, die die Dialogangebote als kulturelle Kolonisierung, als soziale Beschwichtigung und als eine Zumutung zurückweist, die Weltlage so zu akzeptieren, wie sie ist. Die dunkle Wolke des Weltklimas überschattet auch die Integrationspolitik und lässt Zweifel aufkommen, ob der Dialog noch als glaubhafte Alternative zum Kampf der Kulturen gelten kann. Wird also das weltpolitische Klima auch auf die Vorstädte durchschlagen, sobald dort demographische Trends die Mehrheiten umkehren?

Gewiss: Man kann diese Frage als Alarmismus abtun, sie verdrängen und sich weiter auf eine Fünf-Nach-Zwölf-Politik einlassen. Doch der Preis ist hoch, denn heiße Phasen kultureller Auseinandersetzungen fordern weit mehr, als es bei einem präventiven Umgang mit Konflikten der Fall wäre. Deshalb wäre heute und nicht erst morgen über Qualität und Wirkung bisheriger Dialogarbeit nachzudenken.

Die Zeit drängt, denn überall gehen Meinungssoldaten in Stellung, fliehen Menschen in die Burg rechthaberischer Argumente, vergiftet gezieltes Missverstehen das Integrationsklima, wächst die negative Genüsslichkeit der Medien, machen sich Migranten der Dritten Generation in Rückzugsidentitäten unerreichbar und werden Negativbeispiele zu Indizienketten zusammengefügt, die der Gegenseite Scheindialoge zuschreiben sollen.

Es gibt auch einen Gegentrend: Eine Sinus-Studie geht davon aus, dass Deutschlands Elite künftig weitgehend aus der Migrantenszene kommt, denn dort dominiert Aufsteiger- und Leistungswille, gibt es interkulturelle Kompetenz für globalisiertes Wirtschaften und verbindliche Werte. Kulturelle Vielfalt ist also eine Chance und keine Gefahr für Europa. Offenheit für Vielfalt gehört zur Leitkultur pluralistischer Gesellschaften. Sie rechnet sich sogar, sagen moderne Unternehmen, denn kulturell gemischte Teams arbeiten kreativer, produktiver und leistungsbewusster. Auch die Erfahrung interdisziplinärer Forschung lehrt, dass von Grenzüberschreitern die besten Innovationsschübe ausgehen.

Vielfalt ist also besser als Einfalt, kulturelle Nachbarschaft bietet Chancen, und kulturelles Miteinander profiliert die eigene Identität und ebnet sie nicht ein. Das bedeutet für die Schule, die besondere Kompetenz von Zweiheimischen zu fördern und kulturelle Wachheit auch bei Einheimischen anzuregen; für den Arbeitsmarkt, sich nicht den volkswirtschaftlichen Luxus zu leisten, die Qualifizierungsreserven von Migranten brachliegen zu lassen, und für die Unternehmen, kultursensibler mit der eigenen Belegschaft und mit ausländischen Kunden, Zulieferanten, Investitionsbanken und Behörden umzugehen. Migranten können Brücken zwischen alter und neuer Heimat bilden und dem deutschen Sprachraum helfen, keine Nische der Weltkultur zu bleiben.

Die Verwaltungen haben unter dieser Perspektive die Aufgabe, sich interkulturell zu öffnen, um den Behördenalltag zu erleichtern, Berufsfreude zu erhöhen, Effizienz zu steigern, mehr Bürgernähe zu schaffen, das Integrationsklima zu stützen, durch bessere Integration den Sozialhilfebedarf zu mindern und den Migranten zu helfen, sich mit der Kommune zu identifizieren. Die Medien haben die Chance, Angstverarbeitung als neue Marktchance zu begreifen und nicht nur die Defizite, sondern auch die Kompetenzen von Zugewanderten zu thematisieren. Die Integrationspolitik sollte den Migranten zeigen, dass sie gebraucht und nicht am Rande der Gesellschaft geduldet und ausgehalten werden.

Wegbereiter für den Dialog

Die Religionsgemeinschaften haben von ihrem Selbstverständnis her den Auftrag, gegenseitige Verneinungen zu überwinden und sich gemeinsam für das Gemeinwohl zu engagieren; und schließlich sollte die Landespolitik kulturelle Offenheit noch mehr zum Markenzeichen und zum dynamischen Standortvorteil machen.

Insbesondere die Glaubensgemeinschaften könnten noch rechtzeitig Wege zu einer neuen Dialogqualität ebnen, wenn sich nicht Diffamierungen wie Kuscheldialoge, Tendenzen zum Esperanto-Glauben und zur religiösen Horizontverschmelzung, kulturelle Ich-Schwäche, idealistische Illusion von Gutmenschen und andere Distanzparolen durchsetzen. Sie könnten sogar von einem wichtigen und belastbaren Grundkonsens ausgehen, nämlich dem, dass Gott kein Kulturgott ist, kein Identitätswächter, kein Hass-Komplize, kein Wohlstandsgott, kein Gruppengott gegen andere und kein Ober- oder Antieuropäer. Er will nicht, dass Menschen gegeneinander glauben oder gar Abrahams Abschied von Menschenopfern widerrufen. Die Menschen können sich in der Gewissheit ihres Glaubens eher für Fremdes öffnen, mit Abraham Gott als mitwandernden Horizont erfahren und im Dialog erlebbar machen, dass das, was unterscheidet, nicht auch trennen muss. So verstanden wäre der Ruf ‚Allah ist groß' befreiend, entlastend und ein starker Friedensimpuls.

Zugegeben: Manche, auch interreligiöse Dialoge, können zur Taktik verkommen, ergebnislos verschleißen, zu Vertrauenslücken verkümmern oder am niedrigen Themenniveau sterben. Gerade deshalb sollten Religionsgemeinschaften Wegbereiter für Dialoge werden, die von offenen Identitäten, von kultureller Achtsamkeit und von dem Mut geprägt sind, sich vom Lagerdenken zu verabschieden und den Panzer rechthaberischer Argumente abzulegen, auch auf die Gefahr hin, verwundbar zu werden. Doch es bleiben Zweifel, ob kleine ‚Dialögchen' überhaupt noch die wachsenden Vertrauenslücken schließen können. Treiben Mechanismen der Polarisierung und der Entfremdung ihr eigenes Spiel? Lassen sich gegenseitige Schuldzuweisungen noch ausbremsen? Und vor allem: Sinkt die Dialogkultur vielleicht sogar auf das Niveau gezielten Missverstehens und gehen vermeintliche Realisten mit dem hoch entzündungsfähigen Integrationsklima um, als wollten sie ein Minenfeld umpflügen?

Diese Fragen lassen sich mit keinem trotzigen Weiter-So beantworten, auch nicht mit autistischen Rechthaberpositionen, nicht von Standpunktstehern und nicht vom moralischen Feldherrenhügel herab. Angebracht ist hingegen ein Neuanfang auf einem würdigeren Themenniveau und mit aufgaben- und zukunftsorientierten Ansätzen, die vom Dialog der Worte zum Dialog der Taten führen. Gebraucht wird die Koalition derer, die sich mit dem Trend abnehmender Dialogfähigkeit nicht abfinden, Weggemeinschaften zwischen den Meinungsfronten werden, neue Prioritäten finden und sich gegenseitig ermutigen, ganz Neues zu wagen.

Das ganz Neue kann nur Ergebnis eines gemeinsamen Suchprozesses sein. Sonst wäre es das Alte. Und es muss ein großer Wurf sein. Sonst bliebe es beim ping-pong gegenseitiger Schuldvorwürfe. Es muss ferner aufgabenorientiert sein. Sonst würde sich das Karussell ergebnisloser Endlos-Debatten weiter drehen. Es muss für das Gemeinwohl relevant sein. Sonst entstehen statt Problemlösungen nur Durchsetzungsdebatten.

Suchprozess

Wie aber könnte eine Koalition der Dialogbereiten eine Chance bekommen? Es gibt ein bewährtes Beispiel. Als nämlich die Kirchen ein Sozialwort für Deutschland entwickeln wollten, wählten sie einen induktiven Weg: Sie veröffentlichten ein vorläufiges Thesenpapier, luden alle gesellschaftlichen Kräfte ein, es in gemischten Dialoggruppen zu diskutieren und zu verbessern, und formulierten aus den Ergebnissen dann ein endgültiges Sozialwort. Es wurde also weniger ein Lernziel vorgegeben, sondern mehr eine beteiligungsorientierte Lernmethode angeboten, wobei sich die Kirchen auch selbst als Lernende verstanden, weil sie am Dialogergebnis interessiert waren.

Das hatte den Vorteil, dass sich viele Gruppierungen auf gleicher Augenhöhe zu einem aufgabenorientierten statt rechthabenden Dialog trafen. Die Runden Tische erhielten kein Lehrer-Schüler-Gefälle, niemand formulierte für andere, sondern mit ihnen, Vorurteile relativierten sich durch ständigen Perspektivenwechsel, und es wurde kein Bekehrungslernen zugemutet, sondern ein gemeinsamer Suchprozess eingeleitet, der zumindest ebenso wichtig war wie das inhaltliche Ergebnis. Hingegen wäre ein Sozialwort, angeboten als Fertigprodukt, zerredet worden. Ein Text, in den man sich selbst einbringen kann, hatte Chancen, angenommen zu werden.

Diese Dialogkultur schafft schöpferische Prozesse. Sie übt die Kunst ein, andere von ihren eigenen Voraussetzungen her zu verstehen. So gelingen Dialoge, die zwar nicht absichtslos, sondern ergebnisorientiert sind. Zugleich aber ergebnisoffen, denn niemand schreibt Ergebnisse imperativ vor. Die Dialoge ebnen Identitäten nicht ein, sondern profilieren sie. Sie haben keine geheime Tagesordnung, setzen niemanden einem Bekehrungslernen aus und sind geprägt von der Bereitschaft, am Dialog zu wachsen. Es begegnen sich nicht Bunkeridentitäten oder Ab- und Ausgrenzungsidentitäten, sondern offene Identitäten, denn an Runden Tischen sitzen sich nicht Menschen abgestufter kultureller Wertigkeit und nicht argumentative Sieger und Besiegte gegenüber.

Solche Dialoge entwickeln sich nicht zu Tribunalen, beschränken sich nicht auf die Funktionärsebene, sie zementieren keine Feindbilder, und keine ‚Feigheit vor dem Freunde' tabuisiert Konflikt- und Zukunftsthemen. So entstehen Weggemeinschaften in eine gemeinsam verantwortete Zukunft.

Diese Methode könnte gemeinsame Lern- und Suchprozesse auch im interkulturellen Dialog ermöglichen, wenn es eine Autorität gäbe, die mit einem Thesenpapier die Initialzündung geben würde. Nur so wird das interkulturelle Dialogprogramm zum motivierenden, öffentlichen Ereignis. Ferner sollten die Themen nicht in der Nähe von Gesetzgebungsverfahren liegen, damit nicht der Eindruck entsteht, außerparlamentarische Mitsprache schaffen oder den nationalen Integrationsplan ersetzen zu wollen.

In die Schlussüberlegungen sind nur solche Texte einzubeziehen, die im interkulturellen Dialog entstanden und deshalb mehr sind als Beschlusslagen von Verbänden oder Ergebnisse von Forschungsprojekten. Voraussetzung ist schließlich die strenge Aufgabenorientierung, damit sich die Partner nicht in Schuldzuweisungen verbeißen und sich von der Unart gezielten Missverstehens verabschieden. Dialogaufgaben gibt es genug.

Zum Beispiel ist es ein Fehler, den Zugewanderten die stets unfertige Demokratie als Fertigprodukt anzubieten ohne die Chance, Eigenes einzubringen. So können wir die Zugewanderten nicht mitnehmen auf die Suche nach Bindekräften für eine fragmentierte und verinselte Gesellschaft und nach neuen Gleichgewichten

- zwischen Macht und Recht, Freiheit und Moral,
- zwischen Öffentlichkeit und Privatheit, Markt und Sozialstaatlichkeit,
- zwischen Gleichheit und Diskriminierung, Religions- und Meinungsfreiheit,
- zwischen individuellen und Gruppenrechten, Volkssouveränität und Vermachtung.

Zugewanderte nicht an der überfälligen Reformdebatte zu beteiligen, verstärkt ihren Verdacht, dass Integration geistige Kolonisierung bedeutet.

So wiederholt sich, was bereits in der Sozialgeschichte verhängnisvoll war. Im 19. Jahrhundert wurde die Arbeiterfrage weithin als Arbeiterernährungsfrage missverstanden, obwohl sie eine politische Frage war, denn als neuer Stand forderten die Arbeiter gesellschaftspolitische Mitsprache, die die bisherigen Stände bereits unter sich aufgeteilt hatten. So wurde eine politische Frage karitativ beantwortet, statt zu helfen, sich die Gesellschaftsordnung durch Mitgestaltung anzueignen. Genau das wiederholt sich, wenn Integration ein Betreuungsthema bleibt, die Partizipation an der gesellschaftspolitischen Willensbildung vorenthalten wird und die Integration als Teil der Sozial- oder Ordnungspolitik und nicht als Teil der Zukunfts- oder gar Modernisierungspolitik verstanden wird.

Ein Betreuungsstatus verletzt die Selbstachtung, lähmt die Eigeninitiative und führt zu Situationen, die einst die alten Chinesen zu der sprichwörtlichen Frage veranlasst haben: „Warum hasst Du mich, ich habe Dir doch gar nicht geholfen?!"

Migranten als Brückenbauer

Eine weitere Dialogaufgabe besteht darin, gemeinsam mit den Migranten die Chancen auszuloten, die sie als Brücke zwischen alter und neuer Heimat haben. Deutschland ist daran interessiert, dass die besondere Kompetenz von Migranten als Grenzgänger zwischen den Kulturen zur Geltung kommt. Migranten möchten ihrer alten und der neuen Heimat etwas bedeuten können. Deshalb liegt es nahe, die Möglichkeiten einer Brückenfunktion auszuloten.

Dazu folgende Anregungen: Der deutsche Sprachraum ist, weltweit gesehen, ein Sprachghetto, das sich durch die besondere Sprachkompetenz Zugewanderter gezielt öffnen ließe, wenn der Mehrheitsgesellschaft diese Lage bewusst wäre.

Wünschenswert ist eine wissenschaftliche Kooperation zwischen beiden Ländern etwa im Bereich Energie- und Speichertechnik. Besondere Städtepartnerschaften und ein Jugendaustausch würden bei vielen jugendlichen Migranten ein starkes Echo finden.

Gezielte Praktika jugendlicher Migranten in deutschen Unternehmen könnten ihre Chancen auf dem Arbeitsmarkt verbessern und den Unternehmen die besondere Leistungsbereitschaft jugendlicher Migranten deutlich machen. Es muss ein Konzept des alternativen Tourismus entwickelt werden, bei dem Migranten ihre Verwandten in der Heimat bitten, Touristen aufzunehmen und sie am dortigen Leben anders teilnehmen zu lassen, als das von Hotels aus möglich ist.

Eine besonders akute Dialogaufgabe ist die Humanisierung von Vorstädten. Kann eine Stadt bürgernäher, kulturell offener und zukunftsfähiger durch kommunale Arbeitsgemeinschaften werden, die sich für Stadtteilberichte engagieren, die Perspektiven für ein sozialaktives Alter entwickeln, die an der Idee einer kindgerechten Stadt mitwirken und jährliche „Neubürgertreffen" organisieren?

Religionen sind nicht nur für die Innerlichkeit da, sondern können auch zu Konfliktlösungen im Stadtteil beitragen, Nachbarschafts- und Altenhilfen aufforsten und für nachhaltige Umweltverantwortung eintreten. Bei der Entwicklung von familienpolitischen Leitlinien der Stadt haben sie mitzuraten, ebenso bei der interkulturellen Öffnung der Verwaltungen. Sie werden gebraucht, wenn es darum geht, das Image stigmatisierter Stadtteile zu verbessern und zum Gelingen des Integrationsmandats der Schulen beizutragen, indem sie etwa den Lehrer-Eltern-Dialog in pädagogischen Hauskreisen organisieren. Sie können sich einsetzen für eine Religionskunde, die mehr ist als Unterscheidungslehre. Gemeinsam können sie erreichen, dass Moscheebauten in die Bauleitplanungen einbezogen werden und dass Elternhäuser, öffentliche Schulen und Glaubensgemeinschaften nicht gegeneinander erziehen. Sie können auch Programme organisieren, bei denen politische Entscheidungsträger ein Wochenende in einer Migrantenfamilie verbringen (Exposure Programme).

Von zentraler Bedeutung ist die Frage nach dem Menschenbild, von dem die Integrationspolitik ausgeht. Kann und darf man überhaupt Identitäten umprägen, ihnen das Recht auf Vergangenheit nehmen, Menschen wie unbeschriebene Wachstafeln behandeln, sie als willenlose Rädchen im vorgegebenen Integrationsgetriebe, als wurzellose Luftpflanzen und als Schachfigur im fremden Spiel behandeln und ihnen die Würde der Subjektrolle rauben, indem man Anpassung zur Grundmelodie der Integration macht? Kann man mit Zugewanderten umgehen, als ob es Menschen abgestufter Würde und Rechte gibt?

Vielleicht ist sie nur ein Traum, vielleicht wird sie aber schon übermorgen Wirklichkeit: die Hoffnung auf ein interreligiöses Friedensinstitut. Noch sind die Weltlage und das Integrationsklima von gegenseitiger Negation geprägt. Die Kulturen brauchen das Bindende und Verbindende gemeinsamer Zukunftsaufgaben. Das erfordert von den Religionen, nicht nur vom Streit zum Wettstreit, sondern zur Kooperation überzugehen.

So könnte ein interreligiöses Friedensinstitut effektive Möglichkeiten schaffen, gemeinsam auf verhängnisvolle Überschätzungen von Gewaltlösungen und interkulturelle Lernverweigerungen zu reagieren. Es sollte Möglichkeiten des heilenden Umgangs mit Narben der Religionsgeschichte entwickeln und Wege aufzeigen, dem Terror den ideologischen Boden zu entziehen. Es müsste sich zu Wort melden, wenn der Aufstand aus verletztem Stolz mit neuen Demütigungen beantwortet wird und wenn Kulturen für energiepolitische und geostrategische Interessen thematisiert werden.

Wichtig wäre zudem, interreligiöse Teams für Friedensvermittlungen und für Katastrophenhilfe auszubilden. Dabei sind auch die Mechanismen aufzuspüren, und zu benennen, mit denen sich Ängste gegenseitig hochschaukeln. So könnten zumindest in Europa Alternativen zum Kampf der Kulturen gelingen.

Cornelia Füllkrug-Weitzel

Frauen als Akteurinnen wirtschaftlicher und sozialer Entwicklung
Lernerfahrungen bei „Brot für die Welt"

Summary

Die Ziele „Armut überwinden" und „für Gerechtigkeit eintreten" stehen seit Jahrzehnten im Mittelpunkt der Arbeit von Brot für die Welt, der Entwicklungsspendenaktion der Evangelischen Kirche in Deutschland. Daraus ergibt sich eine Anknüpfung an sämtliche Ziele der Millenniums-Erklärung, insbesondere an die Gleichstellung der Geschlechter, das dritte Millenniums-Entwicklungsziel. Die Verbesserung des gesellschaftlichen, rechtlichen und wirtschaftlichen Status der Frauen beeinflusst aber auch die anderen Ziele zur Minderung der Armut. Dafür die geeigneten Ansätze und Methoden zu finden, war und ist eine Herausforderung für Brot für die Welt und seine Partner. Gender-Mainstreaming und das Hinterfragen von Maskulinitätsvorstellungen etwa sind Themen, die nicht allein die Projektpartner im Süden angehen. Gerechtigkeit zwischen den Geschlechtern muss auch in der eigenen Organisation nachprüfbar verankert werden. Die Lernerfahrungen zeigen, dass die Verwirklichung von Geschlechter-Gerechtigkeit ein langer, bei weitem nicht abgeschlossener Prozess ist, der viele Potentiale und Herausforderungen enthält.

Die Welt sieht sich heute vor zahlreiche Herausforderungen gestellt, die nicht mehr an nationalen Grenzen Halt machen. Armut und Hunger, die Diskriminierung von Frauen, Umweltverschmutzung, Klimawandel, Kriege, Terrorismus, Epidemien – all dies sind globale Probleme, die eng miteinander verflochten sind und weitreichende Folgen nach sich ziehen. Um diesen Herausforderungen gleichzeitig zu begegnen, haben die Vereinten Nationen zur Jahrtausendwende mit der Millenniumserklärung acht zusammenhängende Ziele für die Armutsbekämpfung formuliert.

Das dritte dieser Millenniums-Entwicklungs-Ziele (MDGs), die Gleichstellung der Geschlechter und die Stärkung der Rolle der Frauen, ist von übergreifender Bedeutung für die gesamte Millenniums-Agenda. Denn die Verbesserung des gesellschaftlichen Status von Frauen trägt nachweislich zur Minderung der Armut bei; sie wirkt sich positiv auch auf sämtliche andere, in der Millenniums-Erklärung aufgeführten Ziele aus. Die Beseitigung von Gender-Disparitäten, die Aufhebung bestehender Machtgefälle zwischen Männern und Frauen trägt, – so das Ergebnis verschiedener UN-Studien –, entscheidend dazu bei, strukturelle Ursachen für soziale und politische Instabilität zu überwinden, innergesellschaftliche Konflikte zu vermeiden und so Armut effektiver zu bekämpfen.

Die Stärkung der Rechte von Frauen, ihrer Verhandlungsposition und die Sicherung ihres Zugangs zu Ressourcen haben armutsmindernde Auswirkungen für einzelne Haushalte wie auch für die Gesamtwirtschaft. Wo Frauen Nutzungs- und Verfügungsrechte über wichtige Ressourcen haben, verbessert dies nicht nur ihre eigene Lage. Vielmehr profitiert in der Folge meist die gesamte Familie von einer besseren Ernährung, Bildung und Gesundheitsvorsorge. Auch trägt die stärkere politische Teilhabe von Frauen zu einer armutsorientierten Verwendung öffentlicher Mittel bei. Daher ist es ein Gebot entwicklungspolitischer Vernunft, weltweit bewusste Anstrengungen in Richtung auf die Gleichstellung der Geschlechter zu unternehmen. Ganz abgesehen davon zielen die Menschenrechte auf die Überwindung der Ungleichheiten zwischen den Geschlechtern.

Zugang zu Bildung ist eine entscheidende Voraussetzung dafür, dass Frauen zu gleichberechtigten Akteurinnen der wirtschaftlichen und sozialen Entwicklung werden können. Ein höherer Bildungsstand von Mädchen und Frauen trägt maßgeblich zur Verbesserung aller anderen Entwicklungsaspekte bei – angefangen von wirtschaftlichen und Beschäftigungschancen über Gesundheitsaspekte bis hin zur nachhaltigen Nutzung natürlicher Ressourcen.

Widersprüchliche Bilanz

Die internationale Bilanz zur Gleichstellung und damit zur Situation von Frauen als Handelnden für die wirtschaftliche und soziale Entwicklung fällt bis heute widersprüchlich aus. Zweifellos wurden gewisse Fortschritte erzielt, doch viele Ungleichheiten bestehen weiter. In vielen Ländern des Südens wurden in den letzten Jahren gesetzliche Maßnahmen zum Schutz von Frauen getroffen. Vergewaltigung in der Ehe wurde in mehreren Ländern, darunter Nepal, Zimbabwe und Chile, für strafbar erklärt. In einer Reihe von afrikanischen Ländern wurden Gesetze gegen die Genitalverstümmelung von Mädchen verabschiedet. In Jordanien können „Ehrenmorde" heute strafrechtlich verfolgt werden. Allerdings bedeutet dies nach bisherigen Erfahrungen nicht automatisch, dass diese Rechte auch eingeklagt und verwirklicht werden.

Frauen besitzen nur rund ein Prozent des globalen Vermögens. Sie leisten heute mehr Erwerbsarbeit als früher, sind aber meist in prekären, schlecht bezahlten und unsicheren Jobs beschäftigt. Mehr Frauen sitzen heute in Parlamenten, doch nur selten in politischen Machtpositionen. Kindersterblichkeit und Müttersterblichkeit sind in vielen Ländern immer noch sehr hoch. Frauenarmut und Gewalt gegen Frauen konnten nicht reduziert werden. Der Anteil von Frauen bei Menschen in extremer Armut beträgt weltweit 70 Prozent. Frauen in Afrika sind einem besonders hohen HIV/AIDS-Risiko ausgesetzt und von HIV/AIDS inzwischen stärker betroffen als Männer. Bei mehr als 76 Prozent der 15- bis 24-jährigen HIV-Infizierten handelt es sich um Frauen. Dabei leben 77 Prozent der HIV-positiven Frauen im südlichen Afrika. Während vor zehn Jahren zwölf Prozent der Aids-Kranken Frauen waren, sind es heute über 60 Prozent. Frauen entscheiden immer noch nicht autonom über ihren Körper und ihr Leben. Weltweit wurden 130 Millionen Mädchen und Frauen Opfer von Genitalverstümmelung, jährlich kommen zwei Millionen Opfer hinzu.

Neue Problemlagen sind entstanden, so die zunehmende Migration von Frauen, der internationale Frauenhandel und die sich ausbreitende Militarisierung. Frauen sind besonders von Konflikt- und Kriegssituationen betroffen, wodurch ihre Möglichkeiten, als soziale und wirtschaftliche Akteurinnen aufzutreten, erheblich eingeschränkt werden. Manche Problemlagen werden zusätzlich bewusster. Dazu gehört, dass Frauen im Maße zunehmender ökonomischer Perspektivlosigkeit der Familien und Gemeinschaften Opfer von häuslicher, innerfamiliärer Gewalt werden, wodurch den betroffenen Familien und der Gesellschaft große ökonomische Einbußen entstehen und Entwicklungsfortschritte untergraben werden.

Ökumenische Dekade „Solidarität der Kirchen mit den Frauen"

Nachdem die UN-Frauendekade (1975-1985) die Anliegen von Frauen in der Kirche kaum berührt hatte[1], rief der Ökumenische Rat der Kirchen (ÖRK) von 1988 bis 1998 eine Dekade „Solidarität der Kirchen mit den Frauen" aus. Diese ökumenische Dekade sollte die Kirchen befähigen, unterdrückerische Strukturen in Frage zu stellen, sich selbst von Rassismus, Sexismus und Klassendenken zu befreien und Gleichberechtigung von Männern und Frauen in den Kirchen sowie Frauen in Führungspositionen zu befördern.

Von der Dekade wirkten zahlreiche Impulse in die nationalen Kirchen hinein, thematische Team-Visits in allen Teilen der Welt griffen heikle Themen auf, so

---

1   Vgl. ÖRK: Die Ökumenische Dekade Solidarität der Kirchen mit den Frauen, Genf 1989.

Gewalt gegen Frauen in den Kirchen selbst. In Deutschland wurde zum Ende der Dekade beispielsweise gefordert, weithin tabuisierte Themen wie häusliche Gewalt, Gewalt gegen Frauen, Rassismus, in den Kirchen diskriminierte Lebensformen wie Geschieden-Wiederverheiratete, alleinerziehende, lesbische Frauen, fehlende Teilhabe an Diensten und Ämtern und die wirtschaftliche Situation von Frauen in den Kirchen „nicht nur zu besprechen, sondern zu bearbeiten."[2]

Die Synode der EKD hatte 1986 zum Thema „Entwicklungsdienst als Herausforderung und Chance für die Evangelische Kirche in Deutschland und ihrer Werke" festgestellt, dass sich die Probleme im Süden verschärft haben, insbesondere habe sich die Situation der Frauen in Entwicklungsländern erschreckend verschlechtert. Die Synode forderte eine stärkere Berücksichtigung der Frauen im Entwicklungsprozess.[3]

Mit ihrer Tagung zum Thema „Die Rolle der Frau im Entwicklungsprozess" im Mai 1989 nutzte die EKD-Kammer für Kirchlichen Entwicklungsdienst dann den Schub der ÖRK-Dekade: Die Teilnehmenden, unter ihnen auch drei Frauen aus dem Süden, forderten spezifische Frauenprojekte. Eine gemeinschaftliche Neudefinition eines gerechten Gesellschaftsmodells für Frauen und Männer war der Anspruch. Weil Frauen in den offiziellen Trägerstrukturen oft nicht sichtbar waren und ihr Lebensbereich meist stark informell organisiert war, „ist eine sehr viel größere Flexibilität der Instrumente notwendig. Grundsätzlich ist die Förderung von Prozessen wichtiger als die Förderung von Projekten." Folglich empfahl die Kammer den Gremien der Arbeitsgemeinschaft Kirchlicher Entwicklungsdienst (AG KED) ein Schwerpunktprogramm „Frauen und Entwicklung", eine verbindliche Prüfung der Berücksichtigung von Frauen bei allen Projektanträgen und die Übernahme des Frauenreferates der AG KED als unbefristete Arbeitseinheit. Sie empfahl die Einrichtung von Frauenreferentinnenstellen und die Sicherung einer Mindestbeteiligung in ökumenischen Gremien und Delegationen (Quote).[4]

Lernerfahrungen bei „Brot für die Welt" zum Thema Gleichstellung

Die Ziele „Armut überwinden" und „für Gerechtigkeit eintreten" stehen seit Jahrzehnten im Mittelpunkt der Arbeit von „Brot für die Welt". Daraus ergibt sich eine Anknüpfung an sämtliche Ziele der Millenniumserklärung und insbesondere an

---

2   Schlusserklärung der Deutschen Dekadekonferenz zum Ende der Ökumenischen Dekade „Solidarität der Kirchen mit den Frauen" vom 30. April 1998
3   Vgl. epd Dokumentation 49/86 S. 10, und Jahresbericht Brot für die Welt 1986.
4   Vgl. epd-Entwicklungspolitik, Materialien, VII/89.

die Gleichstellung der Geschlechter. Dass Gleichstellung sich nicht per Beschluss herstellt, sondern oftmals erst in einem langen, schwierigen und konfliktbehafteten Prozess auf den Weg gebracht werden kann, zeigen die Erfahrungen von „Brot für die Welt" beim Versuch, Gleichstellung in der eigenen Organisation zu verankern und Geschlechtergerechtigkeit in den Dialog und in die Zusammenarbeit mit den Partnern in Afrika, Asien und Lateinamerika einzubringen. Dabei handelt es sich um einen offenen, wechselseitigen Lernprozess, der einerseits von internationalen Gender-Diskursen angeregt wurde, andererseits durch die entwicklungspolitische Praxis im Rahmen des Partnerdialogs.

Situation von Frauen wird verstärkt thematisiert

Nachdem Frauen in den Jahresberichten von „Brot für die Welt" zunächst nur beiläufig erschienen waren, wurden sie 1980[5] erstmalig als Zielgruppe erwähnt: „ Sogenannte Randgruppen der Gesellschaft, wie Alte, Jugendliche, Frauen, Körperbehinderte, ethnische Minderheiten usw. müssen in besonderer Weise unterstützt werden." Der erste Beitrag zur Situation von Frauen erschien 1982[6]: „Frauen sind benachteiligt durch gesellschaftliche Vorurteile und (versteckte/offene) Diskriminierung, sowie durch Rollenvorstellungen." Der Beitrag zeigte die Folgen dieser Benachteiligung auf, die in einer übermäßigen körperlichen Arbeitsbelastung, v.a. im häuslichen und landwirtschaftlichen Bereich und eine Benachteiligung beim Zugang zu Bildung und Ausbildung lagen. Außerdem wurden Abhängigkeiten durch ungleiche Bezahlung und Benachteiligung bei der medizinischen Versorgung und Ernährung in der Familie angesprochen.

Seit dem Anfang der achtziger Jahre intensivierten Diskussionsprozess zur Situation von Frauen in den Partnerorganisationen wurde bei „Brot für die Welt" die Rolle der Frauen im Entwicklungsprozess verstärkt thematisiert, und in der Projektarbeit wurde eine Doppelstrategie verfolgt: Frauenförderung durch die Unterstützung eigenständiger Frauenprojekte und die Integration der Frauenfrage in alle Projekte. In dieser Zeit stand die frauenpolitische Förderung aller Entwicklungsorganisationen unter dem Motto „Integration der Frauen in den Entwicklungsprozess". Man unterstellte, dass Frauen außerhalb von Entwicklung standen, weil es ihnen an Bildung, Gesundheit, Geburtenkontrolle, Einkommen, Rechten und Ressourcen mangelte. Zur Behebung solcher „Defizite" wurden sie zur speziellen Zielgruppe der Entwicklungszusammenarbeit gemacht. Förder- und Hilfsprogram-

---

5   Vgl. Jahresbericht 1980, S. 14.
6   Vgl. Jahresbericht 1982, S. 28.

me sollten ihnen zu den fehlenden Lebens- und Einkommenschancen, Rechten und
Ressourcen verhelfen. Die Problematik der ungleichen Machtverteilung zwischen
den Geschlechtern wurde dabei anfangs tendenziell unterschätzt.

Die Machtfrage und die Rolle der Männer

Im Jahresbericht 1986 thematisierte „Brot für die Welt" erneut die Situation der
Frauen, und zwar genau unter diesem Aspekt: Bisher hätten Entwicklungsprojekte
die Arbeitsbelastung von Frauen eher erhöht, aber keine besseren Verdienstmög-
lichkeiten geschaffen und ihnen kaum soziale Anerkennung oder Macht vermittelt.
Die Ansprechpartner auf Entscheidungsebenen seien nach wie vor überwiegend
Männer. Frauenarbeit erscheine minderwertig durch den Männern vorbehaltenen
Zugang zu Bildung, Technik und Krediten. Außerdem verschlechtere die „syste-
matische Entwertung der Frauenarbeit durch moderne Arbeitsmethoden" den sozialen Status der Frauen in ihren Gesellschaften insgesamt.[7]
    Aber auch strukturelle Bedingungen und Traditionen in den jeweiligen Län-
dern seien für Diskriminierung verantwortlich. So sollten die Projekte in Zukunft
strukturverändernd wirken und die Frauen als Akteurinnen stärken, außerdem wolle „Brot für die Welt" zur Wertschätzung der von Frauen geleisteten Arbeit und zur
Minderung ihrer Arbeitslasten beitragen. Sie sollten Zugang zu angepasster Bildung und medizinischer Versorgung sowie „Entscheidungsbefugnisse über Land-
besitz, Kredite, den Umgang mit Technik und die Kontrolle über Geldeinkom-
men" erhalten.[8]
    Erste Geschlechter differenzierende Analysen sowohl zur Situation von Frauen
in Übersee als auch zur Mittelvergabe durch „Brot für die Welt" zeigten, dass zwar
erhebliche Mittel für Frauen und Frauenprojekte bewilligt wurden, im Vergleich
mit männerdominierten oder gemischten Projekten der Anteil von Frauenprojekten aber immer noch gering war. Das Geschehen in der Gesamtförderung der Projekte rückte stärker in den Blick und damit die Analyse der (Macht-)Verhältnisse
zwischen den Geschlechtern. Wie kam es, dass Frauen in Frauenprojekten selbst
aktiv wurden, sie an „normalen" Projekten jedoch kaum beteiligt waren und in
Führungspositionen gar nicht? Es hatte sich zunehmend gezeigt, dass allein durch
die Förderung von Frauen eine nachhaltige Verbesserung ihrer Situation nicht
möglich ist.

---

7   Jahresbericht 1986, S. 31.
8   Vgl. Jahresbericht 1986, S. 32.

Die Überwindung geschlechtsspezifischer Ungleichheit ist eine Gemeinschaftsaufgabe von Frauen und Männern – gelingt sie, dann können letztlich Frauen wie Männer gleichermaßen davon profitieren. Der Kampf gegen Geschlechterdiskriminierung scheitert häufig an tief verwurzelten Konstrukten von Maskulinität. Solange Männer an tradierten Geschlechterstereotypen festhalten und ihre Identität über unhinterfragte Vorstellungen von männlichem Rollenverhalten definieren, werden sich geschlechtsspezifische Machtverhältnisse kaum verändern.

Ab Anfang der 1990er Jahre kam genau das – angestoßen durch mehrere Partnerorganisationen – in den Blick, und der Einsatz von „Brot für die Welt" richtete sich von nun an auch an Männer. Konkret bedeutete dies die Beteiligung an der inhaltlichen wie finanziellen Förderung von sogenannten Maskulinitäts-Workshops von Partnerorganisationen: Sie helfen Männern, ihr Selbstverständnis zu klären und alternative Rollenkonzepte zu erproben.

Zu den Brot-für-die-Welt-Partnern, die eine besonders erfolgreiche Form der Männerarbeit entwickelt haben, zählt das Netzwerk Padare in Simbabwe. Padare umfasst inzwischen 14 Ortsverbände mit jeweils bis zu 4000 männlichen Mitgliedern. Hier werden, eingebunden beispielsweise in Theaterprogramme oder sportliche Aktivitäten, Orte der Begegnung angeboten, die die Männer zum Austausch darüber anregen, was es für sie heißt, ein Mann zu sein. Regis Mutu, ehemaliger Leiter von Padare, beschreibt, dass es vor allem die von Frauen vorangebrachte Genderperspektive war, die es nun auch Männern ermöglicht, sich von angestammten Rollenklischees zu befreien:

> „Es ist das Verdienst von Frauen, auf die als natürlich angesehenen, geschlechtsspezifischen Stereotype aufmerksam gemacht zu haben. Sie haben Analyseinstrumente entwickelt, die die zugrunde liegenden Machtdynamiken aufzeigen. Jetzt liegt es an den Männern selbst, die zerstörerischen Elemente einer dominanten Vorstellung von Männlichkeit zu hinterfragen"[9].

Partnerorganisationen von „Brot für die Welt" führen inzwischen auf allen Kontinenten Maskulinitäts-Workshops durch, die insbesondere für eine nachhaltige Überwindung häuslicher Gewalt eine Schlüsselrolle spielen. In diesem Sinne hatten sich bereits auf der 4. Weltfrauenkonferenz in Peking die Regierungen verpflichtet, gerade auch Männer in die Arbeit gegen Gewalt gegenüber Frauen einzubinden.

---

9 Zit. nach Diakonisches Werk der EKD (Hrsg.): Häusliche Gewalt überwinden. Eine globale Herausforderung. Erfahrungen und Empfehlungen aus einem internationalen Projekt. Stuttgart, Dezember 2007.

Orientierungsrahmen

Die Frauenförderpolitik von „Brot für die Welt" wurde 1993 mit dem Orientierungsrahmen der AG KED „Wege zu einer frauengerechten Entwicklungszusammenarbeit" systematisiert. Dieses Grundlagenpapier war ein Meilenstein für die Beschäftigung mit Genderfragen und die Neubestimmung der Geschlechterverhältnisse im Kontext kirchlicher Entwicklungszusammenarbeit. Hintergrund war die Erkenntnis, dass Frauen in wachsendem Maße die alleinige Verantwortung für die Familie und die Hauptlast für die ökonomische Überlebenssicherung tragen – und dies im krassen Widerspruch zu ihrer Stellung in den wirtschaftlichen, politischen und sozialen Prozessen ihrer jeweiligen Länder. Frauen arbeiten länger, verdienen weniger, haben weniger Zugang zu Bildungseinrichtungen und weniger Rechte in Familie und öffentlichem Leben. Entwicklungszusammenarbeit – so die im Orientierungsrahmen enthaltene Erkenntnis – muss dieser Situation Rechnung tragen, wenn sie zu menschenwürdigen Lebensverhältnissen und zum Abbau von Ungerechtigkeiten beitragen will.

Der Orientierungsrahmen wurde in alle gängigen Arbeitssprachen übersetzt und mit den Partnerorganisationen diskutiert. Darin wird das Selbstverständnis in Bezug auf frauengerechte Entwicklung wie folgt definiert:

> „Unsere Förderungen in der Dritten Welt müssen gezielt und verbindlich eine menschenwürdige und damit frauen- und männergerechte Entwicklung unterstützen. Dies trifft sowohl auf Projekte und Programme zu, bei denen Männer und Frauen zur Zielgruppe gehören, als auch auf spezifische Frauenprogramme. ... Unter frauengerechter Entwicklung verstehen wir die besondere Stärkung (Empowerment) von Frauen in ihrer gleichberechtigten Beteiligung an der Verwirklichung von Menschenrechten und in Entwicklungsprozessen."

„Den Armen Gerechtigkeit"

Im Jahr 2000 thematisierte „Brot für die Welt" mit der Erklärung „Den Armen Gerechtigkeit" die ungleichen Chancen von Frauen und Männern in Wirtschaft und Gesellschaft. Gleichzeitig wird darin auf die zahlreichen Initiativen von Frauen in der ganzen Welt hingewiesen, die sich für den Abbau von Diskriminierung, Überlebenssicherung und die grundlegende Veränderung der sozialen Verhältnisse einsetzen. Männer und Frauen werden ermutigt, die gegenwärtige Rollenverteilung zu hinterfragen und zu erkennen, dass diese nicht nur Frauen benachteiligt, sondern auch Männer belastet. Diese Erkenntnis soll sowohl Männer als auch Frauen zu verändertem Verhalten motivieren. Um diese Prozesse zu fördern, stärkt „Brot für die Welt" die Genderkompetenz der eigenen und der Partnerorganisationen. Besonders Fraueninitiativen werden dabei unterstützt, „ihre unmittelbare Lebenssituation zu verbessern, aber auch ihre längerfristigen Interessen zum Ausdruck zu bringen, sie politisch einzufordern und durchzusetzen".[10]

Entwurf einer Gender-Strategie

Im August 2007 haben „Brot für die Welt" und der Evangelischen Entwicklungsdienst (EED) gemeinsam eine Genderstrategie für den Zeitraum 2006 bis 2010 verabschiedet. Diese am Konzept des Gender-Mainstreaming[11] orientierte Handlungsstrategie soll dazu beitragen, die Lücken zwischen Theorie und Praxis zu schließen und dem Ziel der Geschlechtergerechtigkeit im Kontext kirchlicher Entwicklungszusammenarbeit näher zu kommen. Im Genderstrategie-Papier heißt es dazu:

> „Die Strategie des Gender-Mainstreaming knüpft an bestehende geschlechterbezogene Aktivitäten in der Auslands- und Inlandsarbeit der beiden Werke an und trägt dazu bei, die Aufmerksamkeit nicht nur auf Frauen allein, sondern auf Frauen und Männer zu richten. [...] Die Verankerung von Gender-Mainstreaming als Querschnittsperspektive in Zusammenhang mit Qualitäts-, Organisations- und Personalentwicklung bietet die Möglichkeit, nicht nur additiv im Nachhinein Frauen – und nun auch Männer – als soziale Gruppe mit ‚besonderen' Interessen und Bedürfnissen einzubeziehen, sondern systematisch die Gender-Perspektive zu berücksichtigen, Diskriminierung im Geschlechterverhältnis aufzugreifen und entsprechend der Kategorien sozialer Schicht, Ethnizität, Religion, sexueller Orientierung, Alter etc. zu differenzieren."[12]

Weiterführend an der von „Brot für die Welt" und EED gemeinsam formulierten Genderstrategie ist, dass sie konkrete Aussagen darüber enthält, wie und auf welchem Weg gleiche Lebenschancen für Frauen und Männer hergestellt werden sollen. Das Oberziel der Handlungsstrategie lautet: „Brot für die Welt" und EED setzen sich aktiv und sichtbar dafür ein, dass gleiche Lebenschancen für Männer und Frauen hergestellt und bestehende Ungerechtigkeiten im Geschlechterverhältnis beseitigt werden."

---

10   „Den Armen Gerechtigkeit 2000", Brot für die Welt, Stuttgart 2000.
11   Der Wirtschafts- und Sozialrat der Vereinten Nationen definierte 1997 Gender-Mainstreaming als den „Prozess, alle geplanten Aktivitäten einschließlich von Gesetzgebung, von Politiken und Programmen auf allen Gebieten und auf allen Ebenen hinsichtlich ihrer Wirkungen auf Frauen und Männer festzustellen.
12   Vgl. Genderstrategie-Papier „Wir schließen die Lücke zwischen Theorie und Praxis" - eine Handlungsstrategie zur Förderung gleicher Lebenschancen für Frauen und Männer mit den Programmen von EED und Brot für die Welt, August 2007, S. 7f..

Ausgehend von diesem Oberziel werden operative Ziele festgelegt. Deren Umsetzung innerhalb der Organisation kann/soll anhand eines Kriterienkatalogs quantitativer und qualitativer Indikatoren überprüft werden, die sich nicht allein mit Quotenregelungen abgelten lassen, sondern ernsthaftes Nachdenken aller Akteure über Struktur und Zielrichtung aller Maßnahmen erfordern. So wird mit dem Anspruch ernstgemacht, Geschlechtergerechtigkeit in der eigenen Organisation zu verankern und nachprüfbare Maßstäbe für die Umsetzung bzw. Fortschrittskontrolle auf diesem Weg zu setzen.

Der Genderansatz erhöht die Sichtbarkeit von Frauen

Im Rahmen einer Februar 2007 abgeschlossenen Studie[13] sollte untersucht werden, ob gendergerechte Maßnahmen für das Personal des Trägers und bei der Zielgruppe durchgeführt werden, ob spezifische Kriterien in allen Phasen eines Projekts berücksichtigt werden, welcher Grad der Partizipation von Männern und Frauen vorhanden ist, ob Gender Budgeting angewendet wird und welche Indikatoren zur Messung von Gendergerechtigkeit genutzt werden. Im Rahmen der Studie wurde eine Auswertung des Genderansatzes in 73 von „Brot für die Welt" geförderten Projekten vorgenommen.[14] Die wichtigste Schlussfolgerung der Untersuchung nach Meinung der AutorInnen lautete, dass die Orientierung auf Frauenförderung und die Einführung des Genderansatzes in erster Linie dazu geführt habe, Frauen sichtbarer zu machen. Frauen würden von den Partnerorganisationen und Zielgruppen als Akteurinnen in der Familie, der Gemeinde und in Projekten der Entwicklungszusammenarbeit stärker wahrgenommen und gefördert. Auch sei das Bewusstsein in Bezug auf die Benachteiligung der Frauen und ihre häufig extrem schwierigen Lebenssituationen bei den Partnern und betroffenen Gemeinschaften deutlich gewachsen.

Die Ergebnisse der Studie zeigen, dass die Berücksichtigung von Frauenförderung und Genderansatz in zahlreichen Projekten die Situation und den Status von Frauen verbessert haben. Dies wurde vor allem in Bezug auf Partizipation und Verhandlungsmacht festgestellt. So sind Frauen in unterschiedlichen kulturellen Kontexten, die nicht selten frauenfeindliche Tendenzen aufweisen, sowohl in den

---

13 FAKT, Carsta Neuenroth et al.: Frauen sind sichtbarer geworden, aber Gender geht Frauen und Männer an! Stuttgart 2007 .

14 Die Auswahl der 73 Projekte erfolgte anhand einer gerichteten Stichprobe; sie stellen 6,5 % von insgesamt 1.126 laufenden Projekten dar. Es wurden nur Projekte ausgewertet, die ab 2003 zur Bewilligung vorlagen.

Partnerorganisationen auf institutioneller Ebene als auch auf Zielgruppenebene in Gemeindegremien oder Basisorganisationen stärker vertreten als zuvor. Außerdem haben viele Frauen gelernt, vor einer Gruppe zu stehen, auch in Gegenwart von Männern frei zu reden und eigene Interessen zu äußern. Auch der Zugang zu und die Kontrolle über Ressourcen konnte durch die Projektarbeit verbessert werden, vor allem aufgrund des erleichterten Zugangs zu Krediten und der Durchführung einkommensschaffender Maßnahmen im Rahmen von Frauenförderungsprojekten.

Projektbeispiele, bei denen es zunächst nur um die Verbesserung der wirtschaftlichen Situation der Frauen durch Training, Beratung und Kreditvergabe im informellen Bereich ging und die sich zunächst nur auf Frauen konzentrierten, die eine eigene wirtschaftliche Tätigkeit anstreben, haben häufig eine enorme Ausweitung ihrer Ziele und ihrer Wirkungen erfahren: Die Trainings- und Beratungsleistungen des Projekts haben nicht nur zur Verbesserung ihrer Einkommenssituation beigetragen, indem ihre wirtschaftlichen Unternehmungen profitabler wurden, sondern auch geholfen, ihre Situation als Frauen besser zu verstehen und mehr Selbstvertrauen zu gewinnen. Sie können nun in größeren Versammlungen und auch in Gegenwart von Männern sprechen. Die verbesserte Einkommenssituation hat in einigen Familien zu größeren Mitsprache- und Verfügungsrechten der Frauen in Fragen des Familienvermögens und der familiären Ressourcen geführt. Sie können in der Regel frei über das Geld verfügen, das sie verdienen, und über die landwirtschaftlichen Produkte, die sie selbst anbauen.

Verbessertes Einkommen und erhöhtes Bewusstsein der Frauen haben zu einer Verminderung der Verschuldungsrisiken geführt und den ökonomischen Druck auf Ehemänner, außerhalb nach schlecht bezahlter Saisonarbeit zu suchen, reduziert. Dies hat die sozialen Spannungen in den Familien gesenkt. Die meisten Frauen beteiligen Familienmitglieder an ihren Geschäftsaktivitäten, um mit der steigenden Arbeitsbelastung fertig zu werden. Dies hat die traditionellen Muster der geschlechtsbezogenen Arbeitsteilung innerhalb der Familien beeinflusst. Das Gender-Training hat die Wahrnehmung der Frauen von stereotypen Geschlechterrollen verändert.

Viele Frauen, die vorher im informellen Sektor tätig waren, sind – begleitet durch das Projekt – in die Selbständigkeit hineingewachsen, haben ihre Unternehmungen offiziell registrieren lassen und bilden sich professionell fort. Einzelne Frauen besuchen inzwischen sogar nationale und internationale Messen, um sich über neuere Entwicklungen in ihrem Geschäftsbereich zu informieren. Einige von ihnen haben durch ihre Geschäftstätigkeit wiederum informelle Arbeits- und Einkommensmöglichkeiten für Jugendliche und junge Erwachsene geschaffen und sich so zum Motor der Verbesserung der gesamten ökonomischen Situation der Familie/des Dorfes gemacht, was ihr Ansehen in ihrem sozialen Umfeld erhöht hat.

Aufgrund des gestiegenen Bildungsstandes und Selbstbewusstseins engagieren sich viele Frauen in lokalen Gremien und Einrichtungen, einige bei Wahlen zu politischen Leitungspositionen. Lokale Gruppenleiterinnen vertreten Frauen bei kommunalen politischen Entscheidungen, die ihre Geschäftstätigkeit betreffen, wenn es etwa um Gebühren oder Steuern geht.

Gerechtigkeit zwischen den Geschlechtern wird heute in den meisten Partnerorganisationen als Ziel verfolgt. Diese haben in der Regel Elemente von Frauenförderung und Gendergerechtigkeit in ihre Arbeit integriert. Oft wird zunächst eine Phase der Frauenförderung durchlaufen, bevor die Geschlechterverhältnisse auch unter dem Aspekt Gendergerechtigkeit betrachtet und in die Projektkonzeption einbezogen werden. Dabei ist das Wissen um die Zusammenhänge von Frauenförderung und Gendergerechtigkeit bei den einzelnen Partnerorganisationen sehr unterschiedlich ausgebildet. In der Auswertung werden aber auch Schwächen und Kritikpunkte benannt, wie z.B. Mängel in der Analyse der Genderbeziehungen, unzureichende Verankerung des Genderansatzes in den Systemen zu Planung, Monitoring und Evaluierung, unzureichende fachliche Gender-Kompetenz in einigen Partnerorganisationen oder die ebenfalls anzutreffende Diskreditierung des Genderansatzes als ‚donor driven'.

Dies deutet auf eine fortwährende Herausforderung hin: In der Tat entsprang der ganze Genderansatz, wie auch seine sich im Laufe der Jahre ändernden Konzepte unseren Vorgaben. Diese fielen auf unterschiedlich fruchtbaren Boden und wurden unterschiedlich intensiv von den Partnern ‚angeeignet': von begeisterter Aufnahme – vor allem bei den Frauen – und kreativer Weiterdiskussion und -entwicklung, die dann auch für uns und andere Partner neue Impulse gesetzt hat, bis hin zur bloß formalen Akzeptanz.

Wiewohl man denken könnte und häufig argumentiert wurde, die Unterschiede wären vor allem kulturell begründet, scheint bei erstem oberflächlichen Draufblick (dies war nicht ausdrücklich Gegenstand der Studie) die Kultur der jeweiligen ethnischen, religiösen und regionalen Zugehörigkeit eine weniger entscheidende Rolle bei der Aufnahme dieses Ansatzes zu spielen, als die Organisationsstruktur der jeweiligen Partner, die durch den Genderansatz ja selbst angefragt wird. Zum Beispiel tun sich verfasste Kirchen mit hierarchischen Strukturen eher schwerer mit dem Genderansatz als außerhalb der Struktur einer verfassten Kirche arbeitende und partizipativ strukturierte christliche Basisgruppen, ökumenische Organisationen oder NGOs. Die Autor/innen stellen indes insgesamt die positive

Tendenz fest, „dass mittelfristig in vielen Organisationen Entwicklungen stattfinden, die zu einer stärkeren Berücksichtigung des Genderansatzes führen."

Geschlechterungerechtigkeit als globale Herausforderung

Diese Lernerfahrungen zeigen, dass die Verwirklichung von Geschlechtergerechtigkeit ein langer, bei weitem nicht abgeschlossener Prozess ist. Ein Problem, das
wohl sämtlichen Gender-Debatten anhaftet, ist schon die Sperrigkeit der Sprache.
Wichtiger jedoch: Da es bei den meisten Geschlechterfragen auch um Macht und
Machtverteilung geht, ist dieser Weg naturgemäß schwierig und konfliktträchtig.
Ohnehin wäre es vermessen zu erwarten, dass eine Neuordnung der Verhältnisse
zwischen den Geschlechtern in nur einer oder zwei Generationen vonstatten gehen
könnte. Die Überwindung der Geschlechterdiskriminierung ist eine gesamtgesell-
schaftliche Aufgabe.

Die kirchliche Entwicklungszusammenarbeit will dazu ihren Beitrag leisten,
indem sie die Genderkompetenz in den Partner- wie in den Geberorganisationen
stärkt. Dadurch können Frauen langfristig und nachhaltig gefördert werden. „Brot
für die Welt" hat zusammen mit seinen Partnerorganisationen auf die Herausforderung der Geschlechterdiskriminierung mit einer Doppelstrategie reagiert, in der
das Empowerment der Frauen durch eine Strategie der Genderarbeit und des Gender-Mainstreaming ergänzt wird.

Mit diesem doppelgleisigen Ansatz hat „Brot für die Welt" eine Vorreiterrolle
eingenommen und gemeinsam mit den Partnern Handlungskonzepte entwickelt,
die auch angesichts der zukünftigen Entwicklungsaufgaben Bestand und Geltung
haben. Allerdings ist es noch längst nicht gelungen, das Gender-Mainstreaming
tatsächlich so zu verankern, dass dies als eine Aufgabe begriffen wird, die Frauen
und Männer gleichermaßen angeht. Auf allen gesellschaftlichen Ebenen ist die
Neigung groß, das Thema „Gender" als reine Frauensache zu betrachten. Die Überwindung geschlechtsspezifischer Macht- und Ohnmachtverhältnisse kann aber nur
gelingen, wenn Frauen wie Männer ihre Rollen hinterfragen und neu finden.

Dass gerade auch die Männer Teil des Problems sind, zeigt sich besonders
deutlich an zwei der eingangs genannten Herausforderungen, bei denen die Diskriminierung von Frauen besonders brutal zum Ausdruck kommt: der alltäglichen
häuslichen Gewalt gegen Frauen und dem bedrückenden Ausmaß von Frauenhandel und Zwangsprostitution.

Häusliche Gewalt ist ein weltweites Phänomen und zählt zu den am weitesten
verbreiteten Menschenrechtsverletzungen: Bis zu 71 Prozent der Frauen, die bei

einer von der Weltgesundheitsorganisation auf fünf Kontinenten durchgeführten Studie befragt wurden, gaben an, mindestens einmal in ihrem Leben Opfer von körperlicher oder sexueller Gewalt in ihrer Familie geworden zu sein. Auch in Deutschland wird jede vierte Frau mindestens einmal in ihrem Leben Opfer häuslicher Gewalt; in Äthiopien erleidet dieses Schicksal jede zweite Frau. In Indien wird alle neun Minuten eine Frau von ihrem Partner misshandelt. 70 Prozent aller Männer und 90 Prozent aller Frauen in Uganda betrachten das Schlagen der Ehefrau als legitimes Mittel der ehelichen Konfliktlösung.

Mit dem dreijährigen internationalen Austauschprojekt „Häusliche Gewalt überwinden", das 2003 als Beitrag zur Ökumenischen Dekade gestartet wurde, haben das Diakonische Werk der EKD und „Brot für die Welt" einen lebhaften Prozess in Gang gesetzt, in dessen Verlauf sich Akteure aus Ost und West, Nord und Süd über Strategien und Maßnahmen im Kampf gegen die häusliche Gewalt ausgetauscht haben. Mit diesem Projekt ist nicht nur ein grenzüberschreitendes, gemeinsames Lernen in Gang gesetzt worden, es ist auch gelungen, etwa mit der interaktiven Ausstellung „Rosenstraße 76", eine breitere Öffentlichkeit zur Auseinandersetzung mit diesem häufig verdrängten alltäglichen Gewaltproblem zu bewegen. Die ermutigenden Erfahrungen mit dem Dekadeprojekt zur häuslichen Gewalt sind in einer soeben erschienenen Publikation ausführlich dokumentiert[15].

Partnerorganisationen im Süden und Osten machen darauf aufmerksam, dass die Modernisierung der Wirtschaft und die Einflüsse der Globalisierung in den armen Ländern dazu beitragen, das Ausmaß der häuslichen Gewalt gegen Frauen noch zu verschlimmern. Wachsende Konsumwünsche, aber auch der Verlust der Kontrolle der Frauen über die Überlebensgrundlagen der Familie, führen häufig dazu, dass sich das innerfamiliäre Gewaltpotenzial verschärft.

Mit der Globalisierung und der wachsenden Mobilität geht auch die Zunahme des grenzüberschreitenden Frauenhandels einher. Nach UN-Angaben arbeiten in Westeuropa rund eine halbe Million Zwangsprostituierte, insbesondere aus den Ländern des ehemaligen Ostblocks sowie aus dem Süden, unter sklavenähnlichen Bedingungen. Allein in der EU werden jährlich schätzungsweise 200.000 Prostituierte von skrupellosen Menschenhändlern an Zuhälter verkauft. Anlässlich der Fußballweltmeisterschaft in Deutschland hatte die Diakonie mit der Aufklärungsinitiative „Handeln gegen Zwangsprostitution" ausdrücklich an die Verantwortung der männlichen Freier appelliert. Gleichzeitig wurde auf die Hilfsangebote für Frau-

---

15   Diakonisches Werk der EKD (Hrsg.): Häusliche Gewalt überwinden. Eine globale Herausforderung. Erfahrungen und Empfehlungen aus einem internationalen Projekt. Stuttgart, Dezember 2007.

en, die Opfer von Menschenhandel und Zwangsprostitution geworden sind, aufmerksam gemacht.

Angesichts dieser extremen Formen, in denen sich die Ungleichheit der Geschlechterverhältnisse besonders klar zeigt, besteht wachsender Handlungsbedarf. Sie stehen weiterhin auf der Agenda von kirchlicher Entwicklungszusammenarbeit und Diakonie.

Auf der Tagesordnung der internationalen Politik und der Weltöffentlichkeit scheinen indes Fragen der Geschlechterdiskriminierung derzeit eher in den Schatten anderer globaler Probleme zu rücken. Der weltweite Klimawandel und die Bewältigung seiner Folgen, die Sicherheitsgefahren durch den internationalen Terrorismus, das Ende des billigen Öls und die wachsende Konkurrenz um knapper werdende Rohstoffe beherrschen die Schlagzeilen. Dabei ist daran zu erinnern, dass keine der großen Fragen, die die Zukunftsfähigkeit der Weltgesellschaft betreffen, „geschlechterneutral" diskutiert werden kann. Von ökologischen Gefahren und Gewalt, Krieg und Armut sind Männer und Frauen häufig in unterschiedlicher Weise betroffen, und alle Strategien, die ergriffen werden, um eine nachhaltige Entwicklung zu befördern, müssen konsequent auf ihre geschlechterspezifischen Auswirkungen hin beobachtet und geprüft werden.

Fazit

Einerseits lässt sich sagen: Es ist schon viel erreicht worden und die Geschlechterverhältnisse bewegen sich. Es gibt positive Ansätze und Veränderungen, Frauen sind sichtbarer geworden und werden auch als Akteurinnen wirtschaftlicher und sozialer Entwicklung stärker wahrgenommen.

Andererseits bleibt bei der Verwirklichung der Millenniumsziele noch viel zu tun. Alle acht Ziele enthalten wichtige Gender-Aspekte, die nur gemeinsam, in konstruktiver Zusammenarbeit von Männern und Frauen, erreicht werden können. Gleiches gilt auch für den visionären Anspruch, den Armen Gerechtigkeit widerfahren zu lassen. Schließlich ist Armut bis heute „weiblich", und es bedarf weiterhin großer Anstrengungen, dass sich dies endlich ändert.

Katharina Kummer Peiry

Privatwirtschaft und Umweltschutz
Die Beteiligung der Wirtschaft an internationalen Konventionen

Summary

Die Wirtschaft bringt bei internationalen Verhandlungen über Umweltschutz ihr Wissen und ihre Erfahrung noch immer zu wenig ein. Dabei liegt es im Interesse der Unternehmen ebenso wie der Gesellschaft, die Sachkenntnis und Kompetenz der Wirtschaft zu nutzen. Ähnlich wie viele NRO können Industrieverbände mit Beobachterstatus eine Mitsprache bei Verhandlungen wahrnehmen.[1]

In den letzten dreißig Jahren hat die internationale Staatengemeinschaft insgesamt etwa hundert globale und regionale Umweltverträge ausgehandelt, welche die Zusammenarbeit in Bereichen wie Handhabung gefährlicher Abfälle und Chemikalien, Bekämpfung der Verschmutzung von Meeren, Schutz des Klimas und der Ozonschicht, Schutz von Artenvielfalt und Ökosystemen sowie Handhabung genetisch modifizierter Organismen regeln.

Da diese Verträge unter anderem international gültige Umweltstandards für Produktion und Handel festlegen, haben sie ganz konkrete Auswirkungen auf die Tätigkeit privater Unternehmen, die der Hoheit eines oder mehrerer Parteistaaten unterstehen. Dies gilt besonders für international tätige Großfirmen, vor allem in Bereichen wie Chemie und Biotechnologie. Betroffen sind aber auch industrielle Betriebe ohne Auslandsbeziehungen; denn internationale Umweltverträge legen Auflagen und Grenzwerte fest, die für Produktionsprozesse maßgebend sind (s. Tabelle). Wenn ein Staat solchen Verträgen beitritt, werden deren Bestimmungen in dessen Gesetzgebung übernommen und müssen von einheimischen Betrieben eingehalten werden.

Völkerrechtliche Verträge werden von der internationalen Staatengemeinschaft ausgehandelt und im Rahmen von Vertragsparteikonferenzen durch die Staaten regelmäßig weiter entwickelt. Gerade im Umweltbereich hat sich jedoch die Praxis eingebürgert, nichtstaatliche Akteure, wie Umweltorganisationen und Wirt-

---

1 Dieser Text ist in den Schweizer Monatsheften Nr.9/10, 2006 erschienen.

schaftsverbände, als Beobachter zuzulassen, damit sie ihren Standpunkt und ihr Fachwissen beisteuern können. In einer Atmosphäre, die stark von Interessengegensätzen und Ideologien geprägt ist, hat das Lobbying durch nichtstaatliche Interessengruppen einen nicht zu unterschätzenden Einfluss. Die Privatwirtschaft jedoch hat – anders als die Umweltverbände, die sich schon früh und mit Erfolg in die einschlägigen Verhandlungen eingeschaltet haben – in den vergangenen Jahrzehnten diese Gelegenheit nur zögernd wahrgenommen.

Traditionell war das Interesse der Wirtschaft für Umwelt und Nachhaltigkeit gering. Diese Themen wurden allgemein mit „grünen" Nichtregierungsorganisationen in Verbindung gebracht. Dies hat sich in den letzten Jahren grundlegend geändert. Die meisten international tätigen Großfirmen haben heute eine Nachhaltigkeits-Strategie und produzieren regelmäßig Nachhaltigkeits-Berichte. Der *Dow Sustainability Index* bestimmt die *Sustainability Leaders* der verschiedenen Branchen. Es werden Nachhaltigkeits-Stiftungen gegründet und Nachhaltigkeits-Preise verliehen. Zudem engagieren sich viele multinationale Unternehmen in Projekten für Umwelt und Nachhaltigkeit in ihren diversen Standortländern. Schätzungen zufolge übertreffen beispielsweise die Ausgaben des Privatsektors für Wasserprojekte in Entwicklungsländern die gesamten Investitionen der Entwicklungszusammenarbeit in diesem Bereich.

Für dieses Engagement gibt es viele Beispiele. Ein in der Getränkeproduktion tätiger multinationaler Konzern hat vor einigen Jahren an einem Standort in Südamerika in Zusammenarbeit mit den lokalen Behörden ein Schutzgebiet im Einzugsbereich des Flusses errichtet, von dem der Betrieb sein Wasser bezieht. Damit ist sowohl die Wasserqualität für den Betrieb und die umliegenden Dörfer als auch der Schutz des Ökosystems gewährleistet. Mit solchen und ähnlichen Projekten leisten Firmen einen Beitrag zum Umweltschutz und tragen gleichzeitig zu ihrem „Nachhaltigkeits-Image" bei.

Die Zusammenarbeit zwischen Unternehmen und Entwicklungs-Behörden im Umwelt- und Nachhaltigkeits-Bereich ist ebenfalls ein Thema, dem in Wirtschaftskreisen immer mehr Beachtung geschenkt wird. Der *World Business Council for Sustainable Development* hat 2004 einen Leitfaden für Firmen publiziert, die mit Entwicklungsinstitutionen zusammen arbeiten wollen. Das *World Economic Forum* lancierte 2002 eine Wasserinitiative, die Partnerschaften zwischen privaten und öffentlichen Akteuren zum Schutz und zur nachhaltigen Nutzung von Wasserressourcen weltweit unterstützt. Unter der Ägide der Basler Konvention über gefährliche Abfälle arbeiten staatliche Institutionen und führende Hersteller von Mobiltelefonen gemeinsam an einem Plan für die umweltgerechte Entsorgung ausgedienter Handys.

Das Engagement des Privatsektors in internationalen Umwelt-Verhandlungen hat bisher mit solchen Entwicklungen nur beschränkt Schritt gehalten. Dabei liegt die Teilnahme von Firmen und Industrieverbänden nicht nur in deren eigenem Interesse, sondern ist auch für den Ausgang der Verhandlungen nutzbringend. Die einschlägige Industrie verfügt über umfassende Sachkenntnisse und kann dazu beitragen, dass ein Vertragswerk entsteht, das dann auch praktisch umsetzbar ist. Als positives Beispiel ist hier die erfolgreiche internationale Haftpflicht-Regelung für Meeresverschmutzung durch Öl zu nennen, die auf einem bereits bestehenden freiwilligen System der Öltransport-Industrie aufbaut. Ein negatives Beispiel ist das Haftpflicht-Protokoll zur Basler Konvention über gefährliche Abfälle, bei dessen Erarbeitung die Versicherungsindustrie nicht genügend einbezogen wurde und das deshalb ein Haftpflichtsystem vorsieht, das in vielen Ländern nicht versicherbar ist. Es ist bis heute nicht in Kraft getreten.

Wie können Unternehmen und ihre Verbände auf dem internationalen Parkett eine Rolle spielen? Der Beobachter-Status in den Verhandlungen eröffnet eine ganze Reihe von Mitwirkungsmöglichkeiten, die von den Umweltverbänden längst erfolgreich genutzt und auch von Firmen und Industrieverbänden zunehmend erkannt werden. Die interessierten Branchen können zum Beispiel gemeinsame Positionen zu einem Thema erarbeiten. Als Beobachter können sie an den Debatten teilnehmen und diese Positionen darlegen.

Oft haben Staaten wie auch Beobachter die Gelegenheit, vorgängig einer Verhandlungsrunde schriftliche Eingaben zum jeweiligen Verhandlungsgegenstand zu machen. Zudem können Broschüren und Flugblätter aufgelegt werden. Direkte informelle Kontakte mit Länderdelegationen während der Verhandlungen sowie die Organisation von Rahmenveranstaltungen in den Verhandlungspausen bieten weitere wichtige Einflussmöglichkeiten. Workshops auf Länderebene, in denen mit Vertretern nationaler Behörden und der Zivilgesellschaft die konkreten Auswirkungen einer geplanten internationalen Regelung diskutiert werden, sind ein innovatives Mittel, um Industrie-Positionen den direkt Betroffenen nahe zu bringen.

Es gehört allerdings etwas Mut dazu, in Verhandlungsprozessen als Industrievertreter aufzutreten. In diesen Kreisen ist die Meinung noch immer verbreitet, die Privatwirtschaft wirke generell dem Umweltschutz entgegen und sei bereit, Mensch und Umwelt in Entwicklungsländern dem Profit zu opfern. Deshalb begegnet man Industrievertretern zum Teil mit offener Ablehnung. Auch Delegierte „gemäßigter" Saaten meiden oft den Kontakt zu ihnen aus Angst, als „industrienahe" eingestuft zu werden. Viele Manager scheuen diese Konfrontation. Dies ist sicher mit ein Grund, weshalb die Erfahrung und das Wissen der Industrie in internationalen Umweltverhandlungen zu wenig Eingang finden.

Für eine effiziente und erfolgreiche Teilnahme sind internationale Verhandlungserfahrung, Kenntnis des jeweiligen Prozesses, Konfliktfähigkeit und diplomatisches Fingerspitzengefühl unerlässlich. Statt einer Teilnahme einzelner Firmen kann es deshalb sinnvoll sein, wenn die betroffenen nationalen und internationalen Branchen-Verbände ihre Interessen in den sie tangierenden Verhandlungen durch entsprechend qualifizierte Personen wahrnehmen lassen.

Wie auch der erwähnte Leitfaden des *World Business Council for Sustainable Development* festhält, ist es an der Zeit, die einst unüberbrückbaren Gegensätze zwischen Wirtschaft und Umweltschutz endgültig zu überwinden. Das Potential für eine gewinnbringende Zusammenarbeit kann uns soll auch international genutzt werden.

Einschränkungen oder Auflagen für den internationalen Handel

- Basler Konvention (1989): Gefährliche Abfälle, einschließlich recyclebare Abfälle wie Schwermetalle
- Rotterdamer Konvention (1998): Industriechemikalien und Pestizide
- Protokoll von Cartagena (2001): Genetisch modifizierte Organismen

Pflicht zur Eliminierung bestimmter Substanzen

- Protokoll von Montreal (1987): Ozonschädigende Substanzen wie FCKWs und Halone
- Konvention von Stockholm (2001): Schwerflüchtige organische Schadstoffe wie PCBs und DDT

Grenzwerte für die Emission bestimmter Substanzen

- Protokoll von Kyoto zur Klimakonvention (1997): Treibhausgase wie CO_2 und Methan
- Europäische Konvention über grenzüberschreitende Luftverschmutzung (1979) und Zusatzprotokolle: Schwefel, Stickoxyd, flüchtige organische Verbindungen, schwer flüchtige organische Schadstoffe, Schwermetalle, Stickstoff, Ammoniak

Manfred Kulessa

Von Eugen Rosenstock-Huessy zu Hartmut von Hentig

Pädagogische Begründung und Vorschläge für eine allgemeine Dienstpflicht

Summary

Im Jahre 2006 veröffentlichte der Pädagoge Hartmut von Hentig sein Manifest „Von der nützlichen Erfahrung, nützlich zu sein". Darin fordert er den Versuch der Einführung einer allgemeinen Dienstpflicht in Deutschland. Er knüpft darin an die Ideen von Eugen Rosenstock-Huessy, die Erfahrungen der Gemeinschaftsdienste und die Diskussion um „Friedensdienst mit und ohne Waffen" an. Mit pädagogischer Begründung möchte er diese Diskussion beleben und auf die Ebene praktischer Politik führen.

Ausgehend von dem „planetarischen Dienst" bei Rosenstock wird von Hentigs Vorschlag auf dem Hintergrund der Diskussion der letzten vier Jahrzehnte vorgestellt und begrüßt. In den letzten Jahren hat es hierzu keine positive Entscheidung gegeben, und auch gelegentliche Initiativen prominenter Politiker haben bislang keine Konsequenzen gehabt. In der Partnerschaft mit den einheimischen Diensten anderer Länder sieht der Autor eine wichtige Option für deutsche Gemeinschafts- und Entwicklungsdienste. Helmut Weyers gibt aus seiner besonderen Erfahrung einen Überblick über solche Dienste in aller Welt.

Zum planetarischen Dienst[1]

Eberhard le Coutre, Anreger und Begleiter von „*Dienste in Übersee*", schrieb 2000 im Rückblick auf die Gründerzeit:

> „Die entscheidenden Akteure waren Ende zwanzig bis Mitte dreißig Jahre alt. Wir erlebten und zelebrierten die Aufbrüche und Anfänge als Jugendbewegung. Die ‚alten Herren', mit denen wir unsere Pläne abstimmen mussten, waren damals etwa 15 Jahre jünger als wir es

---

1 Dieser Text stellt einen Ausschnitt dar, den Manfred Kulessa publizierte in: Rudolf Hermeier (Hg.): Eugen Rosenstock-Huessy. Unterwegs zur planetarischen Solidarität. Münster 2006.

heute sind. [...] Sie waren vom gleichen Enthusiasmus bewegt wie wir, vor allem deshalb, weil sie selber seinerzeit Beweger und später glaubwürdige und mitreißende Zeitzeugen der christlichen Jugend- und Studentenbewegungen der zwanziger und dreißiger Jahre waren. Neben der Bibel wurde der Essay ,Dienst auf dem Planeten' von Eugen Rosenstock-Huessy [Stuttgart 1965 – eine schriftliche Fassung von Rundfunksprachen im Südwestfunk] eines der wichtigsten Bücher der frühen Jahre. Das ist ein auch heute noch lesenswertes Buch, in dem ein Veteran der Jugendbewegung aufruft zur Neugestaltung eines Friedensdienstes nach dem 2. Weltkrieg. Sein positiver Prototyp des Bewegers [...] ist ,der Pirat', also nach dem griechischen Wortsinn der, der etwas versucht: ,Der Name des Piraten hat den Vorzug, mindestens den Ärger aller Pharisäer und Pensionsberechtigten und Kleinbürger zu erregen.'"

Mit dieser letzten Bemerkung hat Rosenstock einmal mehr seine prophetische Begabung bewiesen. Als nämlich der zuständige Minister Erhard Eppler in den siebziger Jahren die Entwicklungshelfer als „Friedenspiraten" bezeichnete, zog er sich damit tatsächlich Ärger und massiv ungerechte Vorwürfe in Parlament und Medien zu. Das uns von Herbert Wehner gewidmete Etikett des „Pietcong" konnte man dagegen schon als Ausdruck eines knorrigen Wohlwollens werten.

Jedenfalls gehörte Rosenstock schon vor und während des 1. Weltkrieges zu den Vordenkern eines weltweiten Dienstes, dessen Grundidee an verschiedenen Orten von einander unbekannten Personen zur Sprache gebracht wurde – so hat Rosenstock vor allem in der Forderung nach einem „Moral Equivalent of War" von William James und im halbsozialistischen Plan von Josef Popper-Lynkeus, der Einführung einer allgemein verbindlichen Nährpflichtzeit, wesentliche Berührungspunkte zu seinem eigenen Vorschlag von 1912 „Ein Landfrieden" erkannt. Trotz des großen Echos in der Weimarer Zeit auf die Einführung von „Arbeitslagern" ab März 1928 in Schlesien[2] – das erste kam zudem noch durch die Initiative von Helmuth James von Moltke zustande – findet sich erst spät, im Zuge der historischen Dokumentation, in der Literatur des zivilen Dienstes manche Spur von Rosenstock-Huessys Anregungen und Initiativen. So bezieht sich Donald J. Eberly in seinem Bericht „National Youth Service in the 20th and 21st Centuries" auf seinen „Dienst auf dem Planeten", dessen englische Fassung 1978 in Vermont unter dem Titel „Planetary Service" erschien: „...this book makes a case for an international civilian youth service. The author argued for a work service corps in Germany as early as 1912".

---

3   Siehe E. Rosenstock-Huessy und Carl.D. von Trotha (Hg.): Das Arbeitslager. Berichte aus Schlesien von Arbeitern, Bauern und Studenten. Jena 1931. Trotha war ein Vetter Helmuth J. von Moltkes, der neben Horst von Einsiedel u.a. Rosenstock bei der Durchführung der Lager eine große Hilfe war. Es wäre allerdings ein Missverständnis, in die Lager etwas Provinzielles oder Völkisches hinein zu interpretieren. Sie waren vielmehr eine erste Wegstrecke zu einem Dienst auf dem Planeten.

Tatsächlich hat sich Rosenstock in Amerika schon recht bald an der Diskussion und an der Durchführung von Diensten (Camp William James) beteiligt. Ein bewegendes Zeugnis, von ihm verfasst, enthält die Petition um einen Friedensdienst, die von Tunbridge aus im September 1940 an Präsident Roosevelt gerichtet wurde. Von dem wurde gesagt, „to favor a nation-wide universal – not merely military – service", wozu ihm Wege dazu aus der Erfahrung von Vermont aufgezeigt werden sollten. Das war schon ein Schritt in Richtung Friedenskorps, der durch den Eintritt Amerikas in den Krieg dann nicht wirksam werden konnte.

Als sich endlich in der Nachkriegszeit die Vorstellung eines Weltfriedensdienstes ihrer Realisierung näherte, für die Rosenstock in den fünfziger Jahren auch in Deutschland an kirchlichen Akademien immer wieder plädiert hatte, wurde er auch in einem Organ der Arbeiterbewegung zitiert. So in den „Gewerkschaftlichen Monatsheften" vom März 1959 aus seiner Paulskirchenrede am 30. Januar desselben Jahres:

> „Es ist die Pflicht jedes Mitglieds eines Industrievolkes, ein paar Jahre seines Lebens brüderlich zu denen hinüberzuwechseln, denen es durch sein Volk Gemeinschaftswärme entzieht. Durch unser Mitleben und Mitarbeiten, durch unseren freiwilligen Entschluss, langsamer zu leben als wir technisch daher brausen könnten, erleichtern wir den vorindustriellen Gruppen den vertrauensvollen Übertritt in die neue einheitliche Welt."

Wenn man heute bei Wikipedia das Stichwort ‚Arbeitsdienst' aufruft, wird Rosenstock als Autor von Konzepten des freiwilligen sozialen Dienstes in den zwanziger Jahren genannt. Bei den jetzt in diesem Bereich tätigen Organisationen kann man allerdings nicht mehr sicher sein, dass man sich dort dieser Tradition bewusst ist.

Es bleibt eine offene Frage, ob Rosenstock auch für einen universellen Pflichtdienst zu gewinnen gewesen wäre, wie ihn inzwischen eine Vielzahl von nationalen Diensten eingerichtet haben. Im Nachkriegsdeutschland stand dem die Erinnerung an die Perversion des Dienstes in Hitlerjugend und Reichsarbeitsdienst entgegen. Inzwischen hat man sich längst wieder an die Wehrpflicht als „herkömmliche allgemeine, für alle gleiche Dienstleistungspflicht" (Art. 12,2 GG) gewöhnt. Wenn aber endlich deutlich wird, dass es sich dabei um ein historisches Auslaufmodell handelt, und Politiker wie Sigmar Gabriel oder der neue Verteidigungsminister Franz Josef Jung kreative Vorschläge für eine Alternative ins Gespräch bringen, werden sie schon innerhalb ihrer Parteien zurückgepfiffen, und die Diskussion versandet alsbald, zumal man fürchtet, dass neue Kosten entstehen. Ganze Kommissionen von Staatssekretären und anderen Pensionsberechtigten zeigen uns die Grenzen auf. Dabei ist die Wirklichkeit schon längst über das Herkömmliche hinausgegangen und hat Zivil- und Entwicklungsdienst als gleichwertig mit dem Wehrdienst anerkannt.

Welche Tradition im Hinblick auf das Herkommen privilegiert werden sollte, hätte Rosenstock im Blick auf die deutsche Geschichte zu hinterfragen gewusst, und seine „Piraten" würden sich eher an den Herausforderungen der Zukunft als an den Grenzen des Herkömmlichen orientieren. In unserem Lande muss man schon dankbar sein, wenn die „Kommission für die weitere Entwicklung von Freiwilligendiensten und Zivildienst in Deutschland" in ihrem Bericht von Januar 2004 wenigstens „die Entwicklung einer Kultur selbstverständlicher Freiwilligkeit" empfiehlt. Wenn solche Freiwilligkeit selbstverständlich wäre, brauchte man vielleicht auch keine Angst vor verfassungs- und völkerrechtswidrigem Zwang haben –, übrigens ein Argument, das schon bei der Einführung der Schulpflicht eine Rolle spielte und wenig überzeugt. Eberly weist gerade am Beispiel einer Untersuchung von Zivildienst und sozialem Jahr in Deutschland darauf hin, dass sich kein Unterschied zwischen Pflicht- und freiwilligem Dienst feststellen lässt. Das entspricht unserer Erfahrung als Stipendiaten des Evangelischen Studienwerks, das uns in den 1950er Jahren zu einem Werksemester im Ruhrgebiet verpflichtete, um die soziale Wirklichkeit der Arbeitswelt konkret zu erleben. Keiner von uns hat das als Zwang empfunden.

Der Freiwilligendienst der Vereinten Nationen hat seit einigen Jahren seinen Sitz in Bonn. Seine Vision skizzierte Kofi Annan so: „At the heart of volunteerism are the ideals of service and solidarity and the belief that together we can make the world better. In that sense, we can say that volunteerism is the ultimate expression of what the United Nations is all about." Das so eingeleitete internationale Jahr der Freiwilligen wurde in Deutschland leider zum Jahr des Ehrenamtes umfunktioniert. Die internationale Diskussion legt weniger Wert auf derlei definitorische Seiltänze. Schon der UN-Generalsekretär U Thant sagte seinerzeit: „Wir hoffen auf den Tag, da die Jugend einen freiwilligen Beitrag zur Entwicklung eines Landes in Übersee oder einer zurückgebliebenen Gegend der eigenen Heimat als normalen Bestandteil der eigenen Bildung und Reife versteht." Wenn das Angebot in den Diensten ein hohes Maß an Auswahloptionen enthält und mit den Bildungsgängen sinnvoll verbunden ist, kann auch ein Konzept allgemeiner Dienstpflicht wieder akut werden. Rosenstocks Piraten werden auch weiterhin darüber nachdenken und vorangehen.

Zum Stand der Diskussion

Die Schule ist Pflicht. Auch sonst kennt unsere Gesellschaft allerlei Pflichtdienste. Zur Vorbereitung auf bestimmte Berufe gehören Praktika oder Jahre des sozialen

Dienstes. Die „Villigster" meiner Generation erinnern sich an ihre Erlebnissse als Werkstudenten : Die Gründer des Evangelischen Studienwerks gingen in der Nachkriegszeit von der Vorstellung aus, dass die künftigen Eliten praktische und solidarische Erfahrung mit der Realität der industriellen Arbeitswelt erwerben sollten. Deshalb wurde dem Studium ein Werkhalbjahr im Ruhrgebiet vorangestellt. Die harte Zeit als Hilfsarbeiter in einer Kettenfabrik (1951) und die gemeinsame Verarbeitung der Eindrücke waren für mich eine prägende Erfahrung. Mir wäre es nicht in den Sinn gekommen, dies System als Zwangsarbeit zu verweigern. Ebenso hätte ich auch keinen Anlass gesehen, die Idee des „planetarischen Dienstes" abzulehnen, in den man nach der Vorstellung von Rosenstock-Huessy „hineingerissen" werden sollte. Vielmehr hat diese Vorstellung seinerzeit tatsächlich das Konzept von Friedenskorps und Entwicklungsdienst wie das nationaler Gemeinschaftsdienste stark angeregt.

Nach Hartmut von Hentig hat der Dienst am Gemeinwesen zwei konkurrierende innere Motive – ein politisches und ein pädagogisches. Wenn diese in der Frage von Pflichtdienst und Freiwilligkeit zu verschiedenen Antworten tendieren, ist es sicher geboten, diese Unterscheidung zu würdigen. Für die Vertreter einer allgemeinen Dienstpflicht, zu denen ich mich zähle, ist der derzeitige Stand der politischen Diskussion besonders unbefriedigend. Umso wichtiger erscheint gerade jetzt das Manifest des Pädagogen zur „nützlichen Erfahrung, nützlich zu sein".[3] Vielleicht darf man hoffen, dass Argument und Rat aus der pädagogischen Provinz die Engführung des politischen Diskurses doch noch ein Stück weit lockern können. Mit der Schulpflicht haben die Menschen seit ihrer Einführung in Preußen im Jahre 1717 annähernd drei Jahrhunderte Erfahrungen machen können. Ihr Zwangscharakter wird inzwischen nur noch von wenigen Außenseitern und nicht einmal von den einstigen Vertretern der „Entschulung der Menschheit" abgelehnt. Sollte das nicht auch für einen einjährigen Dienst für die Gemeinschaft gelten können, nachdem der Wehrdienst nun als die Schule der Nation mehr und mehr ausgedient haben dürfte?

Es ist ja nicht so, dass sich die Politiker allgemein solchen Überlegungen verschließen. Aus dem Kreis der amtierenden Bundesminister lassen sich Sigmar Gabriel, Franz Josef Jung und Peer Steinbrück mit gelegentlichen Vorschlägen für eine allgemeine Dienstpflicht zitieren, dazu aus der Riege politischer Prominenz auch Heiner Bartling, Wolfgang Böhmer, Silke Lautenschläger, Friedrich Merz und Friedhelm Repnik. Aber diese Stimmen, auch solche aus der Jungen Union, konnten sich gegen den Chor der Bedenkenträger nicht durchsetzen, denen Angela

---

3   Hartmut von Hentig: Bewährung. München 2006

Merkel 2005 mit einem skeptischen Votum in der Bildzeitung ihre Unterstützung zuteil werden ließ. Wer sich danach noch in dieser Sache zu Wort meldet, wird sich allenfalls an vorsichtig abgewogenen Gutachten orientieren, die die Argumente des Für und Wider auflisten[4], ohne in der Grundfrage all zu deutlich Stellung zu beziehen. Das Thema ist erst einmal durch und klingt gerade noch im Gespräch zu der seltsamen Tagesordnungsfrage an, ob Wehr- und Zivildienst freiwillige Pflicht sein sollen.

So bleibt es in Deutschland vorläufig bei dem Votum der dafür unter Vorsitz eines Staatssekretärs berufenen Fachkommission, das die Einführung einer allgemeinen Dienstpflicht „nicht nur für völkerrechtswidrig, sondern für einen grundsätzlich falschen Weg" hält, „Eigeninitiative, Mitgestaltung und Beteiligung aller Altersgruppen in der Zivilgesellschaft zu fördern"[5]. Den notwendig kritischen Kommentar zu solcherart begrenzten juristischen und gesellschaftspolitischen Sichtfeldern will ich mir hier versagen. Man darf annehmen, dass sich Hartmut von Hentig und seine Berater (Gerold Becker, Hildegard Bussmann, Erhard Eppler, Ludwig von Friedeburg, Annemarie von der Groeben, Wolfgang Harder, Ludwig Huber, Cornelia von Ilsemann, Sten Nadolny und Ingo Richter) von derlei Stellungnahmen zu ihrem Manifest haben herausfordern lassen. Immerhin hat auch die Kommission die Bedeutung des Lerndienstes und den Erwerb sozialer Kompetenz neben dem beruflich bedeutsamer Fähigkeiten im Gemeinschaftsdienst betont. Ein Stück weit ist man sich offenbar einig. Was eindeutig fehlt, ist der politische Wille, den Pflichtdienst einzuführen, oder auch nur der Mut, ihn auszuprobieren. Darauf ist das engagierte Plädoyer des Pädagogen abgestellt. Ähnlich sieht es in anderen Ländern aus, z.B. in der Schweiz mit ihrer besonderen Wehrdiensttradition und den Vereinigten Staaten, wo ebenfalls Vorschläge zum Zivildienst von prominenten Politikern wie Charles Rangel, John McCain, Bill Buckley und Bruce Reed vorliegen, obwohl dort die Wehrpflicht längst abgeschafft wurde.

Die Diskussion, die in unserem Lande vor vier Jahrzehnten unter dem Motto „Friedensdienst mit und ohne Waffen" als eindrucksvolle Bewegung begann, sollten wir nicht im Abseits von Außenseitergesprächen versiegen lassen. Im Folgenden wollen wir an einige Beträge hierzu erinnern. Der einführende Beitrag will zeigen, dass wir uns mit Recht auf Rosenstock-Huessy und seine Vision des planetarischen Dienstes berufen. In einem Kerndokument sind Zitate aus dem Manifest

---

4 Evangelische Kirche in Deutschland (EKD): Freiheit und Dienst. Argumentationshilfe zur Frage einer allgemeinen Dienstpflicht und zur Stärkung von Freiwilligendiensten. Florian Gerster u.a.: Allgemeine Dienstpflicht – Alternative zur Berufsarmee. Friedrich-Ebert-Stiftung 1995.

5 Perspektiven für Freiwilligendienste und Zivildienst in Deutschland. Bericht der Kommission Impulse für die Zivilgesellschaft. Berlin 2004.

von Hartmut von Hentig zusammengestellt, die seinen Vorschlag skizzieren. Es folgt ein Beitrag von Helmut Weyers zu einheimischen Diensten in Entwicklungsländern und ein Bericht aus der Diskussion von 40 Jahren zum Thema „Friedensdienst mit und ohne Waffen". Der auszugsweise zitierte Beschluss der Jungen Union Hessen aus dem Jahre 2003 stellt einen bemerkenswerten Versuch dar, dem hier vertretenen Anliegen eine politische Form zu geben.

Mit dem Untertitel „Von der nützlichen Erfahrung, nützlich zu sein" veröffentlichte Hartmut von Hentig sein pädagogisches Manifest aus dem Jahre 2005, das zwei Vorschläge enthält: die Entschulung der Mittelstufe und den einjährigen Dienst für die Gemeinschaft. Im Folgenden werden einige Ausführungen zu dem zweiten Vorschlag wiedergegeben. Damit soll die Lektüre des Bandes nicht ersetzt, sondern vielmehr dazu angeregt werden.

„Ich wünsche …, dass junge Menschen erfahren, was eine Gemeinschaft ist, was sie gibt und fordert – eine größere als die Familie, in die sie hineingeboren sind, und eine weniger künstliche und zufällige als die Schulklasse, in die man sie hineinverwaltet hat; sie sollten eine Gelegenheit haben, als ganze Person die verfasste Gemeinschaft, in und von der sie leben, wahrzunehmen; dieses Erlebnis sollte so sein, dass sie vieles von dem, was sie lernen, für die Aufrechterhaltung dieser Gemeinschaft einzusetzen bereit sind, ja dass sie es zu einem großen Teil um ihretwillen – um ihrer Fortsetzung und Vervollkommnung willen – lernen." (S. 17)

„Wo konnten sie lernen, was unsere freie Gesellschaft am meisten braucht: Politik, was soviel heißt wie ‚sich um die *polis* kümmern, in und von der man lebt'? … Aber unsere Schule ist keine *polis*; sie ist eine Belehrungsanstalt und wird es bleiben. Dabei müsste sie gar nicht in jeder Hinsicht anders werden ... Sie müsste nur dem stattgeben, was an ‚Politik' in ihr schon immer geschieht … Dies heißt Verantwortung in der Gemeinschaft tragen. Dies heißt seinen Verstand gebrauchen lernen, nicht der Anweisung, der Gewohnheit, der Mode folgen … Wo und wann könnte man das nachholen?
Mit *dieser* Überlegung fängt der hier erneuerte Vorschlag eines Sozialen Pflichtjahres an. Die Antwort lautet: an einem Ort, an dem die Gemeinschaft uns braucht, und am besten, bevor man in seinen Beruf eingetreten ist – oder sich in ein Außenseiterschicksal ergeben hat. Das in diesem Manifest vorgeschlagene Soziale Pflichtjahr für alle sei mit dieser Chance begründet. Diese Begründung wiegt schwer und reicht aus." (S. 58f.)

„Vorgeschlagen wird eine entschlossene Erweiterung und Förderung des Freiwilligen Sozialen Jahres unter anderem Namen ‚Dienste am Gemeinwesen' und mit dem erklärten Ziel, diese, wenn die notwendigen Voraussetzungen dafür geschaffen sind, von allen Bürgern und Bürgerinnen unserer Republik zu verlangen – zu leisten zwischen ihrem Schulabschluss und ihrem Eintritt in das Erwerbsleben, spätestens jedoch bis zum 25. Lebensjahr In dieser Endform wird aus ‚Diensten' im Plural ‚Dienst' im Singular: das Prinzip der Leistung für das Gemeinwohl wird so auch im Namen sichtbar.

Die Dienste dauern ein Jahr. Sie können auf fünf verschiedenen Gebieten geleistet werden: im Umweltschutz; in der Fürsorge für Bedürftige, Kranke, Alte, Kinder; in der Stadt- und Landschaftspflege; in der Politik; in internationalen Einsätzen. Die Dienstleistenden können im Rahmen des Möglichen die Art ihres Dienstes wählen.

Diese Dienste können an die Stelle des Wehrdienstes treten. In der Endform werden alle Dienste einschließlich des Wehrdienstes einander gleichgestellt sein." (S. 51)

„Wie bei vielen notwendigen gesellschaftlichen Reformen besteht auch hier das Problem darin, dass sie das veränderte Bewusstsein voraussetzen, das eigentlich erst aus ihnen erwachsen kann. An den vielen Freiwilligendiensten, die es in Deutschland und Europa gibt, beteiligen sich fast ausschließlich Menschen, die das Gefühl der Verantwortung für das Gemeinwesen und die Erfahrung, dass ein solcher Dienst befriedigt, schon mitbringen. Sie bedürfen eines Bewusstseinswandels nicht, sie brauchen in erster Linie die Gelegenheit, das Gewollte auszutragen. Die vielen anderen, die nur Objekte von Erziehung und Sozialverwaltung gewesen sind, die Enttäuschten oder nie Entzündeten hingegen werden die ihnen fehlenden Erfahrungen nicht von allein aufsuchen, sie müssen ihnen zugeführt werden, und dass dies allen geschieht, erleichtert es ihnen. Aus ‚du musst dorthin' wird ‚wir alle gehen dorthin', aus Pflicht wird Selbstverständlichkeit." (S. 63f.)

„Die Verschränkung des pädagogischen Gedankens mit dem politischen Vorschlag eines ‚Dienstes am Gemeinwesen' hat noch einen anderen guten Sinn: darin, dass die Erfüllung des Auftrags, der in dem Wort ‚Bildung' steckt, nicht auf die Schule und ihre Fächer und Verfahren beschränkt sein darf. Indem nicht allein der Schule zugemutet wird, junge Menschen in das Gemeinwesen mit seinen vielfältigen Chancen und Nöten, mit seinen harten Gesetzlichkeiten, mit seinen elementaren Gegensätzen – Reich und Arm, Dazugehörig und Ausgegrenzt, Wissend und Unwissend, Gesichert und Ausgesetzt, Wortgewandt und Handgewandt – einzuführen, indem sie vielmehr damit rechnen kann, dass jene gemeinschaftlichen und praktischen Erfahrungen im Leben jedes ihrer Absolventen folgen werden, wird sie das ihr Mögliche mit umso größerer Zuversicht und umso größerem Erfolg verrichten." (S. 79)

Hartmut von Hentig, Bewährung. Von der nützlichen Erfahrung, nützlich zu sein. © 2006 Carl Hanser Verlag, München

Friedensdienst mit und ohne Waffen

Die Erinnerung an das Jahr 1968 ist nicht nur durch die nach ihm benannte weltweite politische Bewegung, sondern auch dadurch gekennzeichnet, dass sich die christlichen Kirchen damals entschieden zum Entwicklungsdienst bekannten. Die Eckpunkte dieses globalen Engagements wurden 1967 in „Populorum Progressio" und 1968 in den Beschlüssen der Vollversammlung des Ökumenischen Rates in Uppsala gesetzt.

Dieser Aufbruch zur Weltverantwortung hatte verständlicherweise auch eine Auswirkung auf das Verständnis des Gemeinschaftsdienstes. Helmut Gollwitzer berichtete damals[6] begeistert von der positiven Resonanz, die der holländische Delegierte Thom Kerstiens bei dem III. Weltkongress für das Laienapostolat (1967) auf seine Vision eines neuen Sozialdienstes hin zuteil wurde. Vor vierzig Jahren äußerte sich Kerstiens ganz im Sinne von Hartmut von Hentig heute:

> „Können wir nicht langsam aber sicher einen Zustand erreichen, wo der obligatorische Militärdienst durch einen obligatorischen Sozialdienst für Männer wie für Frauen ersetzt wird? Wo Männer bereit sind, die Armut im eigenen Land oder in Übersee zu bekämpfen, und wo Mädchen bereit sind, einen sozialen Dienst an alten Leuten, an geisteskranken und an gestrandeten Menschen am Rand des Lebens zu leisten? Ist es eine törichte Utopie zu glauben, dass, würden wir nur den Anfang machen, eine Situation entstehen könnte, in der unsere Kinder auf die Frage: Wo hast Du gedient? nicht mehr antworten: In der 15. Division oder in der Königlichen Marine, sondern antworten können: Ich diente in einem Krankenhaus im Kongo, in einer Schule in Cochabamba oder beim Straßenbau in Kambodscha."

Die Zeitschrift „der überblick" widmete das Heft 2/1969 diesem Thema. Darin wies zum Beispiel Wilfried Warneck darauf hin, dass der nichtmilitärische, gemeinnützige freiwillige Dienst in organisierter Form in Europa zuerst um die Zeit des Ersten Weltkrieges von Eugen Rosenstock-Huessy entworfen und verwirklicht worden ist und ihm nach dem Krieg Pierre Ceresole mit dem „Internationalen Zivildienst" und Etienne Bach mit dem „Christlichen Friedensdienst" folgten wie nach dem Zweiten Weltkrieg hunderte von Organisationen für Freiwilligendienste verschiedenster Art, die sich zu den Prinzipien jener Väter bekennen: Begegnung über die Grenzen von Nationalität, Weltanschauung, Rasse, Bildungsstand oder Konfession hinweg, gemeinsame Arbeit an gemeinnützigen Projekten, die ohne Bezahlung geleistet wird, gemeinsame geistige und kulturelle Bemühung.

Die zentrale Frage war damals, ob der zivile Dienst den militärischen ablösen oder lediglich ergänzen solle. Vier Jahre nach der erneuten Einführung der allgemeinen Wehrpflicht im Jahre 1956 wurde das Gesetz über den zivilen Ersatzdienst

---

6   Helmut Gollwitzer: Die reichen Christen und der arme Lazarus. München 1968, S.50.

1960 verabschiedet. Fritz Eitel nannte den zivilen Ersatzdienst das zwar legitime, aber von keinem der Beteiligten recht gewollte Kind aus der erzwungenen Verbindung von allgemeiner Wehrpflicht und dem Grundrecht der Kriegsdienstverweigerung aus Gewissensgründen. Das ursprüngliche Gesetz gibt als Zielsetzung des Dienstes Aufgaben des Allgemeinwohls an und nennt konkret den Dienst in Kranken-, Heil- und Pflegeanstalten, Verhütung und Beseitigung von Schäden, die durch Katastrophen oder Unglücksfälle hervorgerufen werden, und zusätzliche gemeinnützige und volkswirtschaftlich wertvolle Aufgaben, die der Förderung der Wasserwirtschaft und Landeskultur dienen.

Man ging davon aus, dass diese Dienste auch dann gebraucht würden, wenn eines Tages die allgemeine Wehrpflicht aufgehoben werden sollte. Vor 1968 schloss aber die herrschende politische Meinung die Vorstellung aus, dass sie generell eine Möglichkeit des Wehrdienstausgleiches bieten könnten, wie Josef Rommerskirchen auch damals noch im Zusammenhang mit den Bemühungen um mehr „Wehrgerechtigkeit" kategorisch erklärte. Wohl aber konnte man sich eine weitestgehende Wahlfreiheit zwischen gleichwertigen Leistungen vorstellen, solange die zur Verfügung stehende Gesamtkapazität ausreiche, um gleichzeitig alle Aufgaben wahrzunehmen.

Damit war aber im Grunde die Vision eines Friedensdienstes mit und ohne Waffen schon akzeptiert, wie sie auf Kirchentagen und Konferenzen dann postuliert und durchdekliniert wurde, und die Verabschiedung des Entwicklungshelfergesetzes im Jahre 1969 lieferte dafür Beweis und Symptom. Denn hier wurde der Entwicklungsdienst dem Wehrdienst gleichgestellt und, wie manche Beobachter meinten, sogar vorgezogen.

Dieter Danckwort, einer der Vorkämpfer und Berater des Jugenddienstes, wies darauf hin, dass der Begriff „Dienst" allerdings auch einen Lebensabschnitt bedeuten kann, den die Gesellschaft für junge Menschen festgesetzt hat, damit sie in dieser Zeit Leistungen vollbringen, die aus wirtschaftlichen, ideellen wie auch bildungspolitischen Überlegungen nicht durch bezahlte Fachkräfte zu erbringen sind. Dazu gehört bei den meisten Nationen, die keine Berufsarmee haben, die militärische Dienstpflicht und in steigendem Maße auch der Gedanke ziviler Alternativdienste zum Dienst mit der Waffe. Damit war nun wirklich ein „nationaler Dienst" denkbar, der den Dienstpflichtigen einen Katalog von Alternativmöglichkeiten und allen eine Leistung für das Gemeinwohl ermöglicht. Danckwort kritisierte schon damals, dass der mit der Frage der Wehrgerechtigkeit befasste Ausschuss des Deutschen Bundestages bis dahin nicht den Mut aufgebracht habe, einen solchen nationalen Dienst vorzuschlagen, der dann allerdings auch die Mädchen betreffen müsse.

Als der Arbeitskreis Lernen und Helfen in Übersee im Jahre 2003 sein vierzigjähriges Bestehen feierte, erinnerte Dieter Danckwort wiederum an diese Diskussion. In dessen Satzung heißt es nämlich, dass der Gedanke des Entwicklungsdienstes als Form eines umfassenden Sozial- und Friedensdienstes weiter zu entwickeln sei. Der Arbeitskreis hat aber, so die Kritik, seinen Beitrag für die Konkretisierung und Operationalisierung dieses Satzungszieles nicht geleistet. Die Bundesregierung hat das Konzept eines umfassenden Friedensdienstes nie vertreten und gefordert, wie er von einzelnen Politikern im Rahmen der Debatte um Wehrpflicht und Wehrgerechtigkeit vorgeschlagen worden ist. Im Arbeitskreis herrscht allerdings gegenüber dem nationalen Pflichtdienst faktisch die Haltung der Ablehnung vor. Stattdessen wird mehrheitlich der Ausbau der vorhandenen privaten Dienste für wünschenswert gehalten, was angesichts seiner Zusammensetzung nicht überrascht.

Danckwortt meldete hier Klärungsbedarf an. Der Arbeitskreis solle sein Satzungsziel genauer beschreiben. Dazu gehört auch die Definition des Freiwilligendienstes. Welche Dienstarten fallen darunter und sollten neben den bisher anerkannten Sozial-, Umwelt- und Katastrophenhilfe-Diensten in dieses Programm einbezogen werden? Gehören die freiwilligen Feuerwehren und das Technische Hilfswerk, das Rote Kreuz und die Dienste in anderen Wohlfahrtsverbänden dazu? Ist der Langzeitdienst analog dem Wehrdienst das Ideal oder gibt es nicht andere anerkannte Teilzeit-Dienste oder die Kombination von Kurzzeitdiensten? Offenbar gibt es für solche Fragen wenig politisches Interesse.

Mit dem Entwicklungshelfergesetz von 1969 war in früheren Jahren die Erwartung von einer Lokomotivfunktion verbunden, sowohl in der rechtlichen Fundierung der Entwicklungsarbeit als auch in der Idee der Erweiterung des nationalen Dienstes. Der traditionelle Militärdienst sollte im „Friedensdienst mit und ohne Waffen" durch eine Vielfalt des Dienstangebots ergänzt und schließlich abgelöst werden. Ein Stück weit ist die Geschichte in den vier Jahrzehnten dieser Vision gefolgt. Das Konzept der allgemeinen Dienstpflicht ist freilich auf der Strecke geblieben. Gemeint ist die Vorstellung vom selbstverständlichen „Lernen und Helfen", das einzuüben eine zivile und sozial verantwortliche Gesellschaft ihrer jungen Generation verpflichtend anbieten sollte.

Natürlich kann eine allgemeine Dienstpflicht nicht ohne weiteres von den bestehenden Institutionen aufgefangen und gestaltet werden. Es geht hier um ein großes Reformwerk, das erhebliche Vorarbeiten erfordert, u. a. für die Auswirkung auf den Arbeitsmarkt. Daran schließt sich die Frage an, ob wir uns so etwas überhaupt leisten können. Mit Alec Dickson, dem Gründer eines internationalen (VSO) und eines nationalen Dienstes (CSV) in Großbritannien würde ich dagegen fragen: Können wir uns leisten, auf die Option einer allgemeinen Dienstpflicht zu verzichten? Zu Dicksons Grundthesen gehörte die Einsicht, dass wir kein Recht haben, der Jugend anderer Völker das Evangelium des Dienens zu predigen, wenn unsere Jugend nicht diesen Dienst zu Hause tut.

Als der junge Minister Erhard Eppler bei einem Besuch in Indien von Indira Gandhi wissen wollte, was sie von den deutschen Helfern halte, wusste die Regierungschefin nicht viel Konkretes zu sagen. Sie zeigte sich aber ein wenig irritiert über die große Zahl westlicher, vor allem amerikanischer Entwicklungshelfer. Könnte man nicht Wege finden, fragte sie, den jungen Leuten im eigenen Land die Chance ähnlicher Bewährung und Bildung anzubieten? Der Deutsche Entwicklungsdienst beendete sein Programm in Indien. Aber er weiß sich, wie auch der Freiwilligen Dienst der Vereinten Nationen, den einheimischen Diensten in aller Welt verbunden.

Dass es solche Dienste auch in vielen Entwicklungsländern gibt und was sie leisten, darüber weiß niemand besser Bescheid als Helmut Weyers, der im folgenden Beitrag aus langjähriger Erfahrung darüber berichtet.

Einheimische Dienste im Zeitalter der Globalisierung (Helmut Weyers[7])

Globalisierung ist ein Wort, das eine bereits existierende Bewegung festhält in einer Welt, in der die einzelnen Länder aufeinander zugehen. Es bezeichnet allerdings zur Zeit einen Prozess, der stark beeinflusst, wenn nicht gar dominiert wird von den Industrieländern der nördlichen Halbkugel. Entwicklungsländer, so scheint es, werden degradiert zu Zulieferern; ihre Machthaber, oft nach Studien in der ersten und zweiten Welt, haben sich ihrer eigenen Gesellschaft und Kultur entfremdet. Die Doppelgesellschaft, wie sie sich im Norden teilt zwischen arm und reich, setzt sich nun in der südlichen Welt zusammen aus „Entwickelten" (die sich dem Trend der ersten Welt angeschlossen haben) und „Unterentwickelten". Dabei verbergen die großen Worte nicht nur wirtschaftliche Unterschiede, sondern auch kulturelle, soziologische, religiöse, selbst politische. Das Wachstum von Ländern wie Indien und China, die inzwischen wirtschaftliche Kraft entwickeln, unterstreicht nur diese Dichotomie, aus der der einzige Ausweg zu sein scheint, sich in den wirtschaftlichen Aufschwung (Entwicklung genannt) und die damit verbundene Europäisierung einzufädeln.

Seit dem Beginn des 20. Jahrhunderts mehren sich aber die Stimmen, die davor warnen, Entwicklung nur einseitig, am industrialisierten Norden orientiert zu se-

---

7   Helmut Weyers war langjähriger Mitarbeiter des Deutschen Entwicklungsdienstes und der Vereinten Nationen als Fachberater für den Bereich nationaler Dienste. Seit seiner Pensionierung wohnhaft in Zimbabwe und Sinzig.

hen. In diese Tendenzen der Besinnung auf eigene Werte fallen auch die einheimischen Dienste, meist von Universitäts-Professoren oder Lehrern organisiert und eine Konsequenz der Beschäftigung mit einheimischer Kultur, einheimischen Sozialstrukturen, einheimischen Wirtschaftsformen. Es wird damit deutlich, dass Entwicklung Partnerschaft zwischen Gesellschaften bedeuten muss, was natürlich heißt, dass es ein Prozess wird, in dem man voneinander und miteinander lernt. So ist der wichtigste Aspekt in der Theorie einheimischer Dienste, dass sie von der gesellschaftlichen Basis lernen; nur nach dem Verständnis für lokale Kultur kann unternommen werden, diese als aktiven Partner in die nationale und internationale Diskussion einzuführen. Dienst als Lernzeit wird somit wichtiges Element in einer Welt, in der man miteinander zu leben lernt.

Der Ethiopian University Service, ghanaische und nigerianische Gemeinschaftsdienste ausgehend von Universitäten, der Freiwilligendienst der Thamassat-Universität in Bangkok, der indonesische Dienst BUTSI, Dienste von philippinischen Universitäten und eine Fülle von kleinen Gruppierungen um Fakultäten anderer Lehrstätten unterstreichen mit ihren „Lernen und Helfen"-Aktivitäten die Notwendigkeit, dass Entwicklung ausgehen muss von der Kultur der Basis, des Normalmenschen. Alle die oben genannten Freiwilligendienste kennen eine Vorbereitungszeit und begleitende Weiterbildung. Denn die Freiwilligen kommen ja meist aus reicheren und damit auch stärker europäisierten Familien.

Die Sarvodaya Shramadana in Sri Lanka entstand aus Arbeitslagern mit Studenten, erfasst allerdings nun Leute aus allen Bevölkerungsgruppen. Ihr Gründer und langjähriger Leiter, A.T.Ariyaratne, sieht sie als Brückenbauer zwischen den wirtschaftlich Unabhängigen und den vielen Armen, die in der traditionellen Welt leben. In Zusammenarbeit mit buddhistischen Mönchen versucht er erfolgreich, lokale Lernprozesse zu stimulieren und daraus „Village Reawakening" (dörfliche Entwicklung) und Dorf-Emanzipation um kleinere und größere Projekte werden zu lassen (A.T.Ariyaratne: The Sarvodaya Shramadana Movement. ESCAP, Bangkok 1971; Detlef Kantowski: Sarvodaya. The other Development. New Delhi 1980). Ebenso aus der Arbeit von Studenten und Lehrkräften, vor allem aus der Comilla Rural Academy entstand Proshika in Bangladesh(IMEC und HPI: Impact Assessment and internal monitoring system of Proshika. Dhaka 1993), die in Dorfgemeinschaften arbeitet und damit anfängt, dass Dörfler durch die Diskussion ihres Wissens und Könnens sich und ihre gesellschaftliche Rolle entdecken, durch Familienbesuche ihre jeweiligen Mitglieder besser kennenlernen und durch diese Kenntnis dann sich ermutigt fühlen, „Entwicklungsprogramme" ins Leben zu rufen.

Andere Organisationen entstanden oder werden getragen von lokalen Frauen- und Jugend-Gruppen. Zu den ersteren gehört ORAP (Organisation of Rural Associations for Progress) im südlichen Zimbabwe. Hier haben sich Frauengruppen-verschiedener Dörfer zusammengetan, lernen voneinander und organisieren regionale Handelszentren sowie Fortbildungskurse (Chavanduka et al.: Khulma Usanza, the story of ORAP in Zimbabwes rural development, ORAP. Bulawayo 1983). In Indien arbeitete Khamla Basin mit Frauen in den Dörfern als eine der seltenen effektiven „Regional Change Agents" von FAO, brachte lokale Gruppen miteinander in Kontakt, organisierte mit ihnen bessere Absatzmöglichkeiten für lokale Produkte und sorgte für Weiterbildungsmöglichkeiten (Khamla Basin: Breaking Barriers, FAO/FFHC, Bangkok 1978). Jugendgruppen in Burkina Faso, Naam auf Mossi, fingen in den 1950er Jahren eine Zusammenarbeit an und haben immer noch ihr Zentrum in Yatenga, der alten Hauptstadt des Mossi-Königreiches. Diese Naam-Gruppen beschlossen, die Trockenzeit im Land (Oktober bis Mai) zu nutzen, um Regenwasser-Dämme und Brunnen zu bauen, oft genug auf Kenntnisse alter Dorfbewohner oder Erfahrungen von Nachbardörfern zurückgreifend. Dann nutzen sie das Wasser, um mit Billigung der Dorfältesten und mit Hilfe aller Dorfbewohner Obst- und Gemüsegärten anzulegen. Interessanterweise nutzten einige der Jugendgruppen die Hilfe von Bau-Ingenieuren, die mit europäischen Entwicklungsdiensten im Lande waren; die hauptsächlich französischen Entwicklungsdienste helfen nun weiter, jetzt aber bei der Ausbildung eigener Bau-Experten. Aus der Arbeit in den verschiedenen Gebieten Burkina Fasos ist inzwischen das Mouvement 6-S geworden (Se servir de la saison sêche en Savanne et au Sahel – Die Trockenzeit in Savanne und Sahel nutzen; siehe dazu auch Anisur Rahman: Glimpses of the other Africa, ILO, Genf 1989, und Philippe Egger: Des initiatives paysannes de developpement en Afrique, ILO, Genf 1988).

Die Jeunesse Ouvrière Chretienne in Kigali, Ruanda, organisierte bis zur blutigen Stammesfehde – und wohl jetzt auch wieder – alternative Produktionsprogramme mit Dorfhandwerkern, benutzte dabei weggeworfenes Verpackungsmaterial, alte Metallstücke und gebrauchte Kleidung und organisierte Fortbildungsprogramme (Jeunesse Ouvrière Chretienne, Kigali, Jahresberichte bei ILO, Genf seit 1984).

Auch einige Länderregierungen organisieren Jugend-Programme für die Hilfe im Hinterland, wie z.B. Saemaul Undong in Süd-Korea. Natürlich sind solche Programme gleichzeitig Versuche, einer akademischen Arbeitslosigkeit entgegenzuwirken durch die Gegenüberstellung von Jugendlichen mit den lokalen Möglichkeiten im eigenen Land, denn aus lokalen Projekten können ja auch lokale Betriebe entstehen.

Die Mehrheit dieser Dienste und Gruppierungen hatte und hat kaum Kontakt zu europäischen Diensten. Das Beispiel des amerikanischen Teacher Corps, das einem der traditionellen Entwicklungsdienste vergleichbar ist, offeriert Erklärungen: Als Aufgabe wurde dort angesehen, Minoritäten wie Mexikaner, Koreaner, West-Afrikaner in die USA zu integrieren durch experimentelle Programme; die Studenten und jungen Lehrer lernen dabei von den Minoritätsgruppen, welche Probleme ihnen das Leben in den USA erschweren; durch informelle Kurse helfen sie, mit diesen Problemen fertig zu werden. Die Erfahrungen des Corps wurden genutzt, um Lehrpläne zu erweitern oder neu zu gestalten. Hier geht es also um Integration in die westliche industrialisierte Gesellschaft.

Einen anderen Ansatz suchte und sucht das Institute of Cultural Affairs (ICA), eine Gruppe, entstanden im Ecumenical Institute in Chicago. Es arbeitete zunächst mit kulturellen Minderheiten rings um Chicago und versuchte, Verständnis für sie in der Gesellschaft zu erringen. Ende der 60er Jahre des letzten Jahrhunderts fing es dann Programme in Indien an, danach in der Elfenbeinküste, in Kenia und Sambia. In multinationalen Teams, in denen alle das gleiche sehr bescheidene Unterhaltsgeld erhielten, erarbeiteten sie mit Dorfgemeinschaften Selbsthilfe-Projekte, aufbauend auf lokaler Selbsterkenntnis und daraus erwachsender Ausbildungsarbeit. Kleine Erfolge kennzeichnen das Programm. Die französische ATD Quart Monde arbeitet ähnlich, allerdings in Großstädten und aufbauend auf den Erfahrungen von Abbé Pierre in Paris. Multikulturelle Gruppen von ATD (Aide à toute detresse) arbeiten in Dakar, Abidjan, Ouagadougou, Kinshasa, Brazzaville und in europäischen und amerikanischen Slums und bemühen sich erfolgreich, Selbsthilfe ins Leben zu rufen.

APROTEC, eine Organisation, die an der Grenze zwischen Togo und Benin arbeitet in gleichsprachigen Dörfern, konzentriert sich auf Zusammenarbeit zwischen dörflichen Selbsthilfe-Gruppen und offeriert Assistenz in der technischen Weiterbildung. Unter einheimischer Leitung stehend, hat dieses Programm seit Beginn kanadische und französische Entwicklungshelfer als Mitarbeiter, die allerdings jeweils eine eigene Akklimatisationszeit in den Dörfern erleben. In einem Programm der Vereinten Nationen (DDS Programme von United Nations Volunteers UNV) wurden einige einheimische Dienste davon überzeugt, ihre Freiwilligen in Selbsthilfegruppen anderer Länder zu entsenden.

So arbeitete ein Ehepaar von Sarvodaya aus Sri Lanka erfolgreich in einem Dorf in Mali und war in der Lage, nicht nur die lokalen Gruppen besser zu organisieren, sondern auch, sie mit anderen Gruppen zusammenzubringen und Ketten von Läden und selbst Fortbildungsinstitutionen einzurichten. Im Süden Zambias half das Modell von Proshika (Bangladesh), Zusammenarbeit unter Selbsthilfegruppen zustande zu bringen. Freiwillige von der Thamassat-Universität in Thailand halfen Sarvodaya-Gruppen in Sri Lanka, über ihre Anfangsprobleme hinwegzukommen. Vergleichbare Ansätze gab es auch anderswo, die aber alle nicht dazu führten, dass einheimische Dienste kontinuierlich zusammenarbeiten (z.B. BUTSI aus Indonesien in Nepal, philippinische Dienste in Fidji, ein japanischer Dienst in Sri Lanka). Sicherlich war der Hauptgrund finanzieller Art.

Ohne Zweifel haben die einheimischen Dienste eine wichtige Funktion im Prozess der Globalisierung, da sie sich der Entwicklung in Partnerschaft verschrieben haben. Ohne sie würden einheimische Kulturen und Sozialstrukturen Randerscheinungen bleiben in einer europäisch-orientierten Welt. Die Zusammenarbeit unter ausländischen und einheimischen Diensten sollte daher verfolgt werden, auch als eine Möglichkeit gegenseitiger Hilfe. Die spielt sich ja inzwischen schon ab zwischen Gruppen und Pfarreien in Nord und Süd, durchweg finanziert durch private Spenden. Das, was im Kleinen möglich ist, sollte auch dort normal werden, wo mit größeren Budgets und staatlichen Ressourcen gearbeitet wird.

Die Autorinnen, Autoren und Herausgeber

Fritz Erich Anhelm
Dr. phil., Direktor der Evangelischen Akademie Loccum (seit 1994), Politologe und Germanist, promovierte im Bereich Internationale Beziehungen an der Universität Göttingen. Bundestutor der Evangelischen Trägergruppe für gesellschaftspolitische Jugendbildung (1975-79). Generalsekretär der Evangelischen Akademien in Deutschland (1979-94) und der Ökumenischen Vereinigung der Akademien und Laienzentren in Europa (1985-94). Vorsitzender der Evangelischen Akademien in Deutschland.

June Arunga
Geboren 1981 in Kenia. Jura-Studium an der Universität von Buckingham. Sie ist heute in der Filmindustrie als Gründerin und Präsidentin der Open Quest Media LLC tätig. Mitglied des Aufsichtsrats (Board of advisers) von Global Envision, USA, und Senior Fellow des Istituto Bruno Leoni, Italien. June Arunga spricht regelmäßig über Themen wie das Verhältnis von Globalisierung und Entwicklung.

Konrad von Bonin
Dr. iur., Vorstandsvorsitzender des Evangelischen Entwicklungsdienstes EED. Studium der Rechtswissenschaften in Berlin, Freiburg i. Br., Hamburg und Ann Arbor, Michigan, USA. Von 1970 bis 1977 wissenschaftlicher Assistent an der FU Berlin. Danach Studienleiter an der Evangelischen Akademie Hofgeismar. Hier widmete er sich rechtlichen und entwicklungspolitischen Fragen. 1979 Promotion mit einer rechtsvergleichenden Arbeit („Zentralbanken zwischen politischer Autonomie und funktioneller Unabhängigkeit") zum Dr. iur. an der FU Berlin. 1984 Wechsel zum Deutschen Evangelischen Kirchentag nach Fulda. Dort war er als Studienleiter u.a. für das politische Programm verantwortlich, insbesondere für die großen Foren zu Nord-Süd-Fragen. Seit 2000 Vorstandsvorsitzender des EED. – Konrad von Bonin ist Mitglied des Verwaltungsrats des Deutschen Entwicklungsdienstes (DED). Er gehört zum Beirat von Transparency International und ist Mitglied im Stiftungsrat der Georges-Anawati-Stiftung für christlich-islamische Zusammenarbeit. Zahlreiche juristische und gesellschaftspolitische Veröffentlichungen.

Lothar Brock

Prof. Dr.; geb. 1939. Gastprofessor an der Hessischen Stiftung Friedens- und Konfliktforschung (HSFK). Vorsitzender der Kammer der EKD für nachhaltige Entwicklung. Mitglied im Beirat Internationales des Evangelischen Entwicklungsdienstes und im Beirat der Stiftung Entwicklung und Frieden. Mitglied des International Review Panel des Forschungsschwerpunktbereichs „North-South" des Schweizerische Nationalfonds.1980-2005 Professor für Politikwissenschaft mit dem Schwerpunkt internationale Beziehungen an der Universität Frankfurt und Forschungsgruppenleiter an der HSFK. Arbeitsaufenthalte in den USA, Peru, Brasilien, Indien, Ost-Afrika und Horn von Afrika, Zentralasien. Inhaltliche Arbeitsschwerpunkte: Friedensforschung, Nord-Süd-Beziehungen, Entwicklungspolitik. Neueste Veröffentlichungen zum Thema: Die Transformation der Nord-Süd-Beziehungen nach dem Ende des Ost-West-Konflikts: Sicherheitsdiskurse als Empowerment? in: Journal für Entwicklungspolitik (Wien) 2007/4. Weltverantwortung der Kirchen, in: der überblick 2007/4. Kriege der Demokratien. Eine Variante des demokratischen Friedens, in: Anna Geis (Hrsg.): Den Krieg überdenken. Kriegsbegriffe und Kriegstheorien in der Kontroverse. Baden-Baden 2006. Nach dem Reformgipfel. Vorschläge zur Stärkung der kollektiven Friedenssicherung. Policy Paper 24, Bonn: Stiftung Entwicklung und Frieden 2006/11 (zusammen mit Tanja Brühl). Democratic Wars. The Dark Side of Democratic Peace. Houndmills 2006 (Hg.mit Anna Geis und Harald Müller).

Warner Conring

geboren 1932 in Leer (Ostfriesland). Studium der evangelischen Theologie in Tübingen, Heidelberg, Basel, Bonn und Göttingen. Nach dem Examen als Stipendiat des Ökumenischen Rates der Kirchen ein Jahr (1958/59) am United Theological College in Bangalore, Südindien. Ab 1960 Pastor in Berlin. Von 1959 – 1964 in der Geschäftsstelle der Evangelischen Studentengemeinde in Deutschland. Mitbegründer der Arbeitsgemeinschaft „Dienste in Übersee" und des Deutschen Entwicklungsdienstes (DED). 1964-1967 Stipendienreferent im Ökumenischen Rat der Kirchen in Genf, 1967-1969 stellvertretender Generalsekretär der Evang. Akademikerschaft in Deutschland. 1969-1974 Mitarbeit in der Geschäftsstelle von „Dienste in Übersee" in Stuttgart. Ab 1975 Oberkirchenrat in der Kirchenkanzlei der Evangelischen Kirche in Deutschland in Hannover, Geschäftsführung des Kirchlichen Entwicklungsdienst (KED). Mitglied in verschiedenen ökumenischen Kommissionen und zwei Jahre Vorsitzender des Verwaltungsrates des DED. 1998 Bundesverdienstkreuz. Conring ist verheiratet und Vater von fünf Kindern.

Erhard Eppler
Dr. phil., geb. 1926 in Ulm. Studium der Anglistik, Germanistik und Geschichte;
bis 1961 Lehrer. Mitglied der GVP Gesamtdeutschen Volkspartei 1952-1955, seit
1956 der SPD Sozialdemokratischen Partei Deutschlands. 1970-1991 Mitglied des
Bundesvorstandes der SPD; 1973-1981 Landesvors. Baden-Württemberg. 1961-
1976 MdB, 1976-1982 Mdl Baden-Württemberg. 1968-1974 Bundesminister für
wirtschaftliche Zusammenarbeit. Kirchentagspräsident 1981-1983 und 1989-1991.
– Zahlreiche Veröffentlichungen und Bücher, zuletzt: Auslaufmodell Staat? 2005.

Cornelia Füllkrug-Weitzel
Geboren 1955 in Bad Homburg. Nach dem Studium der evangelischen Theologie,
Politikwissenschaft und Pädagogik u.a. Menschenrechtsreferentin der EKD und
stellvertretende Direktorin des Berliner Missionswerks. Ab Januar 2000 Leitung
der Ökumenischen Diakonie im Diakonischen Werk der EKD; sie ist verantwortlich für die Aktion „Brot für die Welt", Diakonie Katastrophenhilfe und „Hoffnung
für Osteuropa" sowie für die Menschenrechtsarbeit und die Stipendienprogramme.

Reinhard Hermle
Dr. phil.; geboren 1944. Studium der Politischen Wissenschaft, Geschichte, Sozio-
logie und des Staatsrechts an den Universitäten Heidelberg, Köln, Belfast und
London.Tutor am Institut für Politische Wissenschaft der Universität Heidelberg;
Wissenschaftlicher Mitarbeiter des Katholischen Arbeitskreises Entwicklung und
Frieden (KAEF), Bonn. Wissenschaftlicher Mitarbeiter am Deutschen Institut für
Internationale Pädagogische Forschung (DIPF), Frankfurt. 1984-1990 Referent,
1991-2006 Leiter der Abteilung Entwicklungspolitik bei MISEREOR, Aachen.Seit
2007 Entwicklungspolitischer Berater bei OXFAM Deutschland, Berlin; 1995- 2005
ehrenamtl. Mitglied des Vorstandes des Verbandes Entwicklungspolitik deutscher
Nichtregierungsorganisationen (VENRO), davon sechs Jahre Vorsitzender.

Karl-Albrecht Immel
Geboren 1952, ist Chef vom Dienst im Hörfunkprogramm SWR4 des Südwest-
rundfunks in Stuttgart. Der frühere Pressesprecher des Kinderhilfswerks Terre des
hommes hat dreimal den Deutschen Journalistenpreis Entwicklungspolitik bekommen. Seine Reportagen über Kinderarbeit in indischen Fabriken halfen unter anderem bei der Einführung des Rugmark-Siegels für kinderarbeitsfreie Teppiche. Seit
rund 13 Jahren erarbeitet er für die Deutsche Welthungerhilfe die monatlichen
Grafiken zu entwicklungspolitischen Themen. Seine Wanderausstellung „Unteil-
bare Eine Welt", erstellt für die Landesregierung von Baden-Württemberg, erreicht

in der mittlerweile 5. Auflage vor allem Schüler, Kirchengemeinden und Dritte-Welt-Gruppen. Im Sommer 2007 erschien im Peter Hammer Verlag sein Buch „Tatort Eine Welt" mit aktuellen Daten, Grafiken und Texten zu den verschiedenen Facetten der Globalisierung.

Hans Norbert Janowski
Geboren 1938 in Stettin. Studium der Theologie, Philosophie und Soziologie in Bonn, Göttingen, Tübingen und Heidelberg. Pfarrer. Seit 1967 Redakteur/Chefredakteur der Evangelischen Kommentare. Monatsschrift zum Zeitgeschehen in Kirche und Gesellschaft in Stuttgart. 1993-2002 Direktor/Geschäftsführer des Gemeinschaftswerks der Evangelischen Publizistik gGmbH, Frankfurt/Main. Rundfunkbeauftragter des Rates der Ev. Kirche in Deutschland (EKD) bis 1997. Lehraufträge für Christliche Publizistik an den Universitäten Hohenheim, Tübingen und Bochum. Langjähriger Vorsitzender des Ausschusses für entwicklungsbezogene Bildung und Publizistik des Ev. Entwicklungsdienstes. Zahlreiche Publikationen zu Themen der theologischen Sozialethik, Medien- und Entwicklungspolitik, u.a.: Gerecht, partizipatorisch, zukunftsfähig. Medienökologische Gedanken zur Informationsgesellschaft, in: Michael Angrick (Hg.): Auf dem Wege zur nachhaltigen Informationsgesellschaft. Marburg 2003, S. 119-32.

Beat Kappeler
Geb. 1946. Studium in Genf und Westberlin, Abschluss Genf mit Lizentiat in sciences politiques HEI, freier Journalist, Sekretär des Gewerkschaftsbundes 1977-1992, nachher Mitarbeiter der „Weltwoche", ab 2002 exklusiv bei der NZZ am Sonntag. 1996-2000 a.o. Professor für Sozialpolitik in Lausanne, 1999 Dr. h.c. der Universität Basel, Mitglied der Eidgen. Kommunikationskommission 1998-2007, Autor verschiedener Bücher, zuletzt „Sozial, sozialer, am unsozialsten" im NZZ-Verlag 2007. Verheiratet, zwei erwachsene Söhne.

Manfred Kulessa
Dr. iur.; geboren 1932. Juristisches und historisches Studium in Marburg, Frankfurt und Athens/Ohio. Verheiratet, drei Kinder, seit der Pensionierung wohnhaft in Bonn. Berufliche Tätigkeit im akademischen Austausch und in der Studentenförderung, im Entwicklungsdienst (DÜ., DED, DSE) , bei den Vereinten Nationen (UNDP), deutschen Kirchen und NROs. Auslandstätigkeit in Indien, Türkei, Nepal, U.S.A. und China. Dozent und internationaler Consultant. Honorarkonsul von Bhutan.

Katharina Kummer Peiry
Dr. iur.; seit September 2007 Exekutivsekretärin der Basler Konvention bei UNEP in Genf. Geboren 1960, aufgewachsen in der Schweiz und Äthiopien. Studium der Rechtswissenschaften, Promotion an der Universität London. Bereits 1988 hatte sie am UN-Umweltprogramm in Nairobi im Verhandlungsteam für die Basler Konvention mitgearbeitet. Später Inhaberin der Beratungsfirma Kummer EcoConsult und Lehrbeauftragte für Umweltrecht an der Universität Bern.

Klaus Lefringhausen
Dr. rer. pol., hat Wirtschafts- und Sozialwissenschaften studiert, hat im kirchlichen Auftrag Fragen der Wirtschaftsethik und der Entwicklungspolitik bearbeitet. Erster Leiter des neuen Sozialwissenschaftlichen Instituts der Evangelischen Kirche, Geschäftsführer des vom Bundespräsidenten Heinemann berufenen Deutschen Forums für Entwicklungspolitik, Geschäftsführer der Gemeinsamen Konferenz Kirche und Entwicklung, Nord-Süd-Beauftragter des Ministerpräsidenten Johannes Rau und Integrationsbeauftragter der Landesregierung NRW. Er hat 22 Jahre im Präsidium des Deutschen Evangelischen Kirchentages mitgearbeitet, mehrere Bücher zu den Themen Entwicklungspolitik, Integrationspolitik und Wirtschaftsethik verfasst und ist nun Vorsitzender der Stiftung für Integration in NRW. Seit Ende 2008 Vorsitzender des Kuratoriums des Zentralinstituts Islam-Archiv Deutschland in Soest und Aufsichtsratsvorsitzender der Archiv-Stiftung.

Theodor Leuenberger
Prof. Dr. phil., war nach dem Studium in Basel an der Evangelischen Akademie Bad Boll tätig, anschließend mit Dr. Manfred Kulessa in der Aufbauphase von „Dienste in Übersee" in Stuttgart. 1965-66 als visiting scholar an der Harvard Universität. 1966-69 Dozent an der International Christian University (ICU) in Tokyo. 1969-70 Gastprofessor an der ETH Zürich. Seit 1970 Professur für Wirtschaftsgeschichte und Technologiepolitik an der Universität St. Gallen. 1979-82 Mitwirkung an einem Projekt des Club of Rome über „World Disorder and the Future of Enterprise". 1980-86 Mitglied der Kammer für Entwicklungsdienst der EKD und Mitglied in der Kommission Church and Society des Ökumenischen Rats in Genf. 1984-89 Berater des Asia-Pacific-Center der Stadtsparkasse Bonn. 1991-93 Dekan der volkswirtschaftlichen Abteilung der Universität St. Gallen. Seit 1999 Visiting Professor an der Stockholm School of Economics: Wirtschaftssysteme im Vergleich. 2001-02 Gastprofessur an der Tokyo Universität, Institute of Social Science. Neue Publikation: Europa weiter denken. Berlin/Zürich 2007.

Günter Linnenbrink

Dr. theol., geb. 1935 hat sich nach Theologiestudium und Promotion in ev. Sozial-ethik seit 1962 mit Fragen des kirchlichen Beitrages zur entwicklungspolitischen Herausforderung für Industriestaaten und Entwicklungsländer beschäftigt. Zunächst war er beim Deutschen Evangelischen Missions-Rat in Hamburg zuständig für la-teinamerikanische und südafrikanische Probleme sowie für Fragen der ökumeni-schen Diakonie. Danach beauftragte ihn der Rat der EKD mit dem Aufbau des kirchlichen Entwicklungsdienstes (1969 bis 1976). Von 1976 bis zu seiner Pensio-nierung 1999 war G. Linnenbrink für die Ev.-Lutherische Landeskirche Hannovers als Sprengelbischof und im Anschluss daran als theologischer Vizepräsident tätig. In dieser Zeit hat er seit 1979 den Vorsitz der Arbeitsgemeinschaft Kirchlicher Entwicklungsdienst der EKD (AG-KED) innegehabt.

Klaus Seitz

Dr. phil. habil., geb. 1959, arbeitet als Referent für Grundsatz und Entwicklungs-politik bei Brot für die Welt, Stuttgart. Er ist seit seiner Schulzeit in entwicklungs-politischen Aktionsgruppen und NROs engagiert; 1987 bis 1990 Studienleiter am Zentrum für Entwicklungsbezogene Bildung Stuttgart und Leiter der Fachstelle für entwicklungspolitische Bildung auf dem Lande der EKD; 1990 bis 1992 wissen-schaftlicher Angestellter im DFG-Projekt „Von der Dritte-Welt-Pädagogik zur Entwicklungspädagogik", Hamburg; 1992 bis 1998 Geschäftsführer des Ausschus-ses für Entwicklungsbezogene Bildung und Publizistik (ABP) der EKD; seit 2002 Privatdozent für Allgemeine Erziehungswissenschaft unter besonderer Berücksich-tigung der Internationalen Bildungsforschung an der Universität Hannover; 2001-2007 hauptamtlicher Redakteur der Zeitschrift eins Entwicklungspolitik, Frank-furt/Main. Zahlreiche Publikationen zu Fragen der Entwicklungspolitik, der inter-nationalen Bildungsforschung und des Globalen Lernens.

Klaus Wilkens

Geboren 1932 in Wilhelmshaven (Vater Gemeindepfarrer und Vizepräses der Be-kennenden Kirche in Oldenburg); Schulzeit in Oldenburg (Oldb.); sozialwissen-schaftliches und theologisches Studium in Princeton (USA), Bethel, Heidelberg und Göttingen; 1960 bis 1977 Gemeindepfarrer in Jever (Oldb.); 1978 bis 1995 Referent für Kirchlichen Entwicklungsdienst (KED) im Kirchenamt der EKD (ver-antwortlich für entwicklungsbezogene Bildung und Publizistik, Geschäftsführung der Kammer für Kirchlichen Entwicklungsdienst und Zusammenarbeit mit der Gemeinsamen (evangelisch/katholischen) Konferenz Kirche und Entwicklung - GKKE), seit 1991 Leiter der Ökumene-Abteilung im EKD-Kirchenamt und Ökumene-Referent der EKD; Ende 1995 Pensionierung; 1996 bis 2001 Vorsitzender der Aktionsgemeinschaft Dienst für den Frieden e.V. (AGDF). Jüngste Publikation zum Thema: Klaus Wilkens (Hg.): In deiner Gnade, Gott, verwandle die Welt. Porto Alegre 2006. Frankfurt/M. 2007.

Theorie

Dirk Baecker (Hrsg.)

**Schlüsselwerke
der Systemtheorie**
2005. 352 S. Geb. EUR 24,90
ISBN 978-3-531-14084-1

Ralf Dahrendorf

Homo Sociologicus
Ein Versuch zur Geschichte,
Bedeutung und Kritik der Kategorie
der sozialen Rolle
16. Aufl. 2006. 126 S. Br. EUR 14,90
ISBN 978-3-531-31122-7

Shmuel N. Eisenstadt

**Die großen Revolutionen und
die Kulturen der Moderne**
2006. 250 S. Br. EUR 34,90
ISBN 978-3-531-14993-6

Shmuel N. Eisenstadt

Theorie und Moderne
Soziologische Essays
2006. 607 S. Geb. EUR 49,90
ISBN 978-3-531-14565-5

Axel Honneth /
Institut für Sozialforschung (Hrsg.)

**Schlüsseltexte der
Kritischen Theorie**
2006. 414 S. Geb. EUR 29,90
ISBN 978-3-531-14108-4

Niklas Luhmann

Beobachtungen der Moderne
2. Aufl. 2006. 220 S. Br. EUR 24,90
ISBN 978-3-531-32263-6

Uwe Schimank

**Differenzierung und Integration
der modernen Gesellschaft**
Beiträge zur akteurzentrierten
Differenzierungstheorie 1
2005. 297 S. Br. EUR 27,90
ISBN 978-3-531-14683-6

Uwe Schimank

**Teilsystemische Autonomie
und politische Gesellschafts-
steuerung**
Beiträge zur akteurzentrierten
Differenzierungstheorie 2
2006. 307 S. Br. EUR 29,90
ISBN 978-3-531-14684-3

Ilja Srubar / Steven Vaitkus (Hrsg.)

**Phänomenologie
und soziale Wirklichkeit**
Entwicklungen und Arbeitsweisen
2003. 240 S. Br. EUR 25,90
ISBN 978-3-8100-3415-1

Erhältlich im Buchhandel oder beim Verlag.
Änderungen vorbehalten. Stand: Januar 2008.   **www.vs-verlag.de**

VS VERLAG FÜR SOZIALWISSENSCHAFTEN

Abraham-Lincoln-Straße 46
65189 Wiesbaden
Tel. 0611.7878-722
Fax 0611.7878-400

MIX
Papier aus verantwortungsvollen Quellen
Paper from responsible sources
FSC® C105338

If you have any concerns about our products,
you can contact us on
ProductSafety@springernature.com

In case Publisher is established outside the EU,
the EU authorized representative is:
**Springer Nature Customer Service Center GmbH
Europaplatz 3, 69115 Heidelberg, Germany**

Printed by Libri Plureos GmbH
in Hamburg, Germany